Hans Küng

Anständig wirtschaften

HANS KÜNG

Anständig wirtschaften

Warum Ökonomie
Moral braucht

Piper München Zürich

Mehr über unsere Autoren und Bücher:

www.piper.de

ISBN 3-492-05424-9
© Piper Verlag GmbH, München 2010
Satz: Stephan Schlensog, Tübingen
Druck und Bindung: CPI-Clausen & Bosse, Leck
Printed in Germany

Inhalt

Plädoyer für Menschenanstand

Dieses Buch ist kein publizistischer »Schnellschuss«. Es war seit langem in Arbeit. Unter der Parole »Anständig wirtschaften« präzisiere, konkretisiere und aktualisiere ich eine Botschaft, die ich schon vor mehr als zwei Jahrzehnten zum ersten Mal formulierte, die aber in all den Jahren ständig an Dringlichkeit und Akzeptanz gewann und durch die Weltwirtschaftskrise seit 2008 aktueller denn je geworden ist.

Im Jahr 1990, als das Sowjetimperium implodierte und die Globalisierung sich so auf dem ganzen Globus ausdehnen konnte, hielt ich vor dem Plenum des Weltwirtschaftsforums in Davos den Vortrag »Warum brauchen wir globale ethische Standards um zu überleben?«. Noch im selben Jahr veröffentlichte ich das programmatische Buch »Projekt Weltethos« und schrieb es später fort in der Studie »Weltethos für Weltpolitik und Weltwirtschaft« (1997). Meine dort formulierten Analysen und Thesen konnte ich verschiedentlich testen, vor allem in einem Vortrag vor der International Confederation of Stock Exchanges in Kuala Lumpur 1998 (»Ethical Standards for International Financial Transactions«) und auf einem hochkarätigen Symposion der Stiftung Weltethos in Baden-Baden 2001 über »Globale Unternehmen und globales Ethos« (»Der globale Markt erfordert neue Standards und eine globale Rahmenordnung«). All diese Studien und die Erfahrungen ungezählter Begegnungen und Diskussionen weltweit auf Kongressen und Expertentreffen in den Folgejahren brachte ich ein in den Prozess für ein Manifest »Weltethos – Konsequenzen für globales Wirtschaften«. Es wurde in den Jahren 2008/09 von einer Expertengruppe der Stiftung Weltethos unter Federführung des Konstanzer Wirtschaftsethikers Prof. Josef Wieland erarbeitet.

So habe ich all die Jahre hindurch versucht hinzuzulernen, um die hochkomplexe Welt der Wirtschaft zu verstehen. Doch bin ich mir meiner Grenzen stets bewusst geblieben:

Ich kenne mich selbstverständlich in der nationalen und internationalen Finanzwelt nicht aus wie ein Finanzminister, stehe aber auch nicht unter dem Zwang, eine in vielem anfechtbare Wirtschaftspolitik in einem Buch rechtfertigen zu müssen.

Ich bin kein Ökonom – diese Spezialisten wissen auf ihren jeweiligen Fachgebieten unendlich viel mehr als ich –, darf mir allerdings gestatten, aus einer breiteren historischen, philosophischen, theologischen Perspektive kritische Fragen auch an die Wirtschaftswissenschaft zu stellen.

Ich bin kein Banker, der sich in all den »strukturierten Finanzprodukten«, in Hedgefonds und Derivaten auskennen würde, muss freilich auch nicht die Legitimität neuerer Geschäftsmodelle der Finanzbranche verteidigen, welche die Weltwirtschaft in eine Krise gestürzt haben.

Und ich bin auch kein Unternehmer oder Manager, der in den oft komplexen Entscheidungen seines Berufsalltags die Verantwortung für Hunderte oder Tausende Arbeitsplätze trägt. Wohl aber sorge ich mich mit vielen Zeitgenossen um den Zustand unserer Welt und bemühe mich durch umfassende Lektüre und immer neue persönliche Gespräche um ein differenziertes Verständnis auch der Wirtschaftswelt.

Damit ist schon der Horizont aufgezeigt, vor dem ich für ein »anständig Wirtschaften« werben möchte. Man kann dieses Programmwort als Indikativ verstehen, als rein sachliche Aussage, aber auch als Imperativ mit Ausrufezeichen, als dringend gebotene Forderung.

Doch was verstehe ich unter »*anständig*«? Die heutige Wirtschaftssprache liebt Anglizismen und verharmlosende Euphemismen: »downsizing«, »outsourcing«, »sub-prime«

(jetzt toxisch), »structured products« (verbriefte Sammelsurien), »financial industry« (keine bodenständige wertschaffende Industrie). Dagegen habe ich absichtlich das schlichte, beinahe altmodische Wort »anständig« gewählt.

»Anständig« hat noch immer einen guten Klang und weist zudem drei verschiedene Bedeutungsschichten auf:

– »Anständig« kann als umgangssprachliches Synonym für »kräftig, beträchtlich, stark« verstanden werden (»Letzte Nacht war es aber anständig kalt!«). Im Sinn von »nachdrücklich, engagiert« kann es auch auf ein »anständiges« Wirtschaften angewandt werden.

– »Anständig« kann vom äußeren Anstand oder Umgang her verstanden werden und meint dann »zufriedenstellend, durchaus genügend, ordentlich«. Zum Beispiel: »Dieser Geschäftsmann oder Angestellte hat stets anständige Arbeit geleistet.« Anständiges Wirtschaften meint hier ein *korrektes, solides, legales wirtschaftliches Handeln*.

– »Anständig« kann vom inneren Anstand oder Charakter her verstanden werden und meint dann »sittlich einwandfrei, rechtschaffen, honorig, redlich«. Zum Beispiel: »Mein Wettbewerber ist ein höchst anständiger Mann, eine sehr anständige Firma.« Anständiges Wirtschaften meint dann nicht nur ein äußerlich korrektes, im Rahmen der Gesetze sich bewegendes Benehmen, das vielleicht nur auf äußerer Gewöhnung oder Umgang beruht, sondern ein *von innerer sittlicher Grundhaltung getragenes, ethisches Verhalten*, das rechtlich nicht erzwingbar und doch geschuldet ist. Moral kann durch Gesetze nicht erzwungen und erst recht nicht ersetzt, mangelnder Anstand nicht durch Vorschriften behoben werden.

Ich plädiere für Anstand in der Wirtschaft in diesem umfassenden Sinn, für »*Menschenanstand*«. Der deutsche Nobelpreisträger für Literatur Thomas Mann hat nach den Verbrechen des Nationalsozialismus dieses Wort für die

Zehn Gebote gebraucht: sie seien »ein ABC des Menschenbenehmens«, ja »Grundweisung und Fels des *Menschenanstands*«. Wahrhaftig, die Zehn Gebote stellen den substantiellsten, markantesten Beitrag der Religion oder Kultur zu einem gemeinsamen Menschheitsethos dar. Thomas Manns Worte zitierte ich zum Abschluss meines Fernsehfilms »Spurensuche« über das Judentum (Erstsendung 1999) in Tel Aviv an der Stelle, wo 1995 der israelische Ministerpräsident ITZHAK RABIN seinen Einsatz für Frieden und Versöhnung, niedergestreckt von einem fanatischen Israeli, mit dem Leben bezahlen musste. Meine Worte zum Gedenken: »Dieses ABC des Menschenbenehmens muss in der Zeit der Globalisierung gerade auch für Weltpolitik und Weltwirtschaft gelten … Natürlich hat auch die *Weltwirtschaft* sich zu richten nach bestimmten ökonomischen Gesetzlichkeiten und nach der Durchsetzbarkeit von all dem, was sie nun einmal zu leisten hat. Aber das heißt auch wieder nicht, dass der Profit, und sei er noch so gerechtfertigt, alle Mittel heiligt, auch Vertrauensbruch, auch unermessliche Raffgier und soziale Ausbeutung.«

Heute zu formulieren, worauf es in der Wirtschaft ankommt, heißt nicht, dass ich mich zum »Schiedsrichter« aufwerfen möchte für die zahllosen diffizilen Fragen des alltäglichen Wirtschaftens oder gar die Ökonomen Ökonomie lehren möchte; ich kenne meine Grenzen. Wohl aber beabsichtige ich einen bescheidenen Beitrag zu leisten zu einer Wiederentdeckung und Neubewertung des Ethos in der Wirtschaft; ich kenne auch meine Verantwortung. Dringend gefordert ist ein Umdenken in Richtung auf ein wieder anständigeres, von ethischen Prinzipien getragenes Wirtschaften.

Natürlich könnte man auch von der »Moral« in der Wirtschaft reden, wenn *Moral als sittliche Haltung oder Normensystem* und nicht als »Moralismus« oder »moralisieren«

verstanden wird. Denn »moralisieren« oder »Moralismus« ist eine Überbewertung, Überforderung, Verabsolutierung der Moral, welche die Eigenständigkeit unterschiedlicher Lebensbereiche wie Wirtschaft, Politik, Recht und Kunst missachtet. Sie will die Moral zum alleinigen Maßstab menschlichen Handelns machen und fixiert sich oft auf bestimmte Lebensbereiche (in der katholischen Hierarchie besonders die Sexualmoral).

Ich bin kein Moralprediger. Statt zu moralisieren möchte ich argumentieren, nicht von oben, sondern von innen und von unten, von der Empirie her, soweit wie mir möglich im Dialog mit der zuständigen Fachwissenschaft. So hoffe ich vermitteln zu können, dass es immanente und kohärente ethische Grundlinien gibt, und so Ökonomen, Politiker und alle Teilhaber am Wirtschaftsprozess zu überzeugen, dass die Sache der Wirtschaft und die Sache des Ethos nicht getrennt werden können.

Längst vor der Weltfinanz- und Wirtschaftskrise also ging es mir um das Ethos in der Wirtschaft und besonders in der Weltwirtschaft, die, wie die neuesten Erfahrungen bestätigen, ohne ein gemeinsames elementares Menschheitsethos womöglich in eine Katastrophe führen kann. Nein, ich behaupte nicht, dass ein Weltethos uns aus der weltweiten Krise herausführt, wohl aber, dass es ohne ein Weltethos keinen nachhaltigen Weg aus der Krise gibt.

Dazu soll auch das von der Stiftung Weltethos vorgelegte *Manifest für ein Globales Wirtschaftsethos* (»Global Economic Ethic – Consequences for Global Businesses«) helfen, auf das dieses Buch hinausläuft. Alle, die dieses Manifest vertreten, sind überzeugt, dass es dabei nicht um eine weltfremde »Utopie« geht, um ein Nirgendwo. Es geht vielmehr um eine sich langsam realisierende, also realistische Zukunftsvision, die sich unterscheidet von den buchstäblich heruntergewirtschafteten Fortschrittsideologien sozialistischer oder kapitalistischer Prägung, die im vergangenen Jahrhundert lange als »wissenschaftliche« Totalerklärungen und attraktive, »fortschrittliche« Pseudoreligionen dienten. Und ich glaube ebensowenig an eine »Erneuerung« des realen Sozialismus wie an eine »Erneuerung« des realen Kapitalismus.

Alles was in diesem Buch über die Problematik der Wirtschaft und Wirtschaftsgeschichte geschrieben ist, dient nicht einem rein wissenschaftlich-akademischen Zweck, sondern einem praktisch-politischen Ziel. Ich bin mir bewusst, dass ich für manche Betroffene ein sehr unbequemes Buch verfasst habe. Aber auch sie mögen mir glauben, dass ich alles ohne Eigeninteresse nach bestem Wissen und Gewissen im Dienst des Gemeinwohls geschrieben habe. Das Buch will einen fairen Beitrag leisten zu einem notwendigen ehrlichen und nachhaltigen Umdenken, das in einem *komplexen, langfristigen und langwierigen Bewusstseinswandel* bereits in Gang gekommen ist. Kaum noch jemand, sei er eher konservativ oder eher progressiv eingestellt, denkt heute noch so wie vor fünfzig Jahren über Probleme wie Krieg und Abrüstung, Ökonomie und Ökologie oder die Partnerschaft von Mann und Frau. Alles im Grunde auch schon ethische Fragen, die nach einer umfassenden Neubesinnung auf das uns gemeinsame Menschheitsethos überhaupt rufen.

Deshalb keine Sonntagspredigt für oder gegen Marktwirtschaft, kein rein theoretischer Appell für Moralität, sondern ein mit Analysen und Argumenten verschiedenster Art fundiertes Plädoyer für ein anständiges, ethisches Wirtschaften. Wie die gesamtwirtschaftliche Lage freilich nach Drucklegung des Buches aussehen wird, ist in diesen Zeiten dramatischer Konjunkturschwankungen nicht absehbar.

Tübingen, 15. Juli 2010   *Hans Küng*

I. Krise der Weltwirtschaft: Globalisierung im Zwielicht

Die globale Finanzmarktkrise, die Mitte 2007 mit dem Zusammenbruch von Banken infolge der Subprime-Krise ausgebrochen war, wurde am 15. September 2008 zur globalen Wirtschaftskrise: Die Wallstreet, die bisher die Finanzwelt dominierte, bat an diesem Tag die US-Regierung um Hilfe! Ein Tag ähnlich dem »Schwarzen Freitag« von 1929. Am 23. Oktober 2008 musste ALAN GREENSPAN, während 19 Jahren Präsident der US-Notenbank, also der einflussreichste Zentralbanker der Welt, im US-Kongress vor dem Komitee des Repräsentantenhauses für »Oversight and Government Reform« erscheinen und zugeben, dass die auch von Washington und Wallstreet geteilte »Weltsicht« oder »Ideologie«, die Finanzmärkte würden es stets besser wissen und sich selber regulieren, falsch war.

Genau drei Wochen später war ich in New York und hielt am 13. November 2008 im Earth Institute der Columbia University einen Vortrag über Globalisierung und Globales Ethos. Begrüßt wurde ich vom angesehenen Ökonomen JEFFREY SACHS zustimmend mit einem längeren Zitat, das ich mehr als zehn Jahre zuvor formuliert hatte: »Schon die kleinste Bemerkung etwa des Präsidenten der amerikanischen Notenbank, Alan Greenspan, Anfang Dezember 1996, ein ›irrationaler Überschwang‹ (›irrational exuberance‹) hätte zu einer Überbewertung der Finanzmärkte geführt, reichte aus, um die nervösen Investoren auf den hochfliegenden Aktienmärkten Asiens, Europas und Amerikas in einen Kurssturz und zu Panikverkäufen zu treiben. Dies zeigt auch, dass Krisen bei Globalisierung sich nicht von vornherein auspendeln, sondern sich vielleicht aufschaukeln. Da fühlt man sich doch mit seiner Vermutung bestätigt, die Chaostheorie fände auch in der Ökonomie Anwendung. Und auch unter Ökonomen und Experten des internationalen Rechts, welche die Wiederkehr der Weltwirtschaftskrise und des Zusammenbruchs der Wirtschaftsordnungen von 1929–33 für heute ausschließen möchten, geht die Angst um, ›mit dem Prozess der Internationalisierung werde eine Entwicklung in Gang gesetzt, welche die nationalen Volkswirtschaften mit erhöhten Stabilitätsrisiken bei gleichzeitiger Reduktion staatlicher Handlungsmöglichkeiten konfrontiere‹«. So 1997 in »Weltethos für Weltpolitik und Weltwirtschaft«, S. 292.

Die Ursprünge der 2008 ausgebrochenen Wirtschaftskrise liegen Jahrzehnte zurück. Und wenn ich, anders als manche Mainstream-Ökonomen, schon lange mit einer solchen Krise rechnete, dann weil ich Entwicklungen, die in diese Krise führten, in jenem Buch genau analysiert hatte. Darauf kann ich nun, ständig auf kritische Ökonomen hörend, zurückgreifen und die dortigen Ausführungen auf die gegenwärtige Situation zuspitzen. Selbstverständlich kann ich nicht die seit 1997 erschienene, kaum übersehbare Literatur aufarbeiten. Doch an den *vier Charakteristika* der Globalisierung, wie ich sie damals darlegte, möchte ich festhalten, da sie in der gegenwärtigen Weltwirtschaftskrise Basis für einen vernünftigen minimalen Konsens sein können zwischen Globalisierungsbefürwortern und Globalisierungskritikern.

1. Die Globalisierung war unvermeidbar

Nach einer Definition der OECD ist »Globalisierung« der Wirtschaft jener Prozess, durch den Märkte und Produktion in verschiedenen Ländern immer mehr voneinander abhängig werden aufgrund der Dynamik des Handels mit Gütern und Dienstleistungen und durch die Bewegungen von Kapital und Technologie. Die Globalisierung der *Ökonomie* ist also von einer Globalisierung der *Technologie* und damit der *Kommunikation* begleitet. Globalisierung ist in ihrem Ursprung keine Verschwörung der Amerikaner oder Japaner, der Banker oder Politiker oder irgendwelcher finsterer Mächte. Sie ist vielmehr Ergebnis der technologisch-ökonomischen Entwicklung der modernen Welt, die schon vor Jahrhunderten begann.

Übergang von der National- zur Globalökonomie

Aufgrund der Erschließung neuer Handelswege nach Amerika und Asien im 16. Jahrhundert hatte bereits mit der Industrialisierung des 18. Jahrhunderts eine internationale Arbeitsteilung eingesetzt. Für alle Welt sichtbar aber hat die Globalisierung von Wirtschaft und Verkehr im Europa des 19. Jahrhunderts begonnen, und zwar in doppelter Hinsicht: einerseits durch den liberalisierten Außenhandel aufgrund des Prinzips der Meistbegünstigung (britisch-französischer Cobden-Vertrag 1860) und der Goldwährung, die einheitliche Regeln für Geld- und Finanzpolitik ermöglichte. Andererseits durch die sich stetig entwickelnde ungeheure Beschleunigung von Verkehr und weltweiter Kommunikation mit Dampfschiffen, Eisenbahnen und Telegraphen.

Nach einer vorübergehenden Phase des nationalstaatlichen Isolationismus vor und während des Ersten Weltkriegs setzte sich die Globalisierung nach dem Krieg im nunmehr polyzentrisch expandierenden Weltwirtschaftssystem durch: mit Luftverkehr, Telefon und modernem Finanzsystem. Sie erreicht – nach der Unterbrechung durch den Zweiten Weltkrieg – im digitalen Zeitalter unmittelbar vor der Jahrtausendwende ihren beinahe schwindelerregenden Höhepunkt.

Warum spricht man heute geradezu von einer weltwirtschaftlichen *Strukturrevolution*? Telefax, Satellitenkommunikation, globaler Datenfluss, WorldWideWeb und elektronische Welt-Börse sowie die immense Verbilligung des Transports von Informationen, Waren und Menschen zeigen: Der Übergang von der *Nationalökonomie* zur *Globalökonomie* hat durch weltweite Vernetzung der wirtschaftlich-technologischen Prozesse ein noch nie dagewesenes *rasantes Tempo* angenommen. Markt und Produktion, Kapital und Technologie kennen immer weniger nationale Grenzen. Nicht nur der Handel, auch die Unternehmen und ihre Produktion werden zunehmend global. Bisher unbekannte Konkurrenz meldet sich oft beinahe gleichzeitig mit günstigen Angeboten über das Internet und trägt zur Transparenz, zum intensiveren Wettbewerb, aber auch zur Turbulenz der Märkte bei. Es bildet sich, mitbedingt durch Internet, Logistik und allgemeine Vernetzung, ein *globales Bewusstsein*. Und zugleich bauen sich neue Spannungen auf.

Neue wirtschaftlich-politische Machtverteilung

Diese revolutionäre Transformation anzuhalten oder gar rückgängig zu machen, wäre ein vergebliches Unterfangen. Kein neuer Isolationismus in den Vereinigten Staaten, keine Opposition gegenüber einer Freihandelszone in Mexiko, keine Aversionen gegen den Kapitalismus im früheren Sowjetblock, keine totalitäre Parteiideologie in China und auch keine sozialistischen Nostalgien in Europa ließen es zu, sich aus diesem Prozess der Globalisierung einfach auszuklinken und ohne Liberalisierung der Finanzmärkte und Zollabbau stur wieder den eigenen nationalen Weg zu gehen. Es zeigt sich rasch: Wer hier nicht mitmacht, degradiert sich von vornherein zu einer drittklassigen Wirtschaftsmacht.

Die Globalisierung wird als neue große Herausforderung empfunden, insbesondere in Europa und Nordamerika, wo man sich aufgrund neuer Wettbewerber aus den Schwellen- und Entwicklungsländern plötzlich in die Verteidigung seiner Marktpositionen gedrängt sieht. Es geht somit um einen inneren Strukturwandel der Industrienationen, aber zugleich auch nach außen um eine neue wirtschaftliche und politische Machtverteilung auf unserem Globus, bei der es für keine Volkswirtschaft garantierte Besitzstände gibt.

Auch die Entwicklungsländer und besonders die industriellen Schwellenländer wünschen verständlicherweise die Globalisierung herbei. Kann man es ihnen verbieten? Sie möchten einen ähnlichen Entwicklungsstand wie die entwickelten Nationen erreichen. Und nach Japan und den asiatischen »vier Tigern« (Südkorea, Hongkong, Taiwan und Singapur) zeigen es immer mehr China, Indien und südostasiatische Länder, ja, nahezu alle anderen Staaten dieser Region der Welt, dass wir aufgrund dieser Entwicklung in allernächster Zukunft mit drei einigermaßen gleichgewichtigen (im Inneren aber höchst ungleichgewichtigen!) Wirtschaftsräumen zu rechnen haben: Europa (mit »Werkbank« Osteuropa), Nordamerika und Ostasien, wobei zweifellos auch Südasien (Indien) und Lateinamerika (Brasilien) erstarken werden. Im Schatten dieser Wirtschaftsräume bleibt Afrika trotz der Fußballweltmeisterschaft 2010 der große Problemkontinent. Doch schon diese teilweise sehr unterschiedliche Entwicklung der Kontinente lässt ahnen:

2. Die Globalisierung erwies sich als ambivalent

Auch Pessimisten können es nicht übersehen: Wir alle in den Industrieländern genießen tagtäglich die Früchte der Globalisierung der Technologie, der Güter, der Dienstleistungen und auch des Kapitals. Und so vieles vom Faxen und Mailen bis zum Fliegen und Tourismus ist im Zuge dieser Entwicklung billiger und damit auch für riesige Massen von Menschen erschwinglicher geworden. Und eben auch rascher: Binnen eines Tages lässt sich der Globus vom Menschen umreisen, und Satelliten umkreisen ihn in einer Stunde.

Neue Chancen: billiger, effektiver, innovativer, wohlstandsmehrend

Nicht nur die Industrienationen, auch die Entwicklungsländer, und besonders die Schwellenländer, haben hier ganz neue Chancen. Als kostengünstige Anbieter (mit oft gut ausgebildeten Arbeitskräften) kommen sie auf die Weltmärkte und gefährden die alten Industrieländer, in denen Arbeitsplätze verloren gehen. Die vier Länder der BRIC-Gruppe (Brasilien, Russland, Indien, China) tragen, berücksichtigt man Kaufkraftparitäten, 2010 schon mehr als ein Viertel zur Weltwirtschaftsleistung bei; die OECD-Länder nur noch etwas mehr als die Hälfte der gesamten Wirtschaftsleistung.

Ist also eine grenzenlose, *globale Wirtschaft* nicht ein Fortschritt gegenüber der national beschränkten Wirtschaft, ähnlich wie früher die nationale Ökonomie gegenüber der lokalen oder regionalen? Und sollte zweitens nicht auch eine transnationale, *globale Wissenschaft*, die Personen, Ausstattung und Finanzierung aus mehreren Ländern einbezieht, billiger, effektiver und sinnvoller funktionieren können, etwa bei Großprojekten der Natur- und Biowissenschaften von

der Raumfahrttechnik über die Teilchenphysik zur Genom-
forschung? Und sollte drittens nicht auch eine international
vernetzte, *globale Information*, die Nachrichten und Bilder
fast zeitgleich an jedem Ort unserer Erde zugänglich macht,
dem Dialog der Kulturen und der weltweiten Demokratie-
bewegung helfen können? Diktatorische Regime haben es
heutzutage zunehmend schwer, ihre Völker von der Außen-
welt abzuschotten.

Der revolutionäre weltwirtschaftliche Strukturwandel ist
nicht mehr zu übersehen: Nicht nur Arbeit und Produktion,
sondern auch Wissenschaft und Medien lösen sich zunehmend von nationalen Standorten. Diese neue Freiheit und
Freizügigkeit schafft völlig neue Möglichkeiten, aber auch
– besonders für eine bislang nationale Wirtschafts-, Sozial-
und Umweltpolitik – völlig neue Schwierigkeiten.

*Neue Risiken: menschenrechtsverachtend, ausbeuterisch,
umweltzerstörend*

Neben allen positiven Konsequenzen können selbst begeisterte Anhänger und Förderer der Globalisierung, können
besonders Wirtschaftswissenschaftler und Wirtschaftsführer die zunehmend negativen Folgen für die Beschäftigung,
den Lebensstandard und die Umwelt in vielen betroffenen
Ländern nicht mehr übersehen. Sie beunruhigen heute viele.
Nur wenige Fakten seien vermerkt:
– Die globale Vernetzung der Welt betrifft *nur bestimmte
Lebensbereiche* und Bevölkerungsschichten, andere nicht.
National wie im Weltmaßstab gibt es Globalisierungsgewin-
ner und Globalisierungsverlierer.
– Die Ausnützung von billigen *Arbeitskräften* in Entwicklungsländern (so sehr das natürlich für diese Staaten eine nicht
zu verachtende Startchance bedeutet) zeigte in vielen Fällen
wegen des Fehlens einer flankierenden Wirtschaftspolitik bis-

her keinen nachhaltigen Entwicklungseffekt. Im Exportsektor wurden gewiss neue Arbeitsplätze geschaffen, oft aber gingen in traditionellen Sektoren so viele verloren, dass die Arbeitsplatzbilanz unter Experten höchst umstritten ist.

– Der industrialisierte und politisch gesteuerte *Agrarexport* etwa der EU oder der USA zerstört, so hilfreich er sein kann, leider oft die traditionelle, auf Selbsterhaltung ausgerichtete Agrarwirtschaft der Entwicklungsländer. Die Neuinvestitionen der Industrieländer haben dort zwar mehr Konsumgüter, aber oft auch den Ruin lokaler Manufakturen zur Folge. Zudem verstärken sie die Abhängigkeit der Entwicklungsländer von ausländischen Großkonzernen.

– Die transnationalen »*Global Players*« im Finanzsektor bedrohen vielfach die nationale Autonomie. Sie erscheinen häufig einflussreicher als die nationalen Regierungen: Investmentbanker und Devisenspekulanten (»Traders« oder kurzfristig orientierte Anleger) nehmen zwar in Anspruch, durchaus rationale Akteure zu sein, und funktionieren zugleich als die großen Egoisten und als Sozialreparateure des Finanzmarktes. Aber sie agieren fast nur vom Markt »kontrolliert« und sind mitverantwortlich für gefährliche »Börsenneurosen« und Währungsturbulenzen, mit denen selbst Zentralbanken als Hüterinnen des internationalen Währungssystems nur schwer fertig werden. Und dies nicht erst im Zusammenhang mit Griechenland. Schon 1992 trugen sie wesentlich bei zum beschleunigten Ausscheiden der freilich überbewerteten britischen Währung aus dem Europäischen Währungssystem. Der Primat der Politik hat sich mehr und mehr zu einem Primat der Wirtschaft hin verschoben.

– Die oft durch das Verhalten der Tarifpartner, der Sozialpolitik und des Staates veranlasste, doch aufgrund der Globalisierung vielfach vorangetriebene *Verschlankung* (»downsizing«) von Unternehmen und *Auslagerung* (»outsourcing«) von Arbeitsplätzen in Billiglohnländer hatte die Entlassung

Zigtausender einheimischer Arbeitskräfte zur Folge, die nicht von produktivitätsstärkeren Branchen aufgefangen werden konnten. Von den 212 Millionen Menschen, die 2009 weltweit arbeitslos waren (Schätzung der Internationalen Arbeitsorganisation ILO), befinden sich viele Millionen in den Industrieländern, beinahe vier Millionen in Deutschland. In den Industrieländern stieg die Zahl der Arbeitslosen allein 2009 um 12 Millionen an.

– Die *global agierenden Unternehmen* entzogen sich immer wieder der Kontrolle der Nationalstaaten, vor allem wenn eine industriefeindliche Politik zu erwarten war oder unverhältnismäßig hohe Steuern erhoben wurden. So bezogen sie in ihrem europäischen Stammland oft hohe Staatssubventionen, bezahlten aber immer weniger Steuern und trugen mit anderen Faktoren bei zur Gefährdung der ohnehin überforderten sozialen Sicherungssysteme.

– Die Globalisierung von Ökonomie und Technologie brachte in manchen Bereichen fast notwendig eine *globale Ausweitung ökologischer Probleme* mit sich: katastrophale Schäden in der Natur von der Verschmutzung der Meere und Flüsse bis zur Vergiftung und Erwärmung der Atmosphäre, zum Ozonloch, zur Ölkatastrophe und zum Klimawandel überhaupt.

– Schließlich hatte die ökonomisch-technologische Globalisierung auch eine *Globalisierung des organisierten Verbrechens* (Mafia) zur Folge. Beispiele dafür sind der Drogenhandel und die Wettbetrügerei im Sport, weiter der Frauenhandel und Kindermissbrauch mit Hilfe des Internet.

Angesichts der durchaus ambivalenten Folgen dieser Globalisierung von Ökonomie, Technologie und Ökologie ist es nicht erstaunlich, dass die *Prognosen* und *Bewertungen* der Globalisierung schon früh recht verschieden ausfielen:

– Die einen wollten in dem rasanten weltwirtschaftlichen

Strukturwandel eine einmalige Chance erkennen: Neue Märkte mit großer Wachstumsdynamik könnten mit einer Politik des Bewahrens und der Verteidigung bisheriger Positionen nicht genutzt werden. Wirtschaft und Politik müssten radikal umdenken und sich der Herausforderung des weltweiten Wettbewerbs stellen. Es brauche einen Mentalitätswandel und eine Steigerung der Leistungsbereitschaft aller, wenn wir nicht drastische Wohlstandsverluste in Kauf nehmen wollen. Also »Mut zum Aufbruch«[1].

– Die anderen wollten in der Globalisierung einen »*Angriff auf Demokratie und Wohlstand*«[2] sehen. Bei der Verteilung des so erzeugten Reichtums arbeite die globale Wirtschaftsmaschine mangels staatlicher Eingriffe alles andere als effizient, die Zahl der Verlierer übersteige die der Gewinner bei weitem. Die Schere zwischen Arm und Reich, sowohl im Weltmaßstab zwischen Nord- und Südhemisphäre als auch innerhalb der einzelnen Länder, öffne sich durch die Globalisierung immer weiter.

Heute dürfte indes über eines Konsens bestehen: Die Globalisierung hat als intensivierter Wettbewerb ohne Zweifel vorteilhafte und zugleich nachteilige Effekte. Doch ist schwer abzusehen, welche in Zukunft dominieren werden. Dazu eine dritte Überlegung:

3. Die Globalisierung bleibt unberechenbar

In den vergangenen Jahrzehnten wurden wir mit Statistiken und ökonomischen Voraussagen überhäuft. Aber was die Globalisierung nicht nur an *beabsichtigten Haupteffekten*, sondern auch an *nicht gewollten Nebeneffekten* hervorbringen würde, ließ und lässt sich kaum exakt vorhersagen. Im nachhinein sehen sich die Skeptiker bestätigt:

Unsichere Prognosen

Je längerfristig eine Prognose, um so riskanter. Längerfristige Wirtschaftsprognosen im Sinn »bedingter Vorausberechnungen« sind zweifellos »präziser« als bedingt vorausberechnete längerfristige Wetterprognosen (Ökonomen mögen mir den gewagten Vergleich verzeihen). Aber sie hängen ganz von der Konstanz der gesellschaftlichen Rahmenbedingungen und politischen Rahmendaten ab. *Wirtschaften* ist *ein offener Prozess*, sagen die Ökonomen ja selber: Die Wirtschaft ist das Ergebnis ständigen menschlichen Handelns und nicht das Ergebnis eines einmaligen menschlichen Entwurfs.

So kann man denn kaum ganz ausschließen, dass die »*Chaostheorie*« nicht nur den Meteorologen, sondern auch den Ökonomen etwas zu sagen hat: dass kleine, zunächst kaum beachtete Störungen des Systems (der berühmte Schmetterling in der Karibik) mit der Zeit zu dramatischen Veränderungen (einem Wirbelsturm an der amerikanischen Ostküste) führen können. Ein warnendes Beispiel war seinerzeit schon die – außer für kritische Beobachter der Wechselkurspolitik – völlig unerwartete dramatische Finanzkrise Mexikos im Januar 1995, die leicht zu einer Krise des gesamten Weltfinanzsystems hätte führen können; nur durch internationale Kreditzusagen in Höhe von über 50 Milliarden Dollar konnte sie im letzten Moment gemeistert werden. Doch weitere Finanzkrisen, die Börsenauguren wussten es schon damals, würden folgen. Aber ob sie immer so leicht bewältigt werden könnten, war keineswegs sicher. Es wurde immer deutlicher: Die Prognostiker arbeiten, ob eingestanden oder nicht, mit vielen »Wenn-dann«-Schlüssen. »Bedingte Prognosen« aber (über begrenzte Zusammenhänge) helfen in der Praxis auch nur bedingt.

Unvorhersehbare politische und wirtschaftliche Entwicklungen können alle für plausibel gehaltenen Erwartungen jederzeit über den Haufen werfen. Schon vor der intensivierten Globalisierung hatte etwa der Ölschock 1973 alle mit unendlich viel statistischem Material errechneten ökonomischen Extrapolationen sozusagen über Nacht Makulatur werden lassen.

Kein realistisch denkender Ökonom wagt deshalb heute noch mit Sicherheit vorauszusagen, welche Länder und Wirtschaftsbranchen auf Dauer erfolgreich sein werden und welche nicht, und welche Unternehmen auf lange Sicht überleben werden und welche nicht. Kein kritisch-selbstkritisch reflektierender Ökonom wagt auch nur, längerfristige Prognosen bezüglich des Dollars, bisher die Weltleitwährung, zu machen – oder bezüglich Euro, Yen oder Yuan. Alle Welt rechnete immer wieder mit steigenden Kursen. Ein dramatischer Verlust an Volksvermögen, gefährlich für das Bankensystem und für die Wirtschaft insgesamt, war aber bei unerwartet fallenden Kursen nie auszuschließen. Doch nur wenige Ökonomen warnten, dass der Yen oder das Pfund, der Dow Jones oder der Dax überhöht seien: Börsenanalytiker lieferten vielmehr ständig Gründe (oft gegen besseres Wissen), warum Dow und Dax noch weiter steigen könnten.

Einzelergebnisse im Zug der Globalisierung lassen sich natürlich berechnen, und trotzdem ist die Gesamtentwicklung nicht prognostizierbar. »Wenn schon bei einem vergleichsweise kleinen Ausschnitt wie den Sozialabgaben trotz einschränkender Annahmen viele, fast gleich wahrscheinliche Entwicklungen möglich sind«, ließ mich damals einer der kenntnisreichsten und erfahrensten Wirtschaftswissenschaftler Deutschlands, Professor NORBERT KLOTEN (Tübingen), wissen, »so muss offenbar die Menge denkbarer

Entwicklungen in einer Volkswirtschaft oder gar Weltwirtschaft kaum mehr übersehbar und schon gar nicht prognostizierbar sein.«[3]

Was sollte man also von Voraussagen halten, die aufgrund der Globalisierung stolz einen ökonomischen Boom für die nächsten dreißig Jahre verkündeten? Durfte man jenen *Optimisten* glauben, die am Horizont schon internationale ökonomische Superhighways sahen, welche die nationalen Ökonomien in noch nie dagewesener Weise in die globale Ökonomie integrieren würden? Musste man nicht eher den *Pessimisten* trauen, die neben der Möglichkeit einer atomaren Verseuchung großer Gebiete oder anderer Ökokatastrophen auch einen neuen Crash (»Schwarzer Freitag«) im Weltfinanzsystem befürchteten und daran zweifelten, dass dieser Globalisierungsprozess schließlich das Geschick der Menschheit wesentlich verbessern würde, wo doch offenkundig schon jetzt so viel Arbeitslosigkeit und persönliches wie familiäres Unglück damit verbunden seien? Ja, wer verfügte denn je über die Gewissheit, dass in den Industrieländern die Trends zum freien Handel, zur Reduktion des Staatsdefizits, zur Harmonie zwischen den früheren Feinden im Kalten Krieg und zur Zusammenarbeit mit den heraufkommenden asiatischen Mächten – lauter Voraussetzungen für einen gemäßigten Optimismus – anhalten würden? Trotzdem schien mir wichtig:

4. Die Globalisierung ist steuerbar

Angesichts der unbestreitbaren fundamentalen Unsicherheiten hätte man gut daran getan, den ganzen Prozess der Globalisierung nicht zu sehr sich selbst zu überlassen. Die Globalisierung ist ja kein Naturphänomen wie eine heraufziehende Gewitterfront, der man machtlos gegenübersteht.

Internationale Regulierungen dringend notwendig

Da ja selbst der mittelalterliche Glaube an die »unsichtbare Hand der göttlichen Vorsehung« menschliches Versagen nie ausschloss, hätte man dem unter Ökonomen weitverbreiteten modernen Glaubensdogma von der »unsichtbaren Hand des Wettbewerbs«, das Weltwirtschaftskrisen nicht auszuschließen vermochte, mit mehr Skepsis begegnen müssen. Selbstkritische Ökonomen konnten es ja nicht ausschließen: Der Markt kann als Steuerungsinstrument versagen, daher sind überall die Politik und ihre Ordnungsfunktion gefordert.

Nationale Regierungen, Zentralbanken und Wirtschaftsgemeinschaften wie die EU hatten zweifellos immer erhebliche Spielräume. Und wenn selbst der bekannteste Hedgefonds-Manager und spätere Philanthrop GEORGE SOROS[4], der 1992 das britische Pfund zur Abwertung gezwungen hatte, schon vor Jahren von den Regierungen dringend internationale Regulierungen besonders der Finanzmärkte »gegen übermäßige Spekulation« forderte, die täglich Hunderte Milliarden Dollar hin- und herbewegt, so hätten gerade Ökonomen rechtzeitig mehr praktische Vorschläge machen sollen bezüglich der Steuerung und Besteuerung der »von Gier und Angst besessenen« und deshalb gar nicht rational, sondern »emotional« reagierenden Märkte. In einem Gespräch beim Weltwirtschaftsforum in Davos bestätigte mir George Soros: »Wenn ein Mann wie ich das britische Pfund erschüttern kann, dann stimmt doch etwas am ›System‹ nicht.« Darauf ich: »Da müsste also etwas am System geändert werden, aber wann?« Soros: »Möglichst bald. Aber zumeist lernt die Menschheit nur durch Leiden.« Es sollte noch ein paar Jahre dauern, bis die globale Finanz- und Wirtschaftskrise ausbrach und die Leiden vieler Menschen übergroß wurden, durch das, was George Soros dann das Platzen einer »Super-Blase« nennen sollte.

Man musste also schon sehr früh fürchten, dass das globalisierte Weltfinanzsystem nach einer Phase, in der die Kurse von Rekordhoch zu Rekordhoch strebten, einmal aufgrund einer Kettenreaktion wegen einer Naturkatastrophe, eines politischen Erdbebens oder eben einer Bankenkrise zusammenbrechen könnte … Und so meinte ich schon in den 1990er-Jahren mahnen zu müssen: Sollte sich beim gegenwärtigen Globalisierungsprozess das *Gewinnstreben* als oberstes und alleiniges Kriterium durchsetzen, muss man sich auf schwere soziale Konflikte und Krisen gefasst machen; die gegenwärtige Stärke des Kapitals und relative Schwäche der Gewerkschaften sollten nicht darüber hinwegtäuschen. Es war nun einmal nicht anzunehmen, dass die Gesellschaft als ganze einen Rückfall in den Liberalismus des 19. Jahrhunderts und in einen zügellosen Kapitalismus widerstandslos hinnehmen würde.

Dass wirtschaftliche Spannungen gesellschaftliche Spaltungen und diese wiederum politische Konflikte verursachen können, ist bekannt. Man erinnert sich, dass die amerikanische Gesellschaft schon einmal am Anfang des 20. Jahrhunderts unter Präsident Theodore Roosevelt entsprechend heftig reagierte: öffentliche Kontrolle der großen Wirtschaftsinteressen, staatliche Regulierung, Antitrust-Gesetze und Arbeitergesetzgebung (»Square Deal« = Interessenausgleich). Später noch einmal nach dem Börsenkrach 1929 und der darauf folgenden Großen Depression unter Präsident Franklin D. Roosevelt: gegen das »Laissez-faire« der Aufbau eines Sozialstaates (»New Deal«). Ähnlich würde auch in unseren Tagen ein einseitiger Abbau des Sozialstaates (»No Deal«?) früher oder später zu einer Gegenreaktion gegen eine unsoziale Marktwirtschaft und die sie stützende Gesellschaftsordnung führen.

Doch ich gehöre selbst in der heutigen Finanz- und Wirtschaftskrise nicht zu jenen Journalisten und Theologen, die eine apokalyptische Redeweise lieben und ständig das kommende Weltende ankündigen. Andererseits merkte ich schon an, dass ich auch die euphemistisch verharmlosende Sprache wenig schätze, wie sie manche Ökonomen und Geschäftsleute lieben. Man weiß doch, was sich oft an menschlichem Elend für die Betroffenen verbirgt hinter so wohlklingenden Worten wie »Outsourcing« (»Auslagerung«) und »Downsizing« (»Verschlankung«). Dieses letzte Wort wurde in den 1970er-Jahren für kleinere Autos und erst seit den 1980er-Jahren auch für Menschen gebraucht: »downsized«, »separated«, »unassigned« people. Doch ob einer 1980 hörte »You are fired« (»Sie sind gefeuert«) oder 1985 »You are laid off« (»freigesetzt«) oder 1990 »You are downsized« (»wegrationalisiert«) oder 1995 »You are rightsized« (»ausgemessen«): für den Betroffenen läuft es letztlich auf dasselbe Elend hinaus! Man kann sich nicht einfach damit abfinden.

Globalisierung auch des Ethos erforderlich

Globalisierung bleibt für viele Menschen, gerade in Entwicklungs- und Schwellenländern, eine große Hoffnung, für viele Arbeitnehmer in Industrieländern aber ist sie immer mehr eine beängstigende Misere. Es wird weiter gelten: Die Wirtschaft der Welt ist im Umbruch, wächst zusammen, vernetzt sich. Weltweit entstehen riesige neue Märkte, Waren- und Arbeitsangebote, Kommunikationsmöglichkeiten, aber eben auch härtere Konkurrenz und steigende Arbeitslosigkeit, gerade in den Industrienationen. Keine Frage: Der *epochale Paradigmenwechsel*, der sich schon nach dem Ersten Weltkrieg und dem Aufstieg der neuen Wirtschaftsgroßmächte USA und UdSSR *auch für die Wirtschaft* abzeichnete – weg von der eurozentrischen zur *polyzentrischen Weltwirtschaft* –, hat nach dem Einbezug Asiens (ASEAN und China) und dem Zusammenbruch des Sowjetblocks mit den Globalisierungsprozessen der 1990er-Jahre den *definitiven Durchbruch* erzielt.

Was aber wird geschehen, fragen sich viele Menschen, wenn die Weltwirtschaft, nicht nur ihr Kapitalfluss, sondern auch ihr Arbeitsmarkt, noch mehr ohne nationale Grenzen funktioniert, wirklich global sein wird? Wer wird im grenzenlosen Wettbewerb der Unternehmen, der Regionen und Standorte Gewinner sein und wer Verlierer? Wird das nicht eine »ökonomisierte«, vermarktete und so möglicherweise unfreundliche, undemokratische, ja inhumane Welt sein, in der wir durch Globalisierung zwar eine höhere Produktivität und Rentabilität, aber keine gerechtere Güterverteilung erreicht haben?

Spätestens jetzt müsste man bedenken, dass es bei all diesen Phänomenen keineswegs um naturnotwendige Prozesse (wie Marx meinte), sondern um im Prinzip und in gewissen Grenzen *steuerbare und international zu regulierende Entwicklungen* geht. Aber auch, dass es sich dabei nicht nur um Fragen der Ökonomie handelt, sondern um *gesamtgesellschaftliche*, um *hochpolitische* und letztlich auch *ethische Fragen*. Drehen sich doch auch manche Geschäftsentscheidungen weniger um Globalisierung an sich als um die praktische Frage, ob Profit, also das grundsätzlich berechtigte Gewinnstreben, der einzige Zweck eines Unternehmens sein soll.

Gerade das Phänomen der ökonomischen Globalisierung macht also deutlich, dass es *auch im Ethischen um Globalisierung gehen muss*. Wie kann eine Welt friedlich und gerecht werden, in der in verschiedenen Gebieten widersprüchliche ethische Normen und Rahmenordnungen gelten? Eine Besinnung auf das notwendige gemeinsame Minimum an elementaren ethischen Werten, Maßstäben und Grundhaltungen tut not, auf das sich alle Nationen und alle Interessengruppen, Arbeitgeber und Arbeitnehmer, verpflichten können. So wie eine neue Rahmenordnung für die Finanzmärkte (ähnlich wie seinerzeit das Bretton-Woods-Abkommen) global durchgesetzt werden müsste, damit die Teilnehmer bei Einschränkungen nicht einfach in andere Märkte fliehen, so müsste auch ein *ethischer Grundkonsens* global gelten, damit ein einigermaßen friedliches Zusammenleben auf unserem Globus gewährleistet ist. Dies soll in den folgenden Kapiteln in Diskussion mit der Wirtschaftswissenschaft entwickelt werden. Aus diesem Einleitungskapitel ergibt sich dafür folgende Programmatik:

- Die Globalisierung von Wirtschaft und Technologie verlangt nach globaler Steuerung durch eine globale Politik.
- Globale Wirtschaft, Technologie und Politik aber bedürfen der Fundierung durch ein globales Ethos.
- *Weltpolitik und Weltwirtschaft verlangen nach einem Weltethos.*

Es sollen nun zunächst zwei einander entgegengesetzte wirtschaftspolitische und sozialphilosophische Konzepte für eine Wirtschaftsordnung einer kritischen Prüfung unterzogen werden: Neokapitalismus und Wohlfahrtsstaat. Über beide gibt es eine seit Jahrzehnten anhaltende wirtschaftswissenschaftliche Diskussion, in die ich hier – um angesichts vielfacher Geschichtsvergessenheit die Hintergründe der heutigen Weltwirtschaftskrise zu verstehen – eintreten muss, ohne mich freilich in Details der komplexen Wirtschaftswissenschaft zu verlieren. Es soll – dies ist mein bescheidenes Ziel – nur deutlich werden, welches wirtschaftspolitische Globalkonzept der hier vorgetragenen ethisch bestimmten Gesamtschau am besten entspricht.

5. Welches wirtschaftspolitische Konzept?

Eine kritische Reflexion ist angesichts der in den letzten beiden Jahrzehnten sich weltweit rasant durchsetzenden Marktwirtschaft besonders dringlich. Hier zuerst eine genaue Bestimmung des Status quaestionis, des gegenwärtigen historisch-systematischen Fragestandes:

Keine Rückkehr zum Manchester-Liberalismus

Ein kurzer historischer Rückblick: Der *Altliberalismus* (A. Rüstow: »Paläoliberalismus«) des frühen 19. Jahrhunderts hatte als treibende Kraft in Wirtschaft und Gesellschaft den *Eigennutz* des Einzelnen erkannt und deshalb das freie Spiel der wirtschaftlichen Kräfte – bei möglichst geringen staatlichen Eingriffen – als Grundprinzip propagiert. Besonders im industriell führenden Großbritannien wurde dies realisiert: Für die binnenwirtschaftliche Ordnung das Prinzip (ursprünglich der französischen Physiokraten) »Laissez faire« und gleichzeitig für die außenwirtschaftliche Ordnung das Prinzip des internationalen Freihandels und der freien Schiffahrt: »Laissez passer« (die Waren über die Grenzen lassen).

Doch geriet dieser Wirtschaftsliberalismus schon im 19. Jahrhundert mit der »sozialen Frage« und im frühen 20. Jahrhundert mit dem Ersten Weltkrieg in Misskredit. Ja, mit der ersten Weltwirtschaftskrise (»Große Depression«) Anfang der 1930er-Jahre brach er zusammen. Seither pflegt man sich zu distanzieren vom »*Manchester-Liberalismus*« – ursprünglich eine Kampfvokabel des konservativen britischen Politikers Benjamin Disraeli gegen seinen handelsliberalen und sozial engagierten Gegner Richard Cobden aus Manchester. Unbestreitbar wies dieser Liberalismus anfänglich ungeheure industrielle Erfolge auf: in Manchester schon 1789 die erste

Dampfmaschine für Baumwollspinnerei, dann Industriekanal und Eisenbahnlinie und 1889 erster Industriepark Großbritanniens. Aber der Liberalismus hatte zugleich ein soziales Elend zur Folge, das auch politisch unerträglich wurde: in Manchester bei einem Bevölkerungsanstieg um das 32fache von 17.000 im Jahre 1760 auf 544.000 im Jahre 1901.

Keine Rückkehr zur sozialistischen Planwirtschaft

Als Gegenkonzept war in der zweiten Hälfte des 19. Jahrhunderts unter Impulsen besonders des utopischen Sozialismus die *sozialistische Planwirtschaft* erdacht worden. Aber erst nach der russischen Oktoberrevolution (1917) wurde sie realisiert. Sie hatte anfangs vor allem politische Erfolge: bei den betroffenen Arbeitnehmern, ihren politisch-sozialen Organisationen und den sich mit ihnen solidarisierenden Intellektuellen. Aber die sowjetische Staatswirtschaft erwies sich als immer weniger effizient – ohne Chance, wie beansprucht die kapitalistische Marktwirtschaft zu überholen.

Am Ende des 20. Jahrhunderts erlebte die sozialistische Planwirtschaft mit der Implosion des Sowjetimperiums den schon lange sich abzeichnenden epochalen Zusammenbruch von der Elbe bis zum Gelben Meer. In Theorie und Praxis findet sie sich widerlegt. Weltpolitisch von besonderem Gewicht ist, dass die Volksrepublik China sich dem westlichen marktwirtschaftlichen System geöffnet hat, ohne bis heute zum eigenen Nachteil auch die westliche Demokratie zu übernehmen.

Seither liegen nicht mehr zwei extrem verschiedene sozialphilosophisch-wirtschaftspolitische Konzepte im Widerstreit, Marktwirtschaft oder Planwirtschaft. Es blieb faktisch nur eines übrig: Die *Marktwirtschaft hatte gesiegt*, und die meisten führenden Ökonomen sind heute »Neoliberale«. Doch die andauernde Diskussion dreht sich um die Frage:

Marktwirtschaft – aber welche?

Hinter dem scheinbar klaren generellen Begriff »neoliberal« verstecken sich heute zwei einander entgegengesetzte wirtschaftspolitische Konzepte[5]:

– Einerseits eine *prädikatlose Marktwirtschaft* oder *Marktwirtschaft pur* (»ohne Wenn und Aber«): Sie wurde theoretisch von den Wirtschaftswissenschaftlern Ludwig von Mises, Friedrich August von Hayek und Milton Friedman entwickelt, die man präziser (für einen Neokapitalismus eintretende) *Ultraliberale* nennen kann. Praktisch wurde sie von Wirtschaftspolitikern der »Reaganomics« und des »Thatcherismus« zu realisieren versucht.

– Andererseits eine *sozialverpflichtete Marktwirtschaft* oder *Soziale Marktwirtschaft*: Sie wurde theoretisch von den Wirtschaftswissenschaftlern Eucken, Müller-Armack, Rüstow, Röpke und dem Juristen Böhm entwickelt, die man, ebenfalls verkürzend, (für eine staatliche Rahmenordnung eintretende) *Ordoliberale* nennen kann. Praktisch wurde sie schon nach dem Zweiten Weltkrieg in exemplarischer Weise in der Bundesrepublik Deutschland von Ludwig Erhard realisiert.

Nach den verheerenden Erfahrungen der gegenwärtigen Weltfinanz- und Wirtschaftskrise dürfte es schwer sein, Menschen heute von der »Marktwirtschaft pur« zu überzeugen. Reaganomics und Thatcherismus haben rascher abgewirtschaftet als erwartet. Auch alle Bemühungen in den USA, von der Gesundheitsreform bis zu den Veränderungen an der Wallstreet, konzentrieren sich zur Zeit darauf, eine *sozial verpflichtende Marktwirtschaft* zu etablieren.

Aufschlussreich sind in diesem Zusammenhang zwei im Jahr 2009 erschienene Bücher von »Frühstartern« in der Beurteilung der gegenwärtigen Weltwirtschaftskrise, die in vielem übereinstimmen, aber doch eine unterschiedliche Frontstellung verraten:

Da ist einerseits der frühere linksliberale ZEIT-Chef-redakteur ROGER DE WECK, der in seinem ebenso kompakten wie differenzierten Buch »Nach der Krise«[6] für einen *erneuerten Kapitalismus* plädiert, dabei aber das Modell der Sozialen Marktwirtschaft völlig unerwähnt lässt. Erst im letzten Satz seines Buches nennt er unvermittelt als sein Ideal »die öko-soziale Marktwirtschaft«. Die ethische Problematik aber blitzt bei ihm nur am Rande auf. Den »vom Theologen Hans Küng vertretenen Gedanken eines solidarischen Weltethos«, den angeblich »die Globalisierung« hervorgebracht haben soll, erwähnt er, diskutiert ihn aber mit keinem Wort.

Und da ist auf der anderen Seite der rechtsliberale frühere IBM-Manager und langjährige Präsident des Bundesverbandes der Deutschen Industrie, HANS-OLAF HENKEL, der in seinem interessant berichtenden Buch »Die Abwracker« erzählt, »wie Zocker und Politiker unsere Zukunft verspielen«[7]. Er greift auf das Modell der *Sozialen Marktwirtschaft* zurück für die Überwindung dessen, was er den »Neo-Sozialismus« nennt. Die ethische Problematik freilich wird von Henkel oberflächlich abgehandelt. Viele seiner Reformvorschläge für Nachhaltigkeit in der Arbeitsmarkt-, Sozial- und Finanzpolitik sind vernünftig, aber weniger vernünftig, eher ressentiment- und emotionsgeladen sind manche seiner Aussagen zur »Moral«. Immerhin erkennt er inzwischen deutlicher als in seinem früheren Buch »Die Ethik des Erfolgs« die negativen Seiten der Globalisierung und scheint von der naiven Überzeugung abgerückt, dass die Globalisierung »das einzige Mittel« sei, »das der Gerechtigkeit, der Fairness und der Mitmenschlichkeit zum Durchbruch verhelfen kann« und schon »längst tut, was Küng nur fordert«.[8] Einen »moralischen Generalverdacht gegen die Globalisierung« hätte er mir in jenem früheren Buch wirklich nicht unterstellen und auch das Weltethos nicht mit »von der

Kanzel herab verkündeten Moralweisheiten« verwechseln dürfen. Vielleicht hat ja die Wirtschaftskrise Henkel eines Besseren belehrt.

Beide hier kurz vorgestellten Bücher bestätigen mich in meiner Auffassung, dass es notwendig ist für einen gesicherten Weg in eine bessere Zukunft, auf die beiden großen Konzepte von Marktwirtschaft zurückzukommen und sie in den folgenden Kapiteln exakt zu analysieren und eingehend zu diskutieren: Marktwirtschaft pur oder Marktwirtschaft sozial?

II. Marktwirtschaft pur?

Bevor wir uns der Sozialen Marktwirtschaft zuwenden, gehören der so lange erfolgreiche Ultraliberalismus und seine heutigen Hauptrepräsentanten auf den Prüfstand[1]: Wie ist er aus ethischer Sicht zu bewerten?

1. Der ökonomische Ultraliberalismus

Der ökonomische Liberalismus, würden manche seiner Vertreter antworten, sei aus sich selbst moralisch. Doch an dieser Behauptung kommen ernsthafte Zweifel auf. Gewisse *Parallelen* zwischen dem *politischen* »Realismus« und seinem Machtmanagement, über dessen verhängnisvolle Auswirkungen ich an anderer Stelle geschrieben habe[2], und dem *ökonomischen Liberalismus* und seinem Marktmanagement drängen sich auf. Ist dies reiner Zufall? An derselben University of Chicago, an welcher der Politikwissenschaftler HANS MORGENTHAU den Begriff des Interesses des souveränen Staates in den Mittelpunkt seiner Macht-Theorie gestellt hatte, entwickelte zur selben Zeit der Wirtschaftswissenschaftler MILTON FRIEDMAN seine ebenso »realistische« Markt-Theorie, die das Interesse des freien Individuums zur Grundlage aller binnen- und außenwirtschaftlichen Ordnung macht. Ähnlich also

– betreibt diese »realistische« *Politikwissenschaft* die Analyse der Mechanismen der Machtpolitik: die Konkurrenz und (als Ideal) das Gleichgewicht der politischen Kräfte, und
– betreibt diese »realistische« *Wirtschaftswissenschaft* die Analyse der Marktmechanismen: die Konkurrenz und (als Ideal) der freie Wettbewerb der wirtschaftlichen Kräfte. Wie bei Morgenthaus Politiktheorie liegen jedoch auch die *Ursprünge der ultraliberalen Wirtschaftstheorie in Europa*, wieder vor allem im deutschen Sprachraum.

Vorkämpfer des Ultraliberalismus: L. v. Mises, F. A. v. Hayek

Der klassische ökonomische Liberalismus hatte in den 1920er-Jahren in seinem Stammland Großbritannien alle Ausstrahlungskraft verloren. Er wurde schließlich innerhalb weniger Jahre in einer Art Paradigmenwechsel fast vollständig durch die »Keynessche Revolution« abgelöst. Auf dem europäischen Kontinent erfolgten dagegen radikale Weiterentwicklungen liberaler Wirtschaftstheorien vor allem in der von Carl Menger (1840–1921) gegründeten »*Österreichischen Schule*«: dort in erster Linie durch den in Lemberg geborenen österreichischen Volkswirtschaftler LUDWIG VON MISES (1881–1973). Nach zwanzigjähriger Lehrtätigkeit in Wien emigrierte er 1938 – im Jahr des »Anschlusses« Österreichs an Nazi-Deutschland – zunächst nach Genf und 1940 nach New York. Als Vertreter der »Austrian Economics« (Grenznutzenschule) unterzog er jede Planwirtschaft und allen staatlichen Interventionismus einer radikalen wissenschaftlichen Kritik.[3]

Aber noch mehr Einfluss übte sein Schüler FRIEDRICH AUGUST VON HAYEK (1899–1992) aus. In Wien geboren und promoviert, übersiedelte er 1931 nach London, lehrte an der

University of London und der London School of Economics und wurde im österreichischen Schicksalsjahr 1938 britischer Staatsbürger. Von 1950 bis 1962 war auch er an der University of Chicago als Professor für Sozial- und Moralwissenschaft tätig. Erst nach seiner Emeritierung nahm er, jetzt hoch geschätzt, einen Lehrstuhl in Freiburg/Breisgau an, wo er 1992 im Alter von 93 Jahren verstarb.

Hayek hatte schon 1944 in seinem antietatistischen Werk »Der Weg zur Knechtschaft«[4] (ironisch »den Sozialisten in allen Parteien gewidmet«) die Stückwerkreformen und staatlichen Wirtschaftsmanipulationen in der Weimarer Republik dargestellt als Weg zur Wirtschaftsdepression (1929–33), zum innenpolitischen Desaster und zur totalitären Machtübernahme durch Hitler. Er war und blieb davon überzeugt, dass jegliche staatliche Lenkung und Kontrolle des freien Marktes ökonomisch nur negative Folgen zeitigen könne: Inflation, Arbeitslosigkeit, Rezession oder gar Depression. Er hatte nichts dagegen, dass wie die Preise so auch die Löhne je nach Nachfrage steigen oder sinken – für jede Gewerkschaft eine grauenhafte Vorstellung.

Man erkennt: Hayek war in seinem ganzen Ansatz zutiefst individualistisch, an der sittlichen Autonomie und folglich an einer »atomistischen« Gesellschaftsauffassung orientiert. Seine *Allergie gegen das Wort* »sozial«, in dem er das Einfallstor antiliberaler Ideen sah, schlug in offene Ablehnung um, als seine Freunde in Deutschland den Begriff der Marktwirtschaft mit dem Attribut »sozial« versahen. Kein Wunder, dass Friedrich von Hayek in England zum heftigsten Kritiker des damals einflussreichsten Wirtschaftstheoretikers und Vertreters des Wohlfahrtsstaates wurde:

Vorkämpfer des Sozialstaates: John Maynard Keynes

Der Cambridge-Professor JOHN MAYNARD KEYNES (1883–1946) war schon 1919 Leiter der Delegation des britischen Schatzamtes auf der Friedenskonferenz von Versailles. Klar und gerecht denkend, trat er wegen der volkswirtschaftlich unsinnigen alliierten Reparationsforderungen zurück und forderte 1920 mutig eine Revision des Versailler Vertrags.[5] Später wurde er wieder Berater der britischen Regierung und wenige Jahre vor seinem Tod zum Lord ernannt (1942). Den Kapitalismus definierte er ironisch als den außergewöhnlichen Glauben, dass die widerwärtigsten Männer aufgrund der widerwärtigsten Motive irgendwie für den Nutzen aller arbeiten.

Doch der entscheidende Punkt: Schon drei Jahre vor der Weltwirtschaftskrise hatte er »The End of laissez-faire« (1926) proklamiert.[6] Damit hatte Keynes das Zentraldogma der klassisch-liberalen Nationalökonomie in Frage gestellt: bei freier Konkurrenz führe ein sich einspielendes Preis-, Lohn- und Zinsniveau automatisch zur Vollbeschäftigung. Keynes' makroökonomischer Theorie vom Wirtschaftskreislauf zufolge verläuft die Konjunktur in Zyklen. Diese aber sind durch Variation der Staatsausgaben und Steuersätze geplant zu lenken. Bei abflauender Konjunktur seien Wachstum und Beschäftigung durch erhöhte Ausgaben (»deficit spending«) und Billig-Geld-Politik zu sichern. In dieser »rationalen Wirtschaftspolitik« spielt der Staat neben privaten Haushalten und Unternehmen offensichtlich eine zentrale Rolle.[7]

Diese wirtschaftspolitische Legitimation der Staatsverschuldung hatte gewaltige Auswirkungen weit über Großbritannien hinaus. Keynes wurde der dominierende Ökonom des 20. Jahrhunderts. Erst mit der Zeit erfuhr man in der wirtschaftspolitischen Praxis die Schwachpunkte der Keynesschen Theorie. Und der »Keynesianismus« geriet in die Krise, als zweierlei offenkundig wurde: Erstens, wie gering die Bereitschaft der Politiker war, bei Konjunkturaufschwung – wie Keynes' Theorie verlangte – die Staatsausgaben auch wieder zu kürzen und Schulden abzutragen. Und zweitens, wie groß andererseits das Informationsdefizit der Politik war, um eine wirksame Feinsteuerung des Wirtschaftsablaufes zu garantieren.

Den Nobelpreis für Wirtschaftswissenschaften, den es zu Lebzeiten von Keynes noch nicht gab und den das Nobelpreiskomitee offensichtlich keinem Vertreter der erfolgreichsten Nachkriegs-Ökonomik, der Sozialen Marktwirtschaft, geben wollte (ich werde noch an Röpke, Rüstow, Müller-Armack erinnern), erhielten zwei bedeutende Keynesianer: der Amerikaner Paul Samuelson 1970 und der Brite John Hicks 1972. Ausgezeichnet aber wurde 1974 F. A. von Hayek; denn unterdessen hatten die Zeiten sich wieder einmal geändert: In den 1970er-Jahren trat nämlich aufgrund überhitzter Konjunktur immer mehr das Inflationsproblem in den Vordergrund, und damit wurden auch die Grenzen der staatlichen Defizitfinanzierung und Zinsbelastung sichtbar. Gegen diese ökonomischen Übel aber schienen Hayek und die Neoliberalen die besseren Rezepte zu haben. Mehrere Monographien wurden gerade in den 1990er-Jahren dem bedeutenden Œuvre Hayeks gewidmet.

Der Inspirator von Reagonomics und Thatcherismus: Milton Friedman

Der Aufstieg des Ultraliberalismus zur dominierenden wirtschaftspolitischen Lehre der 1970er- und vor allem der 1980er-Jahre war nicht mehr zu übersehen. Dementsprechend erhielt schon zwei Jahre nach Hayek ein anderer, von ihm beeinflusster ultraliberaler Wirtschaftswissenschaftler der University of Chicago den Ökonomienobelpreis für seine Beiträge zur Geldgeschichte und -theorie und für die Darstellung der Komplexität der Stabilisierungspolitik: MILTON FRIEDMAN, 1912 in New York geboren und seit 1946 in Chicago lehrend. Schon 1950 hatte er eine Neuordnung des internationalen Währungssystems mit flexiblen Wechselkursen gefordert – und dies nur ein halbes Jahrzehnt nach dem historischen Abkommen von Bretton Woods (1944), das die Fixierung der Wechselkurse sowie die Gründung von Weltwährungsfonds und Weltbank zur Folge hatte.

Lange Zeit war dieser radikale Ultraliberale als extremkonservativer Wirtschaftskommentator eher belächelt worden. Jedenfalls wurde nicht er Präsident Kennedys ökonomischer Berater, sondern der progressiv-liberale JOHN KENNETH GALBRAITH (geb. 1908) von der Harvard University. Dieser stellte, anders als Friedman, das Missverhältnis von privater Verschwendung und öffentlicher Armut (unzureichende Infrastruktur, vernachlässigte staatliche Leistungen) als soziales Hauptübel heraus. Er wollte deshalb den Privatkonsum zugunsten staatlicher Aktivitäten zurückdrängen und forderte schon damals kräftige staatliche Eingriffe gegen verelendende Städte, schlechte Schulen und verschmutzte Umwelt.[8]

Unter Präsident Richard Nixon (1969–1974) aber und erst recht unter Präsident Ronald Reagan (1981–1989), die Friedman ebenso beriet wie die britische Premierministerin Margaret Thatcher (1979–1990) und den chilenischen Staatspräsidenten und Diktator Augusto Pinochet (1974–1990), wurde Friedman zur führenden Figur der Chicago School und zum politisch einflussreichsten Wirtschaftstheoretiker des letzten Viertels des 20. Jahrhunderts. Als solcher ist er auch in der deutschen Wirtschaftswissenschaft, wo man sich gerne vom »extremen« Friedman distanziert, keineswegs ohne Einfluss geblieben, wie sich in einem späteren Kapitel im Zusammenhang mit der »Sozialverantwortung«

der Unternehmen zeigen wird. Manche Wirtschaftswissenschaftler, die seit den 1960er-Jahren davon träumten, auch die Ökonomik, mit Hilfe der Mathematik und ihrer Fähigkeit zu formalisieren, zu erklären und vorauszusagen und sie bald zu einer exakten Wissenschaft wie Physik und Chemie zu machen, haben möglicherweise gar nicht gemerkt, wie sie sich faktisch von der Sozialen auf die prädikatlose Marktwirtschaft hinbewegt haben.[9] Diese Ökonomen haben die Grenzen ihrer mathematischen Modelle nicht erkannt und so die Finanz- und Wirtschaftskrise nicht vorausgesehen. Um so dringender ist die weitere nüchterne Überprüfung ihrer Grundpositionen.

Freier Markt und eingeschränkter Staat

Mit drei Prinzipien oder Parolen, die von immer mehr Wirtschaftswissenschaftlern auch außerhalb Amerikas geteilt wurden, lässt sich MILTON FRIEDMANS *ultraliberales Konzept*, das Wohlstand garantieren soll, umschreiben:

Parole 1: *Freiheit*, also Individualismus! Freiheit im Sinn der Abwesenheit von allem Zwang ist das oberste Prinzip für die Ordnung des öffentlichen Lebens, wie dies Friedman in seinem grundlegenden Werk »Capitalism and Freedom« 1962 programmatisch proklamiert hat: »Als Liberale sehen wir in der Freiheit des Individuums, oder vielleicht in der Familie, unser oberstes Ziel bei der Beurteilung sozialer Einrichtungen.«[10] Die Menschen wissen selber am besten, was sie tun sollen. Es soll deshalb den Wirtschaftssubjekten gestattet sein, ihre *ökonomischen Interessen frei zu verfolgen* – ob sie dies nun in großzügiger oder selbstsüchtiger, in kluger oder törichter Weise tun. Normalerweise handle das autonome Individuum nämlich rational und suche seine Interessen zu befriedigen, und je mehr es dies tun könne, um so größer sei seine Motivation und Innovationskraft. Deshalb:

Parole 2: *Freier Markt*, also Kapitalismus! Hier treten die Wirtschaftssubjekte in Interaktion, und je ungehinderter sich der Austausch der verschiedenen Güter – von Grundeigentum und Arbeitskraft über Industrieproduktion bis hin zum Kapitalverkehr – vollziehe, um so besser für die einzelnen. Da sich die Menschen normalerweise beim Verfolgen ihres Eigennutzes rational verhielten, ließe sich ihr Handeln ausreichend voraussagen, wenn sie nicht durch irgendwelche Monopole manipuliert würden. Es erfolge nämlich von selbst sozusagen hinter dem Rücken der Akteure eine *Steuerung aller ökonomischen Prozesse durch den Wettbewerb* – vorausgesetzt, dass dieser möglichst ungehemmt und funktionsfähig bleibt. Der Wohlstand wachse nicht durch Staatsinterventionen, sondern mit der Arbeitsteilung und mit der Größe der Märkte, so dass ein weltweit liberalisierter Austausch von Gütern und Produktionsfaktoren anzustreben sei. Deshalb die weitere Forderung:

Parole 3: *Eingeschränkter Staat*, also Anti-Etatismus! Staatsinterventionen führten notwendigerweise zur Zusammenballung staatlicher Macht (»big government«) und früher oder später zum Staatsversagen, wie es in allen möglichen Funktionsmängeln des staatlichen Wirtschaftens immer wieder sichtbar würde. Auch staatliche Konjunktur- und Stabilitätspolitik trage wegen Informations- und Steuerungsmängeln (zu oft kommt sie zu spät und bleibt zu wenig effektiv) meist eher zu Instabilität als zu Stabilität bei. Da sei es doch die rationellere Lösung, den privaten Vermögensbesitzern einen vom Staat möglichst wenig eingeschränkten Handlungsspielraum zuzugestehen. Und der Staat? Der möge für die nationale Verteidigung und die Ordnung im eigenen Land sorgen, den persönlichen Schutz seiner Bürger garantieren und den stabilen Rahmen für eine ungestörte wirtschaftliche Entwicklung schaffen. Das genüge.

So führen nach Friedman und Gesinnungsfreunden die

Selbstheilungskräfte des Marktes, falls die regulierende Funktion des Preises nicht durch Manipulationen an der Steuer- und Kreditschraube behindert wird, auf längere Sicht immer zum Marktausgleich. Wohnungen, Schulen, Krankenhäuser und Flugplätze würden somit besser von Privaten gebaut, Sozialversicherungen und Gesundheits- wie Bildungswesen der marktwirtschaftlichen Selbststeuerung überlassen. Stetiges Wirtschaftswachstum aber ermögliche die immer größere Befriedigung der Bedürfnisse durch marktwirtschaftliche Mechanismen und führe nicht nur zur individuellen Freiheit, sondern auf längere Sicht auch zur sozialen Gerechtigkeit, so dass die Exzesse des Manchester-Liberalismus vermieden werden könnten.

Also alles klar? Schon ein Jahrzehnt vor der Weltwirtschaftskrise, auf dem Höhepunkt ultraliberaler Euphorie, sammelte ich die Kritikpunkte an diesem wirtschaftspolitischen Konzept, die dann durch die Weltwirtschaftskrise dramatisch bestätigt wurden.

2. Rückfragen: Domestizierung des Ethos durch die Ökonomie?

Vor dem Hintergrund dieser paläoliberalen, individualistischen, kapitalistischen und anti-etatistischen Wirtschaftskonzeption konnte man es bis zu einem gewissen Grad verstehen, dass, konfrontiert mit dem zunehmenden Versagen des Sozialstaates, gerade in den Vereinigten Staaten und in Großbritannien, RONALD REAGANS und MARGARET THATCHERS Wirtschaftsprogramme vier neoliberale Elemente übernahmen: 1. niedrigere Steuersätze, 2. niedrigere Staatsquote, 3. freier Markt statt staatliche Industrieregulierung und 4. – schon immer ein besonderes Anliegen Friedmans und von manchen Zentralbanken aufgenommen – stabiles und gedrosseltes Wachstum der Geldmenge (»Monetarismus«). Friedman war dann allerdings der Meinung, beide Regierungen hätten im Grunde nur mit dem vierten Punkt ernstgemacht und insbesondere die bittere »Medizin« niedrigerer Staatsausgaben – angesichts Reagans Hochrüstungspolitik unmöglich – verschmäht.[11]

GEORGE BUSH sen., Reagans Mitbewerber um die Präsidentschaft, nannte diese Wirtschaftspolitik – gleichzeitig Steuern senken, aufrüsten und Staatsverschuldung abbauen – »*Voodoo Economics*«. Aber nach BILL CLINTONS Sparpolitik setzte GEORGE BUSH jun. eine Politik fort, die aus dem größten Gläubigerstaat der Welt schließlich den größten Schuldnerstaat machte. Andere kritisierten diese Politik noch radikaler: Angesichts anhaltender Beschäftigungsprobleme in den Industrienationen habe letztlich doch Keynes mit seiner zentralen These von der begrenzten Wirksamkeit der Zins- und Lohnmechanismen Recht behalten; Friedmans Empfehlungen ließen sich politisch einfach nicht durchsetzen.

In diesem Positionenstreit habe ich nicht im Einzelnen zu entscheiden, mich interessiert primär die ethische Gesamtproblematik. Ich frage mich: Was für eine Rolle spielen in diesem kapitalistischen Wirtschaftssystem überhaupt ethische Prinzipien?[12] Fragen, die an Wirtschaftswissenschaft und Wirtschaftspraxis, Politik und Behörden zu richten sind. Fragen, die helfen, die Ursprünge der Wirtschaftskrise zu ergründen.

Meint Freiheit des Einzelnen Willkür?

Wenn Friedman für alle (hier nicht zu behandelnden) Probleme der Produktivität, der Verteilung und der Energie, der Inflation und der Arbeitslosigkeit als ökonomische Medizin schlicht freien Markt und eingeschränkten Staat verschreibt, so reduziert sich das gesamte Wirtschaftsethos im Grunde auf die Forderung und Förderung der *Freiheit des Einzelnen*. Diese aber versteht Friedman als *Willkürfreiheit*: faktisch die grenzenlose Freiheit des Stärkeren, auch auf Kosten des Schwächeren. Dabei mag es durchaus höhere ethische Prinzipien für die Individuen geben, aber für die Interaktion der Individuen miteinander gilt kein anderes Prinzip als das der weitestgehenden Freiheit. Friedman: »Daher gibt es zwei verschiedene Arten von Werten, die ein Liberaler hoch halten wird: die Werte, die für die Beziehungen der Menschen untereinander relevant sind; das ist der Bereich, in welchem er der Freiheit allererste Priorität einräumt. Und dann die Werte, die für das Individuum bei der Ausübung seiner Freiheit relevant sind; dies ist der Bereich der individuellen Ethik und Philosophie.«[13] In diesem Bereich haben Friedman zufolge Gesellschaft und Staat dem Einzelnen nichts vorzuschreiben. Ob der Einzelne seine Freiheit großzügig und mutig oder aber selbstsüchtig wahrnimmt, spiele keine Rolle, solange er nur die Freiheit der anderen beachte. Deshalb so viel Deregulierung, Liberalisierung, Privatisierung wie möglich.

Gibt es aber nicht *Pflichten gegenüber der Nation*? Friedmans Antwort: Der freie Mann soll sich nicht fragen, was sein Land für ihn tun kann, aber auch nicht fragen (wie Präsident Kennedy forderte), was er für sein Land tun kann. Er soll sich nur fragen: »Was können ich und meine Landsleute mit Hilfe der Regierung tun«: bei der Erfüllung unserer individuellen Pflichten, zum Erreichen unserer verschiedenen Ziele und Zwecke und vor allem zum Schutz unserer Freiheit?«[14] Da das Individuum die primäre Einheit dieser Wirtschaftstheorie ist und seine Freiheit über allem steht, kann die Funktion der Regierung grundsätzlich nur darin bestehen, eine zwangsfreie Transaktion zwischen den Individuen zu ermöglichen. Deshalb: möglichst wenig Staat, wenig Gesetze, wenig Rücksicht auf die Verlierer.

Besteht das Ethos der Wirtschaft in Profitsteigerung?

Gibt es aber nicht eine spezifische soziale Verantwortung der Wirtschaft? Friedman hat seine Antwort 1970 provokativ zum Titel eines Aufsatzes im New York Times Magazine gemacht: »The Social Responsibility of Business Is to Increase Its Profits«[15]! Das sind klare Worte: Die soziale Verantwortung des Unternehmens besteht darin, seinen Gewinn zu steigern. Das Ethos der Wirtschaft reduziert sich bei Friedman auf die »moralische Pflicht« der Profitsteigerung! Im Grunde reduziert sich die Moral auf Business, von dem es dann heißt: *The business of business is business!* Die Erzielung von Gewinn ist für ein Unternehmen zwar unbedingt notwendig, darf dies aber sein ausschließliches Ziel sein?

Dabei, so Friedman, sollen selbstverständlich die geltenden Gesetze eingehalten werden. Aber niemand rede von einer sogenannten *»gesellschaftlichen Verantwortung«*, die sich auf so diffuse Kollektivziele wie »Gemeinwohl« oder »soziale Gerechtigkeit« beziehen soll. In Friedmans ökonomischer Theorie, die ja nur eine atomistisch verstandene Versammlung von rational wirtschaftenden Individuen kennt, die letztlich allein durch ihre Verpflichtung auf Freiheit wirklich vereint sind, hat die Idee eines »bonum commune«, eines »Gemeinwohls« oder auch nur eines »öffentlichen Interesses« keinen Platz. Zahllose Finanzjongleure, Firmenaufkäufer und Börsenspekulanten haben mit solcher »Moral« der Weltwirtschaftskrise den Weg bereitet.

Man reibt sich als kritischer Beobachter in der Tat die Augen: Moral = Profitsteigerung? Es soll also keine grundsätzliche Spannung mehr geben zwischen Profit und Moral, Eigeninteresse und Ethos? Nach Friedmans Auffassung nicht. Warum? Die Moral erscheint in dieser ultraliberalen Ökonomie voll und ganz instrumentalisiert: Verträge sind zu halten, bestmögliche Qualität ist anzubieten, denn das zahlt sich aus; es schafft Vertrauen und senkt Informations- und Werbekosten. Als Pflicht zur Profitsteigerung zum Zwecke individuellen (und damit in der Summe auch kollektiven) Wohlergehens ist *Moral Instrument für kluge, langfristige Interessenwahrung der Individuen* in einer arbeitsteiligen Gesellschaft.

Und was die Wirtschaftswissenschaft oder Ökonomik betrifft, so steht diese von vornherein moralisch glänzend gerechtfertigt da: Präsentiert sie sich doch als eine allgemeine Theorie des menschlichen Verhaltens unter ökonomischem Blickwinkel, die selbstverständlich auch die Fragen der Moral in ihre Untersuchung einbezieht. Mit anderen Worten: Ethik wird zur ökonomischen Theorie der Moral, zur Magd des Marktes. Das Fazit ist eindeutig: Diese liberale Ökonomik zielt auf nicht mehr und nicht weniger als die *ökonomische Domestizierung des Ethos!*

Markt ist Moral: Man versteht jetzt, warum die ultraliberale Ökonomie für ihre Vertreter aus sich selbst heraus moralisch ist, wie sie ja auch – ohne Attribut und Zusatz – aus sich selbst heraus schon sozial ist. Eine verblüffend einfache Lösung des ethischen Problems. Oder vielleicht doch keine Lösung? Wir müssen tiefer bohren:

Liberale Marktwirtschaft – einfach Naturgesetz?

Zu Recht gilt der *Markt* als eine der ältesten sozialen Erfindungen der Menschheit. Aber schon der Begriff *Markt-Wirtschaft* bedeutet eine gedankliche Erweiterung, die auf einen entscheidenden Wandel in der Bewertung der Wirtschaft in der Gesellschaft hinweist. Doch wird die zu Beginn der Moderne – im Zusammenhang des Entstehens der großen Nationalstaaten – sich durchsetzende moderne Marktwirtschaft oft als die selbstverständlichste Sache der Welt hingestellt, die sich ganz »natürlich« so entwickelt habe: als ob sich die lokalen Märkte im Lauf der gesellschaftlichen Modernisierung von selber und weitgehend konfliktfrei auf größere Märkte ausgedehnt hätten …

Doch es ging bei diesem Vorgang in der Wirtschaft vielmehr um einen Paradigmenwechsel epochalen Ausmaßes. Denn: im Mittelalter und auch noch in der Reformationszeit war wirtschaftliches Denken noch »*praktische Theologie*« (E. Salin): Unter moralischen Gesichtspunkten forderte diese prinzipiell den »gerechten Preis« und den »gerechten Lohn« ein. Freilich wurden im Fernhandel (etwa im Zusammenhang der Kreuzzüge) bereits wesentliche Finanzierungsinstrumente geschaffen, die noch heute Anwendung finden. Aber mit dem 17. und 18. Jahrhundert wurde die Wirtschaft ein Teilsystem der Gesellschaft und wirtschaftliches Denken »*praktische Politik*«, die sich vor allem um Tausch und Märkte drehte und die zu einer eigenen wissenschaftlichen Disziplin mit dem Namen »*Politische Ökonomie*« oder im deutschen Sprachraum »*Nationalökonomie*« führte. Die moderne Marktwirtschaft entwickelte sich also keineswegs von selbst, vielmehr wurde sie auch gegen Widerstände politisch durchgesetzt – und dies selbstverständlich von interessierter Seite und auch nicht ohne bestimmte Kosten, wie noch genauer zu sehen sein wird.

Es war der ungarisch-amerikanische Ökonom Karl Polanyi (1886–1964), seit 1957 an der Columbia University/New York, der diese »Great Transformation« 1944 eingehend untersucht und eindrücklich dargestellt hat.[16] Lang und komplex war die Geschichte der neuzeitlichen Liberalisierung der Wirtschaft. Sie wurde grundgelegt schon in den blühenden spätmittelalterlichen Handelsstädten. Hier gelang es einigen immer mehr auch politisch dominierenden Großkaufleuten, durch ihre Finanzkraft den von ihnen kontrollierten Fernhandel der Herrschaft der Landesaristokratie zu entziehen. Schrittweise vermochten sie auch die stark regulierten Binnenmärkte der Städte für ihren großräumigen Fernhandel zu öffnen. So kam es im Laufe der Zeit zur Trennung von städtischer Gesellschaft und feudalem Staat. Diese Trennung bildete die Grundlage für die spätere *Trennung von Wirtschaft und Staat*, ohne die eine moderne liberale Ökonomie gar nicht möglich gewesen wäre.

Was schon früh grundgelegt war, wurde in der zweiten Hälfte des 18. Jahrhunderts durchgesetzt: gegen jene im 17. Jahrhundert von den absolutistischen Regimen eingeführte und dominierte »merkantilistische« Politik staatlicher Privilegierung und Monopole, Subventionen und Einfuhrbeschränkungen. Durchgesetzt wurde auf diese Weise der von staatlichen Regelungen befreite, *sich selbst regulierende, moderne großräumige Konkurrenzmarkt*, der sich besonders in den großen expandierenden Nationalstaaten als ökonomisch erheblich effizienter erwies. Nach der Französischen Revolution, im Zusammenhang der im 19. Jahrhundert massiv einsetzenden Industrialisierung, erfolgten die definitiven Schritte zu einer möglichst totalen Liberalisierung der Wirtschaft und ihres Warenverkehrs. Doch was meint »Ware«?

»*Ware*« war ursprünglich das, was man in »Verwahrung« nimmt, genauer, was gehandelt, verkauft oder getauscht wird: Als »Ware« oder materielle Güter ließen sich schon immer die Agrar- und Handwerksprodukte vermarkten. Im Übergang zur Neuzeit jedoch auch immer mehr das *Geld*: als Kapital und Zins. Dann erst recht die massenhaft angefertigten *Industrieprodukte*. Im 19. Jahrhundert schließlich, auf dem Höhepunkt der Modernisierung, wurde für die rapid vorangetriebene Industrialisierung immer mehr auch die *Natur* als Ware behandelt, unter der Bezeichnung »Grundeigentum«, und zugleich die *Menschen*, unter der Bezeichnung »Arbeitskraft«. Neben den Märkten im ursprünglichen lokalen Sinn wurde so nicht nur ein großräumiger »Kapitalmarkt« institutionalisiert, sondern auch der moderne

»Grundstücksmarkt«, ja zunehmend auch ein moderner »Arbeitsmarkt«.

Tatsächlich alles in allem eine epochale Transformation: Nur durch eine *Herauslösung des Wirtschaftssystems aus dem Gesamtgefüge der Lebenswelt* mit all ihren Normen und Gesetzen wurde die autonome Ökonomie und in ihrem Gefolge die klassische Nationalökonomie möglich. Eine Ökonomie außer Rand und Band, ohne ethische Grenzen und soziale Bindungen?

Adam Smith: klassische Nationalökonomie – kein »Anything-goes-capitalism«

In der Geburtsstunde des industriellen Zeitalters begründete der aufgeklärte und weitgereiste schottische Moralphilosoph und Ökonom ADAM SMITH (1723–1790) mit seiner 1776 veröffentlichten dreibändigen, sehr anschaulichen und auch für Laien gedachten »Inquiry into the Nature and Causes of the Wealth of Nations«[17] diese klassische Nationalökonomie. In dieser genialen Synthese kombiniert Smith manche bekannte Lehrsätze und sichtet zugleich die wirtschaftspolitischen Konsequenzen. Klar bezieht er Stellung: Was ist Hauptquelle des Wohlstands der Nationen? Gegen die »Merkantilisten« führt er aus: nicht Geldvorrat und Außenhandel. Und gegen die »Physiokraten«: auch nicht Boden und Landwirtschaft. Nein, der Wohlstand beruht wesentlich auf Arbeit und industrieller Arbeitsteilung.

Schon in diesem großen Werk Smiths finden sich *alle Grundaussagen der klassischen liberalen Wirtschaftstheorie*, wie sie von D. Ricardo, J. B. Say und J. S. Mill weiter ausgebaut und für unsere Zeit von den Neoliberalen neu interpretiert wurden:

– Das wohlverstandene Eigeninteresse und individuelle Gewinnstreben ist die grundlegende Antriebskraft der wirtschaftlichen Entwicklung.

– Das Kapital verleiht dem Bürger unabhängig vom Landbesitz Wohlstand und Unabhängigkeit.

– Die wirtschaftliche Freiheit bereitet den Boden für die individuelle Freiheit.

– Die von keinen Staatseingriffen zu störende Marktwirtschaft führt zum größtmöglichen Wohlstand von Staat und Gesellschaft.

– Der Freihandel ermöglicht den für die weitgehende Arbeitsteilung notwendigen Großmarkt und lässt inländische Monopole kontrollieren.

– Der freie Wettbewerb ist die unsichtbare Hand (»invisible hand«), welche die Eigeninteressen häufig (»frequently«) in soziale Taten umwandelt.

Dies alles wird von Adam Smith abgestützt und konkretisiert durch Darlegung der Marktgesetze von Angebot und Nachfrage und durch eine Theorie von Kapital und Zins, von Preis und Arbeitswert. Adam Smith also ein Manchesterliberaler »avant la lettre«? Nein, das war dieser vielleicht erfolgreichste Autor in der Geschichte der Wirtschaftswissenschaft gerade nicht. In der Auseinandersetzung zwischen den regierenden Tories unter Benjamin Disraeli und den sozial gesinnten Handelsliberalen in Manchester unter Richard Cobden hätte er aufseiten des letzteren gestanden. Auch lehnte er wirtschaftspolitische Eingriffe nicht von vornherein ab; sieht er doch Landesverteidigung und innere Ordnung auch als durch Steuern finanzierte Staatsaufgaben an.

Smith setzte für seine Nationalökonomie den weiteren *Rahmen einer Moralphilosophie* voraus, den er schon fast zwei Jahrzehnte zuvor entwickelt hatte: in seiner zweibändigen »*Theory of Moral Sentiments*« (1759)[18]. Diese ist auf drei elementaren Tugenden aufgebaut: nämlich auf Klugheit, Gerechtigkeit und Güte. Vereinfacht ausgedrückt: Die aus dem Eigeninteresse stammenden (insbesondere ökonomischen) Motivationen sind durch *Klugheit* zu leiten. Das

Aufeinanderwirken der ökonomischen Aktionen ist durch *Gerechtigkeit* auszubalancieren. Grundlage aller moralischen Beurteilung und auch sittlichen Selbstprüfung aber muss die menschliche *Güte* (»benevolence«) sein.

Ein zentrales »ethisches Gefühl« ist für Smith das *Mitleid*, das den Egoismus ausbalanciert: »Mag man den Menschen für noch so egoistisch halten, es liegen doch offenbar gewisse Prinzipien in seiner Natur, die ihn dazu bestimmen, am Schicksal anderer Anteil zu nehmen, und die ihm selbst die Glückseligkeit dieser anderen zum Bedürfnis machen, gleich er keinen anderen Vorteil daraus zieht, als das Vergnügen, Zeuge davon zu sein. Ein Prinzip dieser Art ist das Erbarmen oder das Mitleid, das Gefühl, das wir für das Elend anderer empfinden, sobald wir dieses entweder selbst sehen, oder sobald es uns so lebhaft geschildert wird, dass wir es nachfühlen können … Da wir keine unmittelbare Erfahrung von den Gefühlen anderer Menschen besitzen, können wir uns nur so ein Bild von der Art und Weise machen, wie eine bestimmte Situation auf sie einwirken mag, dass wir uns vorzustellen suchen, was wir selbst wohl in der gleichen Lage fühlen würden.«[19] An anderer Stelle schreibt Smith: »Sobald die Glückseligkeit oder das Unglück anderer in irgendeiner Beziehung von unserem Verhalten abhängt, wagen wir es nicht – wie die Selbstliebe es uns einflüstern möchte –, den Vorteil des einen dem Vorteil der vielen vorzuziehen.«[20]

Die Smith folgende klassische und die moderne »Mainstream«-Ökonomie nehmen von dieser Einbettung der Nationalökonomie in den ethischen Kontext allerdings kaum noch Kenntnis. Darin spiegelt sich nur, was sich in der Wirtschaft selbst abgespielt hat und was Polanyi so formulierte: Am Ende ist die Wirtschaft »nicht mehr in die sozialen Beziehungen eingebettet, sondern die sozialen Beziehungen sind in das Wirtschaftssystem eingebettet«.[21] Also anders als

Adam Smith es wollte: eine *Ökonomie außer Rand und Band.*
Die Krise war seit langem vorprogrammiert.

Bedenkenswerte Gegenthesen

Einige kritische *Fragen* drängten sich mir schon vor mehr
als einem Jahrzehnt auf, die in allem Respekt an Adam
Smith und die klassische Nationalökonomie, aber auch an
die »Mainstream«-Ökonomie zu richten waren.[22] Nach den
Erfahrungen der Weltwirtschaftskrise wage ich es, diese kri-
tischen Fragen – ohne den Wahrheitsgehalt der klassischen
Theorie in Abrede zu stellen – zur Verdeutlichung in die
Form provokativer kritischer Gegenthesen zu gießen:

– Auf Erden besteht keine (früher der göttlichen Vorsehung
zugeschriebene, heute aber in säkularer Form weiter tradier-
te) *»natürliche« Harmonie oder »spontane« Ordnung*, die unser Dasein und die ganze Gesellschaft trotz gelegentlicher
Störungen zum Besten wenden und auf die sich letztlich
auch das Wirtschaftssystem stützen könnte. Man kann nicht
alles der Selbststeuerung der Marktkräfte überlassen.

– Mehr Markt ist nicht immer gut: Die *»unsichtbare Hand«*
des Wettbewerbs funktioniert nicht so, dass sie die höchst
egoistischen Eigeninteressen kombinieren, soziale Verwerfungen ausgleichen und so schließlich auch das Gemeinwohl
»maximieren« würde. Diese *»unsichtbare Hand«* zeigt bisweilen so starke Lähmungserscheinungen, dass dann die Menschen und gerade auch Wirtschaftswissenschaftler mit gutem
Grund nach tiefen staatlichen *Eingriffen* ins Wirtschafts- und
Gesellschaftsleben rufen. Es sollen die Marktprozesse mit
dem Gemeinwohl in Einklang gebracht und soziale Konflikte,
die politisch destabilisierend wirken, vermieden werden.

– Je mehr – ökonomisch nicht zwingend, sondern lediglich
zur Steigerung des Börsenwertes – *Arbeitsplätze gestrichen
oder ausgelagert* werden, um so mehr wird auch das Ver-

trauen auf ökonomische Sicherheit und stabile Kaufkraft erschüttert; Einsparungen in Forschung und Entwicklung gehen leicht auf Kosten der Innovationschancen.

– Wer *allein um kurzfristiger Gewinne willen Arbeitskräfte entlässt*, gefährdet künftige Wachstumschancen und vernachlässigt völlig den Loyalitätsfaktor, der auf dem Vertrauen zum Arbeitgeber und auf langjähriger Mitarbeit gründet; die Mitarbeiter sind gerade im Dienstleistungsgewerbe der größte Aktivposten des Managements.

– Die *Mitarbeiter* dürfen bei steigender Produktivität und Rentabilität nicht unterbezahlt werden, sondern müssen *am Produktivitätsfortschritt ihren angemessenen Anteil* haben (am besten durch Gewinnbeteiligung), statt bei Erfolg womöglich sogar entlassen zu werden.

Schon 1993 hatte der Politikwissenschaftler ZBIGNIEW BRZEZINSKI, den ich als Sicherheitsberater des US-Präsidenten Jimmy Carter kennen und respektieren gelernt habe, in seinem Buch »Out of Control«[23] die Lage der Führungsmacht Amerika scharfsinnig beschrieben: »*Die zwanzig Grundprobleme, die der Abhilfe bedürfen*«, von denen die zweite Hälfte nach einer »Veränderung der geistigen Haltung« verlange, damit eine Verbesserung erzielt werden könne. Hier nur kurz die Überschriften, die beinahe so etwas wie einen Lasterkatalog des amerikanischen Neokapitalismus darstellen könnten, der mit weniger Staat, Gesetzen und Rücksicht auf Verlierer erfolgreicher sein will, hätten an diesen Entwicklungen nicht auch außerwirtschaftliche Faktoren einen wesentlichen Anteil und würden sie nicht in mancher Hinsicht auch für Europa gelten:

1. Verschuldung.
2. Handelsdefizit.
3. Geringe Ersparnisse und Investitionen.
4. Mangelnde Konkurrenzfähigkeit der Industrie.
5. Niedrige Produktivitätssteigerungsraten.

6. Unzureichende Gesundheitsversorgung.
7. Schlechte Qualität der weiterführenden Schulen.
8. Eine sich verschlechternde soziale Infrastruktur und der Verfall der Städte.
9. Eine habgierige reiche Oberschicht.
10. Eine parasitäre Vorliebe für Rechtsstreitigkeiten.
11. Ein sich verschärfendes Rassen- und Armutsproblem.
12. Hohe Kriminalität und Gewalt.
13. Ungeheure Verbreitung des Drogenkonsums.
14. Umsichgreifen sozialer Perspektivlosigkeit.
15. Sexuelle Promiskuität.
16. Massive Verbreitung moralischer Dekadenz durch die visuellen Medien.
17. Niedergang des Bürgerbewusstseins.
18. Entstehen einer potentiell auseinanderdriftenden multi-kulturellen Vielfalt.
19. Eine sich anbahnende Blockierung des politischen Systems durch Cliquenwirtschaft.
20. Immer stärkeres Gefühl geistiger Leere.

Ein alternatives Konzept zur Marktwirtschaft pur?

Dass viele dieser negativen Entwicklungen nicht nur mit der wirtschaftlichen, politischen und sozialen, sondern auch mit der ethischen Dimension des menschlichen Lebens und der menschlichen Gesellschaft zu tun haben, wird niemand bestreiten können. Kritische Überlegungen sind hier anzubringen:
– Die höchste Rate an Verbrechen, Strafgefangenen, Scheidungen, minderjährigen Müttern, Drogenhandel, Armut (besonders Kinderarmut) unter allen Industriestaaten einerseits *und* andererseits niedrige Wahlbeteiligung zeigen die aktuellen *Schwächen* der amerikanischen Gesellschaft: Ist es nicht offenkundig, wie sehr *Freiheit und Individualismus* in soziale Zügellosigkeit umschlagen können?

– Persönliche Freiheit und Unternehmergeist, große Meinungs- und Versammlungsfreiheit, Spitzenuniversitäten und ausgebaute Minderheitenrechte, geringe Steuerbelastung und viel freiwilliger Einsatz im sozialen und karitativen Bereich sind die großen traditionellen *Stärken* der Vereinigten Staaten. Sollte also nicht gerade dieses Land den wirtschaftlich-sozialen *Kurs,* wie schon am Anfang des 20. Jahrhunderts und in den 1930er-Jahren, am Anfang des 21. Jahrhunderts erneut *korrigieren* können?

So ist es denn durchaus verständlich, dass man sich bei aller Anerkennung der großen Leistungen der klassischen Nationalökonomie unter Wirtschaftswissenschaftlern und -praktikern heute nach dem Ausbruch der Weltwirtschaftskrise selbst in den USA fragt: Müsste die entgleiste Marktlogik nicht aufgefangen werden durch soziale Sicherungssysteme und bewusst verantwortungsvolles Handeln der Akteure? Gibt es zur gescheiterten alt- und ultraliberalen Wirtschaftspolitik nicht doch ein alternatives Konzept, welches das soziale Element nicht von vornherein mit dem ökonomischen identifiziert, sondern das Soziale als ethische Forderung an die Ökonomie versteht? Werden die USA nicht gezwungen sein, nach dieser weltwirtschaftlichen Krise angesichts von Millionen Arbeitslosen und Armen soziale Reformen nach dem Beispiel der von Präsident Obama durchgesetzten Gesundheitsreform einzuführen, um das soziale Ungleichgewicht zwischen den Spitzeneinkommen und den Masseneinkommen zu verringern?

Im europäischen Kontext hat der Publizist Roger de Weck, ursprünglich Volkswirt, im genannten Buch eine prägnante und detailkundige Analyse der Krise des Kapitalismus vorgelegt.[24] Seine Kritik gilt dem Kapitalismus als Religion, dem Markt als unfehlbarer Instanz und dem Casino-Kapitalismus des schnellen Geldes und des Diktats der kurzen Fristen, das uns in all die Hektik stürzt, und wobei Menschen ausgegrenzt, Frauen benachteiligt und natürliche Ressourcen verschwendet werden. Dieser Kritik kann ich mich voll anschließen; de Wecks Vorschläge zur Krisenbewältigung sind diskussionswürdig.

Nur verstehe ich nicht, warum de Weck ständig von einer »Erneuerung des Kapitalismus« redet. Der Begriff »Kapitalismus«, gemeinhin verstanden als Wirtschaftssystem, in welchem das Kapital als beherrschende Macht fungiert, ist für viele Menschen nach all ihren negativen Erfahrungen genauso ein »dirty word« (siehe oben Keynes) wie für andere aufgrund anderer übler Erfahrungen der Begriff »Sozialismus«, in welchem die Gesellschaft, der Staat, letztlich die Partei die Kontrolle über die Wirtschaft ausübt (Beispiel DDR). Warum also nur »einen anderen Kapitalismus«? Unter dem Neokapitalismus haben wir schon genügend gelitten, er ist kein Exportschlager mehr.

Wie bereits vermerkt, erwähnt Roger de Weck in diesem, einem sozialdemokratischen Ökonomen und Politiker gewidmeten Buch mit keinem Wort das nach dem Zweiten Weltkrieg erfolgreichste europäische Wirtschaftssystem: die Soziale Marktwirtschaft, die freilich in den letzten Jahrzehnten auch von der CDU zunehmend »sozialdemokratisiert« wurde; diesbezüglich hat Hans-Olaf Henkel recht.

Überraschenderweise verrät de Weck dann im allerletzten Satz des Buches doch, was er für »eine ausgewogene, stabile, nachhaltige, nüchterne, demokratische, liberale und globale Wirtschaftsordnung« hält, die »der Mühe wert« ist. Seine Antwort: »Man nennt sie ökosoziale Marktwirtschaft.«[25] Ende gut, alles gut. Damit bin ich ja nun völlig einverstanden, habe ich mich doch seit jeher zu diesem Wirtschaftssystem bekannt und möchte nun der ökosozialen Marktwirtschaft, ihrem Entstehen und ihrer Struktur, das offensichtlich notwendige eigene Kapitel widmen.

III. Marktwirtschaft sozial?

In der modernen Ökonomie gibt es keine Wunder, anscheinend nur streng »ökonomische Rationalität«. Und doch ereignete sich, und das auch noch nach dem Zweiten Weltkrieg, ein weltweit anerkanntes ökonomisches »Wunder«, das zwar der ökonomischen Rationalität nicht widersprach, sie aber doch in gewisser Weise überstieg. Gemeint ist natürlich – angesichts eines in Schutt und Asche liegenden Deutschlands – das sprichwörtliche »deutsche Wirtschaftswunder«, das ökonomische Effizienz und soziale Verpflichtung verband.

1. Weder sozialistisch noch kapitalistisch

Das deutsche Wirtschaftswunder war erstaunlicherweise nicht sozialistisch ausgerichtet, wiewohl man damals in allen Ländern ringsum – in Österreich, England, Frankreich und Italien – massiv sozialisierte und große Betriebe »verstaatlichte«, die man Jahrzehnte später zum Teil wieder privatisierte. Es war aber auch nicht einfach kapitalistisch ausgerichtet, wiewohl das »Kapital« (zunächst nach der Währungsreform 1948 nur 40 DM Kopfgeld für den einzelnen

Deutschen und für Firmen eine zusätzliche Erstausstattung mit DM-Liquidität) dabei eine nicht geringe Rolle spielte. Es war vielmehr von vornherein *sozial verpflichtet*, und dies nicht aus sentimentalen Gründen, wie möglicherweise ein Milton Friedman vermuten könnte. Vielmehr aus Gründen einer durchaus rational gestalteten wirtschaftlichen »Ordnung« (»ordo«), die ohne allen Moralismus doch in grundlegende ethische Werte, Normen und Ziele eingebunden ist.

Der soziale Liberalismus: Ludwig Erhard

»Erste Konzeption für die Finanz- und Wirtschaftspolitik der Nachkriegszeit« lautete eine im März 1944 fertiggestellte Denkschrift über das Problem der Überführung der deutschen Kriegs- in eine Friedenswirtschaft. Ich kann die Geschichte über diese Denkschrift nicht vergessen, die mir mein verehrter Tübinger Kollege und Nachbar, Nestor der deutschen Politikwissenschaft, THEODOR ESCHENBURG, mehr als einmal erzählt hat: Wie ihn am Kriegsende in Berlin ein damals noch einigermaßen schlanker 47-jähriger Nationalökonom bat, seine dicke Aktentasche mit jener Denkschrift, die er ständig, auch in der Straßenbahn, mit sich herumtrug, aus Sicherheitsgründen in seinem Büro aufzubewahren.[1]

Jener Nationalökonom war kein anderer als LUDWIG ERHARD (1897–1977). Im Ersten Weltkrieg schwer verwundet, hatte er in den 1920er-Jahren in Frankfurt bei Franz Oppenheimer, dem angesehenen jüdischen Soziologen, Volkswirtschaftler und Vertreter eines »dritten Weges« zwischen Kapitalismus und Sozialismus, über »Wesen und Inhalt der Werteinheit« promoviert. Als Wirtschaftswissenschaftler hatte Erhard 1931/32 sowohl die Deflationspolitik des Reichskanzlers Heinrich Brüning wie die »Grundsätze deutscher Wirtschaftspolitik« des Hitler-Steigbügelhalters

Hjalmar Schacht mutig öffentlich scharf kritisiert. Von Anfang an stand er dem Hitler-Regime ablehnend gegenüber und verweigerte den Parteieintritt. Deshalb konnte er nach dem Krieg im Auftrag der westlichen Besatzungsmächte die Durchführung der Währungsreform mit vorbereiten und dann gegen alle Widerstände in Wirtschaftsrat und Öffentlichkeit eine freiheitliche Wirtschaftspolitik grundlegen. Entscheidend wurde das vom Wirtschaftsrat am 17. und 18. Juni 1948 angenommene »Leitsätze-Gesetz« zur Wirtschaftsreform, welches die meisten Bewirtschaftungsmaßnahmen und Preisbindungen außer Kraft setzte und so die Währungsreform vom 20. Juni 1948 flankierte.[2]

In Ludwig Erhards ethisch motivierter Denkschrift von 1944 war auch bereits eine Schuldenkonsolidierung durch »gerechte Lastenverteilung« der Kriegsfolgen in der bisher unbekannten Form eines »Lastenausgleichs« nach Grundsätzen der sozialen Gerechtigkeit und entsprechend der volkswirtschaftlichen Möglichkeiten vorgeschlagen worden. Vor allem aber gebührt Erhard und keinem anderen das historische Verdienst, *die Währungsreform* (von amerikanischen Experten vorbereitet und von den Alliierten durchgeführt) *mit einer Wirtschaftsreform verbunden* zu haben, welche die Bundesrepublik Deutschland wirtschaftspolitisch entscheidend und erfolgreich geprägt hat.[3] Es war nicht die Währungsreform an sich, sondern die Freigabe der Preisbildung, die der persönliche Entschluss Erhards war (vom amerikanischen General Lucius Clay wurde Erhards Ungehorsam um der Währungsreform willen schließlich hingenommen), es war »dieser ›Befreiungsschlag‹, der die eigentliche Geburtsstunde der marktwirtschaftlichen Ordnung in den westdeutschen Besatzungszonen markiert ... Beide, die Währungs- und die Wirtschaftsreform, prägten mit ihren ordnungspolitischen Basisentscheidungen die Vorstellungen der Deutschen von einer marktwirtschaftlichen Ordnung« (N. Kloten[4]).

Der Erfolg der sozialverpflichteten Marktwirtschaft

Seit der deutschen Wiedervereinigung von 1989/90, scheint mir, kann Erhards Leistung noch besser bewertet werden. Mit »wissenschaftlich fundiertem Wagemut« (Eschenburg) hatte Erhard 1948/49 mit anderen aufgrund einer zunächst erst in gröbsten Umrissen feststehenden *Gesamtkonzeption* jenseits von sozialistischer Planwirtschaft und ungezügeltem Kapitalismus für die historisch beispiellose Situation im kriegszerstörten und hungernden Deutschland ein *Konzept* mit nur einigen wenigen klaren Zielen präsentiert. Aufgrund dieser Gesamtkonzeption entwickelte er ein konkretes *Programm*, und zwar mit einigen wenigen elementaren, aber kohärenten und letztlich erfolgreichen Maßnahmen.

All dies versäumte bei der deutschen Wiedervereinigung 1989/90 die politisch richtige, aber wirtschaftlich illusionäre Politik des Bundeskanzlers Helmut Kohl (»blühende Landschaften«) in sträflicher Weise: sie forderte keine Opfer der Solidarität (»keine Steuererhöhung«) und wurde im Osten weithin als ultraliberal empfunden (»freies Spiel der Kräfte«). Kein weitsichtiger Nationalökonom (oder Politiker) hatte sie wie Erhard in den Jahren zuvor wissenschaftlich vorbereitet, kein Nationalökonom von staatsmännischem Format war von Bundeskanzler Kohl beigezogen worden (ich erinnere mich an ein diesbezügliches Gespräch mit dem früheren Bundeswirtschaftsminister Prof. Karl Schiller). Hatte Erhard seine Reform mit bescheidenen Beträgen »von unten« aufgebaut, so stülpte Kohl seine Wiedervereinigungswirtschaft »von oben« schließlich doch mit Milliarden Sondersteuer (»Solidaritätsbeitrag«) über, die, einmal kurzzeitig abgeschafft, doch leider auch noch nach zwei Jahrzehnten vom Bürger zu berappen ist.

Die vollen Schaufenster am Tag nach der Währungsreform 1948 hat man das »Schlüsselerlebnis der Marktwirtschaft« genannt. Felsenfest überzeugt von der Richtigkeit seiner Politik, ließ sich Erhard angesichts höchst realer Schwierigkeiten auch nicht von einem 24stündigen Generalstreik der Gewerkschaften im November 1949 von seiner Freigabe der Konsumentenpreise abbringen. Gegen den »sozialistischen Zeitgeist« in der britischen Labour-Regierung und anderen europäischen Ländern, in der SPD und auf dem linken Flügel der CDU hatte er kurz nach der Verkündung des Grundgesetzes (Mai 1949) auf einem Parteitag in der britisch besetzten Zone im Juli 1949 die CDU mit einer leidenschaftlichen Rede und seinen »Düsseldorfer Thesen« auf marktwirtschaftlichen Kurs gebracht. Dabei hatte er zum ersten Mal den Begriff »*sozialverpflichtete Marktwirtschaft*« gebraucht und mit diesem Programm wesentlich zum großen Sieg der CDU in der ersten Bundestagswahl im August 1949 beigetragen.

Vierzehn lange Jahre (1949–1963) wirkte Ludwig Erhard dann – mit dem Bild seines liberal-sozialen Lehrers Oppenheimer im Dienstzimmer – als ein gegen Arbeitslosigkeit und Devisenkrisen höchst erfolgreich ankämpfender Wirtschaftsminister in den Regierungen unter Bundeskanzler Konrad Adenauer, der ihn zwar nicht mochte, aber als Wahllokomotive brauchte: Der »Dicke mit der Zigarre« war nun einmal, wie nach ihm als Wirtschaftsminister nur noch der Ökonomieprofessor Karl Schiller, auch ein begnadeter Propagandist seiner wirtschaftspolitischen Konzeption ohne allen akademischen Fachjargon. Ja, er war, mit Fug und Recht selbst von Gegnern anerkannt, »der Vater des deutschen Wirtschaftswunders«.

Dies war die Zeit, in der für das Bundeswirtschaftsministerium noch nicht ein bestimmtes Parteibuch (Erhard wurde erst unmittelbar vor seiner eigenen Kanzlerschaft 1963 CDU-Mitglied), sondern wissenschaftlicher Rang, fachliches Urteilsvermögen und politische Integrität gefordert waren.

Erhards durch und durch integre Person war zum Symbol jener *Marktwirtschaft* geworden, die – im Gegensatz zum ursprünglichen Mitstreiter Hayek und jeder Marktwirtschaft pur – *als ethische Verpflichtung das Prädikat »sozial«* programmatisch mit sich trägt. Und er hatte schon Recht, wenn er im Rückblick meinte, dass keine Regierung und kein Parlament später die guten Nerven aufgebracht hätten, das System der freien Marktwirtschaft einzuführen und beizubehalten.[5]

Liberale Ordnungstheorie und Ordnungspolitik: W. Eucken, W. Röpke

Natürlich stand Ludwig Erhard, der als Wirtschaftspolitiker bedeutender war denn als Wirtschaftstheoretiker und Administrator, nicht allein. Die Grundzüge dieses Wirtschaftskonzepts waren schon in den 1930er-Jahren grundgelegt worden, vor allem durch Vertreter jener, von der späteren Chicago-Schule sehr verschiedenen *Freiburger Schule* und deren »*Ordo-Liberalismus*«. Anders als der amerikanische Neoliberalismus forderte dieser, nur vage am christlichen Ordo-Begriff orientierte, soziale Liberalismus mit seiner *Ordnungstheorie* einen starken Staat, der fähig ist, eine *Rahmenordnung* für den freien Wettbewerb durchzusetzen und zugleich eine *Ordnungspolitik* zu betreiben, um den Wettbewerb zu erhalten. Begründer der Freiburger Schule war Prof. WALTER EUCKEN, der zwischen »konstituierenden« Prinzipien der Wirtschaftspolitik (wie Sicherung der freien Preisbildung und eines stabilen Geldwertes) und »regulierenden« Prinzipien (wie aktive Wettbewerbspolitik) unterschied.[6]

Noch mehr als Eucken betonten den Aspekt der sozialen Gerechtigkeit und Chancengleichheit die soziologischen Neoliberalen: ALFRED MÜLLER-ARMACK und die beiden deutschen Emigranten ALEXANDER RÜSTOW (Istanbul, dann

Heidelberg)[7] und – für Erhard in seiner Sonderstellung zwischen den Schulen wohl am wichtigsten – der 1933 amtsenthobene und von 1937 bis 1960 in Genf lehrende WILHELM RÖPKE (in meinen Jugendjahren selbst in kleineren Buchhandlungen in der Schweiz mit seinen Schriften wie »Civitas Humana«, 1944[8], höchst sichtbar präsent). Röpke war es, der in gründlichen Untersuchungen der soziokulturellen Grundlagen der Wirtschaftsordnung besonders die Interdependenzen von Gesellschaft, Staat und Wirtschaft herausstellte. Heute werden alle, die sich den immer mehr angeglichenen Konzepten dieser Wirtschaftswissenschaftler verpflichtet fühlen, *Ordoliberale* genannt. Zumindest einer von ihnen hätte den Nobelpreis für Wirtschaftswissenschaft verdient.

Praktisch zum Durchbruch verhalf dieser Wirtschaftslehre vor allem der Kölner Ökonomieprofessor ALFRED MÜLLER-ARMACK (1901–1978)[9], der mehr als Erhard die Soziale Marktwirtschaft konzeptionell entwickelt und zusammen mit ihm als seine rechte Hand im Wirtschaftsministerium beim Aufbau der Bundesrepublik Deutschland durchgesetzt hat. Schon 1946 hatte Müller-Armack mit der nazistischen Lenkungswirtschaft abgerechnet und seine ordnungspolitische Konzeption in seiner Schrift »Wirtschaftslenkung und Marktwirtschaft« überzeugend dargelegt und mit der Formel »Soziale Marktwirtschaft« versehen.[10] Der »*Sinn* der sozialen Marktwirtschaft« ist es, »*das Prinzip der Freiheit auf dem Markt mit dem des sozialen Ausgleichs zu verbinden*«.[11]

Die Erfolge dieser Konzeption waren bald offensichtlich: Die Wirtschaft blühte überproportional. Millionen von Kriegsgeschädigten, Heimatvertriebenen und Flüchtlingen konnten integriert werden. Die Exporte wurden gesteigert, schließlich die Konvertibilität von zwölf europäischen Währungen hergestellt (1958) und bei steigenden Wachstumsraten auch die ständig steigenden sozialen Verpflichtungen zunächst ohne allzu große Schwierigkeiten erfüllt.

Darin unterscheidet sich der soziale oder Ordo-Liberalismus entscheidend vom Ultraliberalismus: Auch er steht für einen freien und funktionsfähigen *Wettbewerb*, der von sich aus schon ein nicht geringes Maß an Verteilungsgerechtigkeit gewährleistet. Aber zugleich fordert er, dass der Staat dafür die *rechtlichen Rahmenbedingungen* schaffe, um jede Art monopolistischer und gruppenegoistischer Machtexpansion zu Lasten anderer Gruppen in der Gesellschaft zu verhindern. Eine *konsistente Ordnungspolitik* soll den Wettbewerb durch gesetzliche Regelungen sichern, die wirtschaftliche Entwicklung verstetigen und (insofern stimmte man mit Keynes überein) Konjunkturschwankungen entgegenwirken. Zugleich soll sie die Rechte derer schützen, die im Marktgeschehen eine schwache Position haben. Nur auf diese Weise würde beides zugleich verwirklicht: die *Freiheit der Individuen* (das Anliegen der Neoliberalen) *und die soziale Gerechtigkeit* (das Anliegen der Sozialisten). Alles in allem ein stark ethisch motiviertes und fundiertes Konzept.

So fand man denn nach dem Zweiten Weltkrieg – angesichts all der negativen Erfahrungen sowohl mit der kapitalistischen Weltwirtschaftskrise wie mit dem stalinistischen Kommunismus – in Wirtschaftspolitik und Wirtschaftstheorie einen Weg zwischen West und Ost, zügellosem Kapitalismus und bürokratischem Sozialismus: im Spannungsverhältnis von persönlicher Freiheit und sozialer Sicherheit ein Dritter Weg zum Wohlstand für alle.[12] Sowohl die nazistische oder sozialistische Wirtschaftslenkung wie die rein liberale Marktwirtschaft galten als »innerlich verbraucht«; man wollte ganz bewusst eine »*neue dritte Form*« als »*wirtschaftspolitische Synthese*« verwirklichen.[13] Auch verglichen mit dem damals noch nicht sehr starken angelsächsischen Neoliberalismus besaß die soziale Marktwirtschaft ein durchaus eigenes Profil:

(1) Ein *Leitbild* (Ordnungsidee, Stilgedanke), das nur eine immer wieder neu auszufüllende Grundkonzeption für Gesellschafts-, Wirtschafts- und Sozialpolitik sein will: nicht nur wie im angelsächsischen Liberalismus der freie Markt oder Kapitalismus, sondern eben die soziale (nicht kapitalistische) Marktwirtschaft.

(2) Ein *Konzept*, das die vorrangigen Ziele umschreibt: nicht nur die wirtschaftliche Freiheit des Einzelnen, seine individuellen und ökonomischen Interessen zu verfolgen, sondern auch die soziale Gerechtigkeit und die Erfordernisse des Gemeinwohls.

(3) Ein *Programm*, welches Leitbild und Konzept für die ganz spezielle Situation konkretisiert: nicht nur – gegen den »sozialistischen Zeitgeist« nach 1945 – das Vertrauen auf Selbststeuerung und Selbstheilungskräfte von Markt und Wettbewerb, sondern zugleich sozialer Ausgleich und Ordnungsfunktion des Staates.

Realistische Voraussetzungen: Konfliktbewältigung durch Konsens

Die Soziale Marktwirtschaft besaß zweifellos realistischere Voraussetzungen als der sich so realistisch gebende Ultraliberalismus. Nach all den furchtbaren Erfahrungen des europäischen 20. Jahrhunderts konnte man nicht mehr an dessen Idee festhalten, dass eine natürliche Harmonie der Interessen Leitbild für das wirtschaftlich-gesellschaftliche Leben zu sein hätte. Nein, nicht Harmonie, sondern Konflikte sind der realistische Ausgangspunkt der Sozialen Marktwirtschaft; insofern stimmte man mit dem Marxismus überein.

Aber zugleich wollte man nicht wieder den alten »Klassenkampf« zwischen Arbeit und Kapital aufwärmen. Man suchte auf neuen Wegen einen politischen *Konsens* zwischen Arbeitgebern und Arbeitnehmern zu finden. In diesem Sinne hat das Leitbild der Sozialen Marktwirtschaft in Deutschland – im Gegensatz zu anderen Ländern, wo Streiks an der Tagesordnung waren (»englische Krankheit«) – lange Zeit als *Friedensformel* (»irenische Formel«) funktioniert.

Positiv wirkte sich dabei aus, dass man hier Ideen der *evangelischen Sozialethik* mit solchen der – in den päpstlichen Enzykliken »Rerum Novarum« (1891) und »Quadragesimo anno« (1931) grundgelegten – *katholischen Soziallehre* verband, wie sie vor allem von Vertretern des sich zwischen Individualismus und Kollektivismus plazierenden Solidarismus wie Heinrich Pesch, Oswald v. Nell-Breuning und Gustav Gundlach durchgedacht worden waren.[14] Aus der katholischen Soziallehre übernahm man neben dem *Personalitätsprinzip*, lange vor allem »Kommunitarismus«, zwei weitere grundlegende sozialphilosophisch-sozialpolitische Prinzipien:

– das *Solidaritätsprinzip*: Dieses verlangt angesichts der Partikularinteressen den politisch-sozialen Ausgleich und die Beförderung des Gemeinwohls;

– das *Subsidiaritätsprinzip*: Diesem Zuständigkeitsprinzip zufolge soll das, was der Einzelne aus eigener Initiative tun kann, nicht durch die Gemeinschaft, und was die kleinere Gemeinschaft aus sich tun kann, nicht durch die übergeordnete Gemeinschaft oder den Staat getan werden. Das Subsidiaritätsprinzip wurde in der Europäischen Union durch die Präambel des Maastrichter Vertrags 1992 auch in anderer Hinsicht eine leitende Maxime für die Bürgernähe in der Wahrnehmung der verschiedenen Aufgaben, wenngleich gerade in der EU von der Brüsseler Bürokratie zu wenig befolgt.

2. Rückfragen: die neuen Herausforderungen

Wie ein wirtschafts- und sozialpolitisches Konzept zu einer Aufblähung des Staatsapparats und zu einem alles umsorgenden, aber nicht mehr bezahlbaren Wohlfahrtsstaat führen kann, hat nicht nur das Beispiel des sozialdemokratischen Schweden gezeigt, sondern offenbart sich auch immer mehr in Deutschland, im Musterland der Sozialen Marktwirtschaft, wobei sich die Ökonomen nicht einig sind, ob ihre Fehlentwicklung dem Konzept immanent sei oder durch falsche politische Weichenstellung herbeigeführt wurde.

Krise der Sozialen Marktwirtschaft

Zum Teil gegen Ludwig Erhards Intentionen verließ man sich jedenfalls auch in Deutschland in *blindem Vertrauen* auf
– unaufhörliche Prosperität,
– unerschöpfliche Möglichkeiten der Sozialpolitik,
– unbegrenzte Ressourcen des Sozialstaates.
Die *Krise* manifestierte sich deutlich schon in der letzten Periode von Erhards eigener Regierungstätigkeit. 1965 waren die früher stolzen Finanzreserven des Bundes (»Juliusturm«) restlos aufgebraucht und die Staatseinnahmen erstmals in der Geschichte der Bundesrepublik hinter den Ausgaben zurückgeblieben. Dass Erhards dreijährige Kanzlerschaft (1963–66) außenpolitisch zwar endlich die Aufnahme diplomatischer Beziehungen mit Israel und eine »Auflockerung« der Ostpolitik brachte, aber doch wirtschaftspolitisch mit einem Fiasko endete, wird auch von seinen Parteigängern nicht bestritten.

Gestritten aber wird weiterhin darüber, warum »der erfolgreichste Minister der Bundesrepublik« zu »ihrem unglücklichsten Kanzler« wurde[15]. Als ich Bundeskanzler Erhard anlässlich seines offiziellen Besuchs in Tübingen begegnete, empfand ich für ihn höchsten Respekt. Und viele Jahrzehnte nach seinem Rücktritt am 30. November 1966 fragen sich noch heute auch manche Politiker, Nationalökonomen und Publizisten, ob Erhard nicht schließlich doch in vielem Recht hatte, etwa

– wenn er die von CDU-Sozialpolitikern zusammen mit Adenauer und SPD 1957 durchgesetzte automatische Anpassung der *Renten* an die Bruttolöhne (Umlage- statt Kapitaldeckungsverfahren) als inflationsfördernd und auf Dauer unbezahlbar fast bis zum Ende bitter bekämpfte (rückgängig gemacht 1978);

– wenn er, skeptisch gegenüber der schon mit Adenauer einsetzenden *Gefälligkeitsdemokratie* der Wahlgeschenke und Subventionen, unter Sozialer Marktwirtschaft nicht möglichst viel Sozialpolitik verstand, sondern in erster Linie stabiles Geld und ohne Monopole funktionierenden Wettbewerb;

– wenn er die von ihm grundsätzlich bejahte *Daseinsfürsorge* durch den Staat nicht durch eine strukturlose Expansion der Subventionen und (faktisch von allen Parteien betriebenes!) Verteilen immer neuer sozialer Wohltaten und ständige Erhöhung von Steuern und Abgaben erreichen wollte, sondern durch Heranbildung und Stützung freier und selbstverantwortlicher Staatsbürger in einer »formierten Gesellschaft«.

Protestbewegungen gegen die Restaurationspolitik

Im verwöhnten Wirtschaftswunderland sah man 1966 in der abgesackten Zuwachsrate des Bruttosozialprodukts (BSP), der gestiegenen Inflation und Arbeitslosigkeit eine Katastrophe. Dies entsprach der sozialpsychologischen Erklärung der Konjunktur durch den St. Galler Nationalökonomen WALTER

Adolf Jöhr[16]: Lage und Stimmung deckten sich nicht, diese war schlechter als jene. Die Krisenangst produzierte eine Sehnsucht nach einer Großen Koalition von Christdemokraten und Sozialdemokraten, die ab 1966 mit Kurt Georg Kiesinger (CDU, wohnhaft in Tübingen) als Bundeskanzler die Bundesrepublik regierte.

Doch der reale zeitgeschichtliche Hintergrund war: Mit der Sozialen Marktwirtschaft war nun einmal die *Restaurationspolitik der Adenauer-Ära* im politischen, gesellschaftlichen, kulturellen, auch kirchlichen und universitären Bereich verbunden. Jeglicher Auseinandersetzung mit der nazistischen Vergangenheit wich man aus und konnte doch die überall immer wieder sichtbar werdenden »braunen Flecken« (bei manchen hohen Politikern, Publizisten, Richtern, Ärzten, Professoren, Sportlern) nur oberflächlich wegwischen. Die politischen Strukturen kamen der jungen intellektuellen Generation, welche die Wiederaufbauleistung schon bald als selbstverständlich ansah, zunehmend erstarrt und verkrustet vor. Insbesondere das Parteienestablishment erschien ihr verbraucht und der Innovation unfähig.

So bildete sich, zuerst an der Berliner Freien Universität, eine *außerparlamentarische Opposition*. Sie entzündete sich an hochschulpolitischen Fragen (»Ordinarien-Universität«), mündete aber 1968 in die von Amerika ausgehende, dort von Rassenfrage und Vietnamkrieg bewegte, weltweite Protestbewegung von Studenten und Intellektuellen, die nun gesamtgesellschaftliche Fragen im Visier hatte.

Die *Ideologie* dieser Protestbewegung in der Bundesrepublik Deutschland war bei allen berechtigten Anliegen eklektisch: Sie hatte neben bürgerlich-liberalen und freudianischen Ideen (sexuelle Befreiung) vor allem marxistische (und anarchistische) Elemente aufgenommen (Haupttheoretiker: Herbert Marcuse). Es ging um einen – nach zwei Jahrzehnten Sozialer Marktwirtschaft – viele schockierenden

Neomarxismus. Die Protestbewegung erreichte in der Bundesrepublik Deutschland nach den Protesten gegen den Schahbesuch (1967) und gegen den Springer-Pressekonzern mit der bundesweiten Kampagne gegen die Notstandsgesetze und der Lahmlegung der Universitäten im Frühjahr 1968 ihren Höhepunkt. Sie war zur grundsätzlichen Opposition gegen das gesellschaftlich-politische System überhaupt geworden. Man begeisterte sich am Ende der 1960er-Jahre nicht mehr wie zu ihrem Beginn für politische Reformer wie John F. Kennedy, sondern abwechselnd für Lenin, Mao, Che Guevara, Ho Chi Minh … Doch stand bei diesem neuen »Klassenkampf« nicht wie bei Karl Marx der Widerspruch zwischen Kapital und Lohnarbeit im revolutionären Brennpunkt, sondern der Kampf zwischen autoritärem Staatsapparat und dem autonomen, seine Bedürfnisse spontan artikulierenden Einzelnen. Ein Programm freilich – ein zweiter Unterschied zum klassischen Marxismus –, für das die Arbeiterschaft sich nicht zur Revolution begeistern ließ.[17]

Das *Ergebnis* dieser Protestbewegung der Studenten und Intellektuellen war ambivalent. Zwar beseitigte sie zu Recht viele verkrustete Strukturen in Universität, Staat und Gesellschaft sowie längst überholte Tabus und verhalf der *Erlebnisgesellschaft*, welche die bisherige strenge Leistungsgesellschaft ablöste, auf breiter Front zum Durchbruch. Doch schuf sie trotz vieler wertvoller Impulse keine allgemein überzeugenden Zukunftsmodelle für Wirtschaft und Gesellschaft! Nach der Annahme der Notstandsgesetze für den äußeren und inneren Frieden (samt Widerstandsrecht) durch den Bundestag im Juni 1968, die in den folgenden Jahrzehnten allerdings nie zur Anwendung kommen sollten, konzentrierte sich die abflauende Protestbewegung wieder mehr auf universitäre Probleme. Doch spaltete sie sich im Lauf der 1970er-Jahre in viele Gruppierungen (berüchtigt die terroristische Baader-Meinhof-Gruppe) und löste sich schließlich im Marsch der 68er durch die Institutionen auf. Aber die Probleme der Sozialen Marktwirtschaft wurden auch durch die sozialdemokratischen Regierungen unter Willy Brandt (1969–1974) und Helmut Schmidt (1974–1982) nicht gelöst; sie bleiben zum Teil bis heute ungelöst.

Die ökologische Herausforderung

Neue Probleme erfordern neue Lösungen. Die Rahmenbedingungen für Wirtschaft und Gesellschaft hatten sich bereits in den 1960er-Jahren grundlegend verändert. Zwar vermochte die »Soziale Marktwirtschaft« Leitidee und Leitbild der Gesellschaft zu bleiben, aber das Konzept mit den vorrangigen Zielen der wirtschaftlichen Freiheit und sozialen Gerechtigkeit bedurfte der Ergänzung. Und das wirtschaftspolitische Programm, welches Leitbild und Konzept für neue wirtschaftliche, soziale, politische und gesellschaftliche Bedingungen konkretisierte, bedurfte der gründlichen Veränderung.

Solche Transformation war nicht bequem. Sie erforderte eine radikale Neubesinnung und war für die gestandenen Helden des wirtschaftlichen, sozialen und politischen Wiederaufbaus Deutschlands – eine einzigartige Leistung – wohl einfach zu viel. Die Väter des Systems hatten kaum Söhne (oder Töchter) herangezogen, Enkel waren zwar da, mussten jedoch warten auf die Stunde des Griffs nach der Macht. Aber die neuen gesellschaftspolitischen Kräfte zeigten frühzeitig die Richtung der Neuentwicklung an und hätten Eckpunkte für neue Rahmenbedingungen markieren können. Deutlich waren zwei Herausforderungen: die ökologische und die ethische.

Die *ökologische Herausforderung*: Als in Verbindung mit der außerparlamentarischen Opposition in den 1970er-Jahren die ersten »Grünen« auftauchten, welche Abrüstung und Ökologie zur Mitte ihres Programms machten und eine grundlegende Umgestaltung der Industriegesellschaft forderten, verhielten sich die etablierten Parteien zunächst nur abwehrend. So bildete sich 1980 eine eigene politische Partei »Die Grünen«, die für die Grundwerte »ökologisch – sozial – basisdemokratisch – gewaltfrei« eintreten wollte. Auch in anderen europäischen Industrienationen breitete sich die grüne Bewegung mit mehr oder weniger Erfolg aus. Die Grünen sind Ausdruck des Paradigmenwechsels von der Moderne zu einer Nachmoderne, die *nicht mehr* bereit ist, *die Natur* überall *als* »Ware« vermarkten, ausbeuten und zerstören zu lassen. Dies verstanden immer mehr Menschen und leuchtete schließlich auch immer mehr Politikern ein.

Jetzt im 21. Jahrhundert realisieren fast alle politischen Parteien Europas, dass Boden, Wasser und Luft die zentralen Lebensgrundlagen der Menschheit sind, die weltweit in ihrer Existenz und Qualität bedroht sind. Deshalb drängt sich heute als programmatische Forderung auf:

Die Soziale Marktwirtschaft ist, was Ordoliberale schon in den 1960er-Jahren erkannten, verstärkt *auf ökologische Ziele auszurichten*. Sie muss zu einer nicht nur sozial, sondern auch ökologisch verpflichteten Wirtschafts- und Gesellschaftsordnung werden, welche die Probleme der Umweltbelastung und Umweltgefährdung von der Landwirtschaft über den Verkehr bis zur Kernenergie und zum Klimawandel ernst nimmt und deshalb sozial- und umweltverträgliche Produktionsweisen anstrebt: eine *öko-soziale Marktwirtschaft*.

Die ethische Herausforderung

In den 1970er-Jahren wurden nicht nur von den Grünen, sondern auch von der *Frauen-, Friedens- und Alternativbewegung* und von zahllosen höchst unterschiedlichen Bürgerinitiativen und Selbsterfahrungsgruppen, die gegen bestehende Gesellschaftsverhältnisse und politische Strukturen protestierten, die Fragen nach dem Sinn des Lebens, nach Selbstbestimmung und Emanzipation und neuen Maßstäben des Handelns aufgeworfen. Auch diesbezüglich verhielten sich die etablierten Parteien, konfrontiert mit neuartigen Äußerungsformen und der wachsenden Öffentlichkeitswirksamkeit dieser neuen sozialen Bewegungen, zunächst ablehnend.

Aber gegen Ende des 20. Jahrhunderts fanden deren Anliegen auch in allen etablierten Parteien Eingang. Sind sie doch ebenfalls Ausdruck jenes Paradigmenwechsels von der Moderne zu einer Nachmoderne, die *nicht mehr* bereit ist, *die Menschen* selber in erster Linie als »Arbeitskräfte« zu betrachten und in diesem Sinn als »Ware« vermarkten und behandeln zu lassen. Jetzt im 21. Jahrhundert realisieren fast alle politischen Parteien Europas, dass Menschen mehr sind als Arbeitskräfte, dass ihre Würde, ihre Rechte und Pflichten heute in einer neuen Weise bestimmt werden müssen und dass ein neuer Gesellschaftskonsens notwendig ist. Deshalb drängt sich heute ebenfalls als programmatische Forderung auf:

Die *ethische Basis* der Sozialen Marktwirtschaft ist programmatisch *neu zu bedenken*! Eine *ethisch fundierte ökologisch-soziale Marktwirtschaft* wird gerade so ein wirtschaftspolitisches Leitbild von nur instrumentalem Charakter bleiben und nicht zu einem eigenständigen Grundwert der Gesellschaft emporstilisiert. Die Politik muss demnach nicht nur »marktgerecht« und »marktkonform« sein (keine direkten Interventionen in den Marktprozess), sondern muss in der Gestaltung der Rahmenbedingungen (Ordnungspolitik), nach allen Seiten wohl abgewogen, immer die Interessen aller betroffenen Menschen (und nicht nur die der Kapitaleigner) im Auge haben. Der Rahmen für die Marktmechanismen (auch die Regulierungen für Finanzmärkte) muss sich an bestimmten politischen und ethischen Werten und Maßstäben ausrichten.

Sozialstaat umbauen

Auch der »Vater der Sozialen Marktwirtschaft« machte die Erfahrung mancher Politiker, die das Volk mit unbequemen Wahrheiten zu konfrontieren suchten: Er wurde, als er in seiner Innenpolitik die Gruppeninteressen auf das ihnen zukommende Maß einzuschränken versuchte, von seiner eigenen Parteiführung ohne »eine Spur von Fairness und Noblesse« (Erhard) »gedemütigt, gehetzt und erledigt«.[18] Erhards leidenschaftliche *Appelle zum Maßhalten*, gerichtet an Gewerkschaften, Arbeitnehmer, Verbraucher überhaupt, um die Preise zu zügeln und die Inflation zu stoppen, wurden als »Seelenmassage« von allen Seiten lächerlich gemacht. War seine Überzeugung also falsch, dass die Menschen nicht allein durch Gesetze, sondern auch durch Einsicht zu dem für sie und die Gesellschaft Guten, dem Gemeinwohl, zu bewegen seien? Ist wirklich niemand bereit, etwas freiwillig zu tun, sondern nur unter Zwang, wie Erhard schließlich resigniert feststellte?

Nein, entscheidend ist: Wie karitative Aktionen praktische Außenpolitik nicht ersetzen können, so moralische Appelle nicht praktische Innenpolitik. *Keine Appelle* zum Maßhalten (damals) und Sparen (heute) *statt politischer Taten*, also konkret Ausgabenkürzungen, die den schrumpfenden Steuereinnahmen angepasst und möglichst sozial ausgeglichen sein müssen. Einen konsolidierten Haushalt, stabile Preise und Vollbeschäftigung durch bloße »Moral« herstellen zu wollen, ist politischer Moralismus. Jede Rückführung des Sozialstaates wird um gewisse soziale Härten nicht herumkommen. Aber Appelle zu Nüchternheit, Sparsamkeit, Solidarität gegen ein überzogenes Anspruchsdenken, das bei allem anderen, nur nicht bei sich sparen will, können wie in Zeiten der Konjunkturüberhitzung so auch in Zeiten der Rezession und möglichen Depression durchaus einen Sinn haben. Allerdings nur, wenn die Regierenden und Manager im praktischen Maßhalten vorangehen. Unter günstigen Umständen kann soziale Steuerung nicht nur durch ständige staatliche Eingriffe, sondern auch durch Einwirkung auf Gesinnung und Verantwortungsbewusstsein der mündigen Bürgerinnen und Bürger konkrete Resultate erzielen.

Wer die Probleme nicht nur sehen, bereden und aussitzen, sondern lösen will, muss mit Einsicht und Mut zu Taten schreiten. Mit dem Rechtsstaat muss auch der Sozialstaat erhalten bleiben. Mit dem Produktionsfaktor Kapital soll der Produktionsfaktor Arbeit immer wieder neu zum Ausgleich gebracht werden. Die soziale Balance war einer der Erfolgsgaranten des Nachkriegsdeutschland. Und doch dürfte heutzutage in Europa, wo auch konservative Regierungen eine kostspielige sozialdemokratische Sozialpolitik betreiben, weithin Konsens sein: Um eine weitere Zerrüttung der Staatsfinanzen zu verhindern, darf man den *Sozialstaat* zwar *nicht abbauen*, wohl *aber* muss man ihn *umbauen*. Wie man rechts die Freiheitsansprüche nicht pathetisch-ideologisch aufladen sollte, so links nicht die Gerechtigkeitsforderungen. Der Ruf nach »sozialer Gerechtigkeit« darf nicht einfach staatliche Umverteilung meinen, sondern muss auch auf die Abschaffung von Privilegienherrschaft, Pfründenwirtschaft und entwürdigenden bürokratischen Zuteilungssystemen zielen.[19]

Thesen zur Rückbesinnung

Die Erfahrungen der aktuellen Weltwirtschaftskrise lassen mich, wie zuvor zur Marktwirtschaft pur (Ende Kap. II) so auch hier zur Sozialen Marktwirtschaft, einige Thesen zur

Rückbesinnung formulieren, und zwar für diejenigen, die sich oft aus nur propagandistischem Grund zur Sozialen Marktwirtschaft bekennen, aber faktisch vielfach von der Konzeption der Sozialen Marktwirtschaft abweichen:

– Der Staat kann auf Dauer nicht mehr ausgeben, als seine Bürger fähig und willens sind, durch Steuern zu bezahlen; überhöhte Steuern führen zu Schwarzarbeit und im Kleinen wie im Großen zum Steuerbetrug und zur Steuerflucht.

– Wird die Zinsbelastung des Staates größer als das Einnahmeplus aus dem Wirtschaftswachstum, ist eine Neuverschuldung des Staates schon allein zur Zinszahlung unumgänglich. Ständig steigende Neuverschuldung aber führt zur Zerrüttung der Staatsfinanzen und schließlich zum faktischen Staatsbankrott (Griechenland).

– Der aufgeblähte Staat bedarf der Verschlankung und eine vielfach schwerfällige und verschwenderische staatliche Verwaltung der Entschlackung, was heute höchstens eingefleischte Bürokraten oder traditionalistische Marxisten bestreiten. Der Sozialstaat ist für viele zu einem undurchsichtigen bürokratischen Monster geworden.

– Der Staat muss sich auf die Bewältigung seiner Kernaufgaben konzentrieren und überprüfen, welches Budget dafür zur Verfügung steht.

– Auf Dauer kann sich niemand der nüchternen Einsicht verschließen, dass ein Arbeitsplatz nicht mehr kosten darf, als er erwirtschaftet.

– Eine Umverteilungsmaschine, die Leistungsbereitschaft tötet und Faulheit belohnt, ist im Zeitalter der Globalisierung kein geeignetes Instrument zu einer grundlegenden Strukturreform; wer arbeitet, muss deutlich mehr verdienen als wer nicht arbeitet.

– Nicht höhere Sozialzahlungen des Staates an die Bürger an sich garantieren auf Dauer einen höheren Lebensstandard und sozialen Frieden, sondern angemessenes ökonomisches

Wachstum, mehr Arbeitsplätze und höheres Realeinkommen.

Man spricht heute in der Wirtschaft viel von der Realisierung von »fünf I«: von Ideen, Impulsen, Innovationen, Initiativen und Investitionen. Doch reicht es sicher nicht aus, darunter nur Senkung der Staatsquote, Beschleunigung von Verfahren, Effizienzsteigerung der Aufgabenerfüllung, wettbewerbsfreundliche Unternehmenssteuern, Senkung der Lohnnebenkosten und Aufhebung von Technologieverboten zu verstehen.

Politiker und Manager dürften bei ihren Reformvorschlägen und Reformvorhaben zu wenig beachtet haben, dass bei einem solchen Umbau des Sozialstaates immer auch die *ethische Dimension* angesprochen sein will:

- Wenn der Staat auf Dauer unmöglich von der Wiege bis zur Bahre für die Erfüllung aller menschlichen Bedürfnisse sorgen kann, so muss der Einzelne sich *einschränken*. Dafür müssen von Seiten des Staates gewisse Regeln gesetzt werden. Doch ist der Staat auf die Zustimmung und Mitwirkung der Bürger und Bürgerinnen angewiesen.
- Sich selber zu beschränken, auf etwas mehr oder weniger freiwillig zu verzichten, Solidarität zu üben, dies alles ist eine eminent *ethische Frage.*
- Ob solche *Selbstbeschränkung*, die sich ja auch auf die ökologisch sinnvolle Nutzung der natürlichen Ressourcen beziehen muss, nur politisch, rein humanistisch oder religiös begründet wird, ist zweitrangig. Aber sicher können Philosophien und Religionen, die nicht nur Selbstverwirklichung und Selbsterfüllung, sondern auch Selbstbeschränkung und Selbstbescheidung, Verantwortung und Solidarität in ihrem Programm haben, hier eher motivierend wirken.
- Selbstbeschränkung und Solidarität können allerdings nicht nur einem Teil der Bevölkerung, womöglich noch

dem schwächeren, zugemutet werden. Sie sind, in welcher Weise auch immer, von Arbeitnehmern und Arbeitgebern, von Regierten und Regierenden, ja, *von allen gefordert*. Zuallererst aber sind sie bei jenen geboten, die den größten Spielraum dafür haben und die deshalb mit gutem Beispiel vorangehen sollten.

• Wird gegen ethische Maßstäbe gerade von den politischen und wirtschaftlichen *Führungskräften* in skandalöser Weise etwa durch exorbitante Privilegien oder Boni verstoßen, so kann dies negativ auf das ganze wirtschaftliche und politische System durchschlagen.

Aber alle diese Diskussionen um die Soziale Marktwirtschaft wurden bisher im *nationalen* Kontext mit Blick auf Europa geführt. Durch die Globalisierung der Ökonomie und Technologie hat nun aber auch die Marktwirtschaft, wie wir sahen, in kürzester Zeit bisher kaum vorstellbare *globale* Dimensionen angenommen. Deshalb müssen auch die ökologischen und ethischen Herausforderungen als *globale Herausforderungen* gesehen werden, denen bisher auch die Theoretiker und Praktiker der Sozialen Marktwirtschaft kaum gerecht geworden sind. Andererseits hat die Weltwirtschaftskrise in den USA zu einer Diskussion geführt, ob man nicht etwas lernen kann von der in Europa herrschenden Sozialen Marktwirtschaft, welche die Krise besser bewältigte, etwa durch Kurzarbeit und andere Instrumente.

IV. Wege aus der Krise?

Immobilienkrise in Japan 1990, Mexiko 1994, Südostasiatische Krise 1997, New-Economy- und Dotcom-Krise 2000 … Im Grunde hatte die Fehlentwicklung schon 1986 eingesetzt, als Margaret Thatcher in Großbritannien Regulierungen am Finanzplatz London über Nacht aufhob und die Bush-Regierung in den USA bald darauf dasselbe tat. Wer beim Baden-Baden-Symposion der Stiftung Weltethos über »Globale Unternehmen und globales Ethos« am 23. März 2001 dabei war – und es war ein hochkarätiger Sachverstand aus Wirtschaft, Politik, Publizistik und Ethik versammelt[1] – wird es bestätigen können: Es herrschte schon damals das Bewusstsein, die globale Marktwirtschaft sei ganz neuen Risiken ausgesetzt: Wir müssen rechnen, formulierte es hier der frühere Präsident der Deutschen Bundesbank, HANS TIETMEYER, mit einer Gefährdung des Gesamtsystems im Fall krisenhafter Zuspitzungen (z. B. sog. »Systemrisiken in den Finanzmärkten«)[2]. Seine Befürchtungen sind leider eingetroffen. Deutschland schloss sich unter der rot-grünen Bundesregierung 2002/03 der internationalen Deregulierungswelle an, indem es Hedgefonds und undurchschaubare Mehrfachverpackung von Krediten zu Wertpapieren zuließ. Man hing dem Irrglauben an: Je befreiter die Finanzmärkte, desto mehr bringen sie für den allgemeinen ökonomischen Wohlstand.

1. Krise der Verantwortlichkeiten

Eine monokausale Erklärung der Weltwirtschaftskrise wäre nach all dem bisher Dargelegten oberflächlich. Wir beobachten ja oft, dass in einer solchen Situation nicht ohne Grund gegenseitige Schuldzuweisungen erfolgen: Politiker beschuldigen die Banker, und die Banker die Politiker. Nun ist die Wirtschaft gewiss nicht an allem schuld, die Politik ist meist mitschuldig. Und leicht erkennt der Durchschnittsbürger die Schuld in moralischen Defekten beider, ohne an eine mögliche eigene Mitverantwortung zu denken, wenn auch er ständig höhere Rendite verlangt.

Grundsätzlich betrachtet genügt es schon, dass von drei Faktoren einer nicht funktioniert, damit das marktwirtschaftliche System in ernsthafte Schwierigkeiten gerät: die Wirtschaft, die Politik oder – in den Analysen der Ökonomen vielfach vernachlässigt – die Moral.

Drei Komplexe des Versagens: Märkte, Institutionen und Moral

Schon im Baden-Badener Symposion 2001 stützte ich mich für meine Aussagen auf die ebenso präzisen wie umfassenden Darlegungen des britischen Wirtschaftswissenschaftlers JOHN H. DUNNING, Professor Emeritus of International Business (University Reading/England und Rutgers University/USA).[3]

Drei verschiedene *Komplexe des Versagens* sind zu unterscheiden:

1. Ein Versagen der *Märkte* selber: Moral hazard, exzessive Spekulation (Immobilien- und Aktienmarkt), überbewertete

Währung, schlechtes Timing der kurzfristigen Schulden, Präsenz eines starken Schwarzmarktes, ein Ansteckungseffekt.

2. Ein Versagen der *Institutionen*: unzureichendes Funktionieren von Regulierungs- und Überwachungssystem, Bankensystem, rechtlicher Infrastruktur und Finanzsystem, mangelnder Schutz der Eigentumsrechte, Mangel an Transparenz und inadäquate Bilanzstandards.

3. Ein Versagen der *Moral*, das dem Versagen der Märkte und Institutionen zugrundeliegt: »Crony«- und Mafia-Kapitalismus, Bestechung und Korruption, Mangel an Vertrauen und sozialer Verantwortung, exzessive Raffgier der Investoren oder Institutionen.

Dunning hatte diese verschiedenen Faktoren bei sieben Problemländern – Japan, Korea, Indonesien, Thailand, Hongkong, Malaysia, Russland – untersucht und festgestellt, dass bei ihnen allen ein Versagen auf allen drei Ebenen – wenn auch jeweils an verschiedenen Punkten – festzustellen war, die jeweils als einzelne, aber auch zugleich in ihrem Gesamtzusammenhang betrachtet werden müssen. Beim Versuch, das Versagen im wirtschaftlichen und institutionellen Bereich mit dem Versagen im moralischen Bereich in Beziehung zu setzen, konnte er auf folgende Zusammenhänge hinweisen:

– Die inadäquate *Handelsinfrastruktur* hängt oft zusammen mit Bestechung und Korruption und mit exzessivem Eigeninteresse und Raffgier;

– unangemessenes Funktionieren auf der Ebene der *Makroorganisationen* hängt zusammen mit Unehrlichkeit und Betrug, einem Mangel an Vertrauen, Kompromissfähigkeit, Kooperation und Gruppenloyalität;

– Unzulänglichkeiten im *Rechtssystem,* etwa bezüglich der Verbrechensprävention, hängen zusammen mit Mafia- und Casinokapitalismus;

– ein inadäquates *Bank-, Finanz- und Rechenschaftssystem* mit Opportunismus, Schlendrian und Undiszipliniertheit;

– eine inadäquate *Gesellschaftsarchitektur* mit der Indifferenz gegenüber den Bedürfnissen Anderer und einem Mangel an persönlichem Pflichtgefühl und gesellschaftlicher Verantwortlichkeit;

– die Unzulänglichkeiten im Schutz der *Eigentumsrechte* mit einer unbekümmert-verantwortungslosen Haltung.

Aus all dem ergibt sich, dass die Moral, das Ethos nicht etwas Marginales ist oder nur etwas künstlich Aufgesetztes, sondern dass man hier mit Recht von einem »*Moral Framework*« spricht, das sowohl mit den Märkten wie mit den Regierungen, mit den intermediären Assoziationen wie mit den supranationalen Organisationen in Interdependenz und Interaktion steht.

Fehlende ethische Rahmenordnung

Mit Ethos sind also nicht nur »moralische Appelle« gemeint, sondern moralisches Handeln. Allerdings braucht es auch in der Wirtschaft oft den *Leidensdruck*, um den *Reformdruck* zu erzeugen, der zur *politischen Kraft* werden kann. Die Proteste gegen die Globalisierung haben indes auch für Wirtschaft und Wirtschaftswissenschaft die Frage nach der *sozialen Akzeptanz* des neuen globalisierten Wirtschaftssystems wachgerufen. Diese Akzeptanz wäre noch nicht allein dann gewährleistet, wenn die globalen Unternehmen und Märkte, die nationalen Regierungen, überregionalen Institutionen und intermediären Organisationen effizient funktionieren würden. Man fragt heute mit Recht nach der ihnen zugrundeliegenden *ethischen Rahmenordnung*, die freilich nicht mit einer Verrechtlichung des Ethos bis in alle Details gleichgesetzt werden darf.

Die globale Marktwirtschaft wird auf Dauer jedenfalls nur dann akzeptiert, wenn sie konsensfähig ist. Und das ist sie nur, wenn sie *sozial* ist, worauf J. H. Dunning ebenfalls aufmerksam macht. Es muss ja in einer demokratischen Gesellschaft die *Mehrheit der Wähler* immer wieder neu davon überzeugt werden:

dass sich diese Wirtschaftsordnung für sie selber und für diejenigen, für die sie sich in irgendeiner Weise verantwortlich fühlen, lohnt;

dass ökonomische Partizipation (»Inclusiveness«) und soziale Gerechtigkeit integrale Bestandteile der Ziele dieser Wirtschaftsordnung sind;

dass also eine starke ethische Rahmenordnung das Wirken der globalen Märkte und der außermarktlichen Institutionen abstützt und Verhalten wie Entscheidungsprozesse derer beeinflusst, die im Produktions- und Verteilungsprozess stehen.

Nicht zuletzt zeigt ein Blick in die Geschichte, dass erfolgreiche Ökonomien stets gestützt waren durch eine starke moralische Grundlage. In dem Moment, da diese Grundlage unterminiert war oder eine neue soziale Ordnung als möglich oder gar besser erschien, begann die bisher geltende Wirtschaftsordnung zusammenzubrechen.

Dunnings Schlussfolgerung: »Sowohl die individuellen als auch die sozialen moralischen Tugenden müssen gestärkt und neu gestaltet (»reconfigured«) werden auf eine Weise, die mit einer wissens-intensiven, auf Allianzen basierenden, multikulturellen Gesellschaft in Übereinstimmung ist und die Märkte wie Institutionen außerhalb des Marktes am besten befähigt zusammenzuarbeiten, um wirksames Wachstum und soziale Gerechtigkeit zu fördern. Nur dann wird der globale Markt ein annehmbarer Diener der Individuen und der Gesellschaft sein und nicht ein unannehmbarer Meister« (»Only then will the global market place be an acceptable servant of individuals and society and not an unacceptable master«). Die kommenden Weltfinanz- und Ölbohrkrisen sollten dann auch die letzten Marktgläubigen zur Besinnung rufen.

2. Irrwege

Kein Banker und kein Politiker, kein Ökonom und kein Publizist sollte behaupten, die Weltfinanz- und Weltwirtschaftskrise sei nicht vorauszusehen gewesen. JEAN-CLAUDE TRICHET, Präsident der Europäischen Zentralbank, stellte im März 2010 bei einem hochkarätigen Symposion von Ökonomen, Politikern und Bankern an der Stanford University fest: »An einem bestimmten Punkt in der jüngsten Vergangenheit verlor die Finanz ihren Kontakt mit ihrer ›Raison d'être‹. Die Finanz hörte auf, eine Quelle der Dienstleistungen für die Realwirtschaft zu sein und entwickelte ein Eigenleben. Die Finanz wurde zum Selbstzweck. Um zukünftige Krisen zu vermeiden, brauchen wir absolut intelligente Regelungen, die eine Selbstzerstörung verhindern können.«[4] Wann dieser »bestimmte Punkt in der jüngsten Vergangenheit« erreicht wurde, ist, scheint mir, gar nicht leicht festzustellen. Geld war ja für viele Investmentbanker schon längst nicht mehr ein Zahlungsmittel, mit dem Waren gekauft werden. Geld ist für sie die Ware selber, die gehandelt wird und mit der man mehr Gewinne machen kann als mit der finanziellen Unterstützung der heimischen Industrie. In diesem Prozess ging es also eher um eine Folge von mehreren Krisen, die ihren Grund nicht zuletzt in einer bestimmten Auffassung von der Rationalität des Marktgeschehens haben.

Aufstieg und Fall der »Theorie des rationalen Marktes«

Lang und verwirrend erscheint der Weg der »Wallstreet« bis zur modernen Finanzindustrie, von den ersten Jahrzehnten des 20. Jahrhunderts über die Große Depression in den 1930er-Jahren bis zum Finanzdesaster im 21. Jahrhundert. Lang und verwirrend erscheint auch die damit verbundene Geschichte der sie inspirierenden Markttheorien. Von zentraler Bedeutung für die letzten Jahrzehnte war zweifellos die Theorie des »rationalen Marktes«, deren bestbekanntes Element die Hypothese des »effizienten Marktes« ist. Diese Theorie wurde an der University of Chicago in den 1960er-Jahren formuliert und hat von dort in stark vereinfachter Form Eingang in die Wallstreet, in Washington und in die Konzernzentralen gefunden.

Ich kann diese Geschichte selbstverständlich nicht beschreiben, nicht einmal zusammenfassen. Wer eine exzellente, historisch-systematische Einführung in die Theorie der Finanzmärkte (finance) des 20./21. Jahrhunderts sucht, der lese ein explosives Buch, das ich allerdings in keiner Bibliothek der Tübinger Universitätsinstitute finden konnte, vielleicht weil es den rationalen Markt als »Mythos« bezeichnet (für viele Ökonomen heute eine Häresie) und in der Tat die dringend notwendige Entmythologisierung dieser Markttheorie vornimmt. Geschrieben während vieler Jahre wurde diese Geschichte der leitenden Ideen und führenden Akteure der modernen Finanzindustrie, die sich wie eine Kriminal- oder Kulturgeschichte liest, vom bestinformierten Business- und Ökonomiekolumnisten für »Fortune« und »Time«, JUSTIN FOX: »Der Mythos des rationalen Marktes. Eine Geschichte von Risiko, Belohnung und Illusion an der Wallstreet«[5].

Fox macht deutlich, wie die machtvolle Idee vom rationalen Funktionieren des Marktes im Lauf der letzten Jahrzehnte für Gewinn und Verlust von Vermögen stand, Billionen von Dollars bewegte, Indexfonds und neue Derivatemärkte anregte und Tausenden von Karrieren im Finanzsektor den Weg wies. Diese Theorie besagt im Wesentlichen, dass der Finanzmarkt immer Recht hat, das heißt: »effizient« ist. Das bedeutet: Die Entscheidungen von Millionen rationaler Investoren, die alle agieren aufgrund von Informationen, wie sie die anderen Marktteilnehmer überlisten können, liefern jederzeit die richtige Beurteilung für den Wert der Aktien. Man muss die Akteure nur frei operieren lassen – »financial markets know best«. Die Finanzmärkte besäßen eine Weisheit, die Individuen, Unternehmen und Regierungen abgehe.

Der »rationale Markt« war weniger eine politische als eine wissenschaftliche Theorie, die seit der Mitte des 20. Jahrhunderts mächtig gestützt wurde von einer Leidenschaft für rationale, mathematische, statistische Entscheidungsfindung. Justin Fox' Ausführungen machen die *Stärken* dieser Theorie deutlich.[6] Diese Theorie hat aber auch entscheidende *Schwächen*.[7] Nach Meinung von Fox hatte man vergessen, dass der Markt ein »teuflisch Ding« (»devilish thing«) ist: »Er ist viel zu teuflisch, als dass er durch eine einzige einfache Verhaltenstheorie eingefangen werden könnte, und gewiss nicht durch eine solche Theorie, die nichts berücksichtigt als ruhige Rationalität, soweit das Auge reicht.«[8]

So wurde die Theorie des rationalen Marktes seit den 1970er-Jahren von Abweichlern unter den Ökonomen und Finanzgelehrten zunehmend in Frage gestellt. Man wies ihr theoretische Unstimmigkeiten und Mängel bei der empirischen Abstützung nach: »Am Ende des 20. Jahrhunderts hatten diese Kritiker die meisten ihrer Stützen verworfen. Aber es gab keinen überzeugenden Ersatz, so dass der rationale Markt weiterhin die öffentliche Debatte, die Regierungsentscheidungen und die private Investmentpolitik bestimmte bis hinein ins erste Jahrzehnt des 21. Jahrhunderts, ja bis hin zum Kollaps des Marktes im Jahr 2008.«[9]

Soviel zur Theorie des sogenannten rationalen Marktes. Aber auch ohne die glänzende kritische Analyse von Justin Fox aus dem Jahr 2009, auf die ich zurückkommen werde, konnte man die Krise kommen sehen. Ich darf erinnern an meine Ausführungen zum oben erwähnten Symposion der Stiftung Weltethos »Globale Unternehmen – globales Ethos« im Jahr 2001.

»New Economics«

Noch an der Jahrtausendwende hatten viele – auch Chefs der großen US-Banken, Regierungsinstanzen, Federal Reserve – den Gefährdungen nicht in die Augen sehen wollen. Sie ließen sich beirren von den sich anbietenden Irrwegen und Irrläufern, die für die krisenhaften Zuspitzungen hauptverantwortlich waren. Diese müssen hier zunächst dokumentiert und analysiert werden, um Auswege aus der Krise zu finden.

In den späten 90er-Jahren des vergangenen Jahrhunderts hatte sich die Dringlichkeit eines globalen Ethos verschärft durch das, was man oft missverständlich »New Economics« nannte, von der nun manche Ökonomen zweifelnd fragen, ob es sie überhaupt je gegeben hat, weil das Neue nämlich so rasch alt geworden ist. Wir müssen unterscheiden:

Keine Frage, es gibt *neue Informations- und Kommunikationstechnologien,* durch welche die Weltwirtschaft bis nach China und Indien in einen epochalen Umbruch eingetreten ist. Stichworte: weltweite Vernetzung, freier globaler Informationenfluss, Internetökonomie, e-commerce, Informationsgesellschaft ... Grundlegende Veränderungen in Organisationsform und Geschäftspraxis und insofern eine *neuartige Ökonomie* sind die Folge. Aber die große Frage ist: Bringen diese neuen Informations- und Kommunikationstechnologien auch eine *neue ökonomische Gesetzlichkeit* mit sich? Setzen sie die alten ökonomischen Prinzipien einfach außer Kraft? Führen sie zu einer neuen Wirtschaftstheorie und Wirtschaftswissenschaft, in diesem Sinn zu einer *neuen Ökonomik?*

Geblendet von bestimmten Theorien verkündeten manche Wallstreet-Experten in aller Welt ein neues »ökonomisches Modell«: Wirtschaftswachstum ohne Inflation und endloser Boom an der Börse. Die Erkenntnis, dass es physische Grenzen des Wachstums gibt, galt als »old fashioned«.

Das Wall Street Journal erklärte noch zu Beginn des Jahres 2000, in einer auf Wissen basierenden Wirtschaft (»a knowledge-based economy«) gäbe es keine Beschränkungen (»constraints«). Die alte Regel, Aktien zu günstigen Kursen zu kaufen, um reich zu werden dadurch, dass die Unternehmensgewinne steigen, würde demnach nicht mehr gelten. Man kaufe ruhig ohne Ängste; die Konjunkturzyklen seien außer Kraft gesetzt; es gehe im Prinzip ständig aufwärts. War es da nicht verständlich, dass in den USA Hunderttausende ohne das nötige Kapital ein Haus »kauften«?

In *Deutschland* trieb man es nicht ganz so bunt wie an der Wallstreet, war aber ebenfalls vom Börsenfieber infiziert. Ein Tübinger Vertreter der Deutschen Bank klärte mich schon vor Jahren auf, ohne mich freilich zu Börsenabenteuern verführen zu können: »Was ich tagsüber in der Bank tue, ist unwichtig gegenüber dem, was ich in der Nacht am Computer mache.« Spekulieren – ein Traumberuf!? Im Herbst 2000 hielt ich einen Vortrag in einer großen Bank in Luxemburg, deren Privatkunden wie die anderer Banken auch ein »Anlage-Info 2020« mit einem neuen Evangelium vom »Wertewandel« und »neuen Trends an der Börse« erhalten hatten: Der Dax wurde da mit einer jährlichen Steigerung von 15% hochgerechnet: aus einem Stand von 7.000 Punkten ein »durchaus vorstellbares« Kursziel für das Jahr 2020 von sage und schreibe 114.000 Punkten! Faktisch aber war zur Zeit meines Vortrags der Dax bereits um rund 20% abgestürzt, auf 6.500 Punkte (11. 10. 2000). Und zu Beginn des neuen Jahrzehnts bewegte sich der Dax um die Zahl von 6.000 Punkten (1. 6. 2010).

In den ersten beiden Jahren des neuen Jahrtausends platzten denn bereits manche amerikanische Blütenträume, wenngleich zunächst nicht so grundlegend wie die japanischen in den letzten Jahrzehnten des vergangenen Jahrhunderts. Damit war längst vor der großen Finanz- und Wirtschaftskrise offenkundig geworden: Die *neuen Technologien* samt veränderten Organisationsformen und Geschäftspraktiken haben als solche eine *neue Ökonomie*, ein neues Wirtschaften, aber *keine prinzipiell neue Ökonomik*, keine neue Wirtschaftstheorie oder Finanz- und Wirtschaftswissenschaft hervorgebracht. Sie haben die Konjunkturzyklen nicht außer Kraft gesetzt. Wie schon in früheren Jahrzehnten können selbst hohe Produktionsgewinne eine Rezession nicht verhindern. Denn nicht nur eine Inflation, sondern auch überzogener privater Konsum und unternehmerische Investitionen auf Hoffnung hin können zu einer Rezession führen. So bekamen schließlich doch jene Warner recht, die schon immer behaupteten, die von der »New Economics« ausgelöste Hausse sei eine durch die Spekulation angetriebene »Bubble Economics«.

Bubble-Ökonomie

In der Tat erwies sich die »New Economics« als eine rein *»virtuelle« Wirklichkeit*, eine optimistische Wunschprojektion sozusagen allein auf den Bildschirmen der Börse, die auf einer »Stimmung« (»mood«) der internationalen Finanzwelt beruhte, die *von der »realen« Wirklichkeit weit entfernt* war. »The magic« von Technologie und freiem Markt erwies sich in vielfacher Weise als reine »Magie«, zu Deutsch als »Zauber«, blauer Dunst – aus Internetfirmen, die nicht als Dienstleistungen produzierende Unternehmen, sondern als gleichsam virtuelle Aktiengesellschaften gegründet worden waren.

Nur wenige (als »Pessimisten« angeschwärzte) Experten warnten, dass die *»Neue-Ökonomie-Gläubigen« gnadenlos abgestraft* werden könnten. Und so sollten insbesondere die Technologiewerte von Nasdaq und Nemax enorm einbrechen und der Nasdaq von März bis November 2000 rund

50% und der Neue Markt etwa 70% an Wert verlieren. Statt nie endender Gewinne erlitten selbst augenscheinlich solide Firmen der »New Economics« Kursverluste bis auf ein Zehntel ihrer Höchstwerte!

Die realen Folgen waren schwerwiegend: In den USA führte der Konsumboom vergangener Jahre zu einem Absinken der persönlichen Ersparnisrate auf beinahe Null und andererseits zu einem Investitionsboom der Unternehmen – beides in der Erwartungshaltung, dass es weiter aufwärtsgehe. Schon im Jahr 2000 machten plötzlich mehr als 140 Dotcom-Firmen bankrott, oft Firmen ohne reale Vermögenswerte, ohne Profite und oft sogar ohne Produkte, Firmen allein mit phantastischen Zukunftsprophezeiungen. Angesichts der fallenden Aktienkurse, der hohen Schulden und der Job-Ängste erlebte nun auch der private Konsum einen Einbruch; viele Konsumenten verloren das Vertrauen und oft auch die Nerven. Das fröhliche Schuldenmachen drohte umzuschlagen in ein Angst-Sparen, welches bekanntlich die Konjunktur abwürgen kann.

Was würde angesichts dieser Börsenungewissheiten und Risiken die *Zukunft* sein? Die Börsenmakler (Broker), Börsenhändler (Traders) und Börsenpropheten (Analysten) sehen ja stets viele positive Signale; alles sei nicht »doom and gloom«, tröstete man sich an der Wallstreet, in London, Frankfurt und Zürich. Doch der »business cycle« funktionierte wieder und die *mahnenden Zeichen* konnten auch in Europa nicht übersehen werden, wenn man nur an den Absturz vieler Technologie- und Telekommunikationsaktien und auch *Internetfirmen* dachte.

Auch in Zukunft würden die *Konsumenten* ihre Gewohnheiten nicht so rasch ändern, wie die großen Strategen, Programmierer und Propagandisten des e-business annahmen, von Analysten und Cheerleaders in den Medien unterstützt. Es erwies sich nämlich als viel schwieriger als erwartet, ganze

Geschäftszweige rein virtuell aufzubauen und nur »online« abzuwickeln. Da genügte es auch nicht, auf einem Feld der Erste zu sein oder sich auf eine Nische zu konzentrieren. Und an Vorboten noch schwierigerer Zeiten, auf die Unternehmen, Börse, Politik und Notenbanken kaum vorbereitet waren, fehlte es nicht.

Ein Zentralbanker auf dem Irrweg

Aufgrund meiner langjährigen Freundschaft mit dem damaligen Bundesbankpräsidenten Dr. Karl Klasen, in dessen Haus ich auch den früheren Chairman der »Fed«, des Board des Federal Reserve Systems, Arthur Burns, kennenlernte, habe ich seit jeher großen Respekt vor den Verantwortlichen der nationalen Notenbanken, die – in mehr oder weniger großer Unabhängigkeit von den Regierungen – den Geldumlauf und die Kreditversorgung der Wirtschaft regeln mit dem Ziel, den Geldmarkt zu sichern. Eine Bank der Banken also, die letzte Refinanzierungsquelle der Kreditinstitute.

Doch habe auch ich Nicht-Finanzfachmann kaum verstanden, warum in den kritischen Jahren vor der Krise gerade die Fed unter ihrem langjährigen Chairman Alan Greenspan (1987–2006) – er hatte unter Arthur Burns' Supervision seine Dissertation geschrieben – die Dinge so weit treiben ließ und die Niedrigzinspolitik (Leitzins auf 1% gesenkt) und das Notendrucken nicht rechtzeitig stoppte. Denn die Aufblähung der Geldmenge war doch eine Voraussetzung für die Spekulationsblase auf dem Wohnungsmarkt und für das Anschwellen des privaten Konsums auf Pump.

Um der Rezession entgegenzuwirken, stellten die Zentralbanken – anders als in der Großen Rezession der 1930er-Jahre – den Märkten zurecht Milliardensummen zur Verfügung, reizten allerdings zugleich die Politiker, Banker, Unternehmer und Privatleute mit niedrigen Zinsen zur Verschuldung.

Doch diese neue Krise war kein »Kredit-Tsunami«, wie Alan Greenspan nachträglich entschuldigend meinte, kein Naturereignis. Zunächst war Greenspan ja sehr erfolgreich: 1987 hatte er den Börsencrash und 1998 – nach dem russischen Finanzdebakel – den L.T.C.M-Kollaps (Long-Term Capital Management) durch Intervention der Fed aufgefangen, damit freilich auch eine ernsthafte Überprüfung der großen Mängel der rationalen Risikoeinschätzung abgewendet. 1998 pumpte nämlich die Fed Geld ins globale Finanzsystem aus Angst vor einem Kollaps auch noch Brasiliens. Aber – Greenspan verhinderte mit der Clinton-Administration jede ernsthafte Reform des Finanzsystems. Er ließ die Finanzmärkte trotz ihrer »irrational exuberance« frei wirken – ganz nach der »Theorie des rationalen Marktes«!

Erst nach seinem Rücktritt gab Greenspan bei der Befragung im Kongress am 23. Oktober 2008 zu, er sei auf einem *Irrweg* gewesen: »Ich habe falsch gelegen mit der Annahme, dass Organisationen – speziell Banken – aufgrund von Eigeninteresse ihre Aktionäre und ihr Firmenkapital am besten schützen können.«[10] Offenbar ging es um eine falsche Ideologie: »Bedenken Sie, was eine Ideologie ist. Sie ist ein konzeptueller Rahmen für die Weise, wie Menschen mit der Wirklichkeit umgehen. Jeder hat eine … Um überhaupt zu existieren, braucht man eine Ideologie. Genau aus diesem Grund war ich erschüttert, denn ich hatte vierzig Jahre oder länger in der völlig klaren Überzeugung gelebt, dass sie (meine Weltsicht, meine ›Ideologie‹) außerordentlich gut funktionierte.« Auch Greenspan war offensichtlich *von der mathematisch gestützten Theorie des angeblich »rationalen Marktes« irregeführt* worden: »In den letzten Jahrzehnten entwickelte sich ein umfangreiches System für Risikomanagement und Bewertung (›pricing‹), welches die besten Erkenntnisse von Mathematikern und Finanzexperten kombinierte, unterstützt von großen Fortschritten in der Computer- und Kommunikationstechnologie. Aber dieses ganze intellektuelle Gebäude brach im Sommer letzten Jahres in sich zusammen.«

Mich hatte schon zwei Jahre zuvor im Sommer 2006 eine kleine unbeachtete Zeitungsnotiz erschreckt, dass Greenspans Nachfolger BEN BERNANKE drei Chefs von Hedgefonds zu sich kommen ließ, um sich über die Investitionsstrategien von Hedgefonds zu informieren. Offenkundig war das internationale Finanzsystem derart unüberschaubar und aufgrund neuartiger »Finanzprodukte« der »Finanzindustrie« derart undurchschaubar geworden, dass selbst der Chef der US-Zentralbank sich nicht mehr auskannte. Zumindest eine Verbesserung der Überschaubarkeit der Finanzströme und Finanzprodukte durch verstärkte Publikationspflichten wäre hoch dringlich gewesen. Doch ich möchte die Ursachenforschung der Krise noch etwas vertiefen.

3. Irrläufer

Was waren die tieferen Gründe für dieses Aktienfieber? Gerade wenn man eine freie (und soziale) Marktwirtschaft bejaht, darf man die Verantwortlichen nicht übersehen, sondern muss sie benennen.

Irrational handelnde Akteure

Der Tübinger Wirtschaftswissenschaftler JOACHIM STARBATTY ist einer der wenigen seines Faches, die offen vom Versagen ihrer Wissenschaft sprechen: »Das, was wir Finanzkrise nennen, ist zugleich eine Krise des derzeit dominanten Wirtschafts- und Lebensstils und auch – das muss unumwunden eingeräumt werden – der modernen Volkswirtschaftslehre. Wer von den Nobelpreisträgern der Wirtschaftswissenschaft, wer von den im Fernsehen präsenten Großwissenschaftlern, wer von den Wirtschaftsweisen hat rechtzeitig seine warnende Stimme erhoben? Auf welchen repräsentativen Kongressen ist das Heraufdämmern der Krise gesehen worden?«[11]

Die unmittelbare Verantwortung für das Börsen-Desaster trugen bestimmte *Akteure,* die der herrschenden Theorie zufolge stets »rational« handeln, die sich aber vielfach als Irrläufer erwiesen, die auch andere in die Irre führten: »Blinde und Führer von Blinden«, wenn ich in diesem Zusammenhang ein Bibelwort (Matthäusevangelium 15,14) zitieren darf. Die Wirklichkeit sieht nun einmal anders aus als die ökonomische Mainstream-Theorie. Um welche Irrläufer handelte es sich konkret? Man tadle nicht nur »die Banker«. Es handelte sich nämlich im Einzelnen um:

– *Unternehmer,* die ohne die notwendigen Voraussetzungen Firmen gründeten und euphorische Prognosen verkündeten;

– *Venture capitalists,* die sie riskant finanzierten, ohne die sonst üblichen Garantien zu verlangen;

– *Investmentbanker,* welche ohne persönliche Haftung unverantwortliche Risiken eingingen und Unternehmen an die Börse brachten, die oft nicht einmal börsenreif waren;

– *Börsenanalysten und Medien,* die kritiklos Beifall spendeten und das Aktienfieber anheizten.

Und welche *Motivation* stand hinter all dem Treiben? Es genügt nicht, auf die Arroganz und Ignoranz der smarten, meist jungen und wenig welterfahrenen Online-Unternehmer hinzuweisen, die ungeduldig alles rascher zu bewegen versuchten, als dies Menschen mit ihren festen Gewohnheiten normalerweise möglich ist. Sie kannten zwar die hochkomplexen Mechanismen der neuen Technologien, aber nicht die des Handels, und waren daher nicht fähig, die richtige Ware zur richtigen Zeit am richtigen Platz zu haben und die Internetwerbung zur Finanzierung zu nutzen. Doch eine solche Motivationsanalyse greift zu kurz.

Irrationale Motivationen

Man muss hier wohl oder übel neben rationalen auch ganz irrationale Motivationen ansprechen. Gegen die Grundannahme der Mainstream-Ökonomen, dass die Menschen in der Wirtschaft stets aus einem rationalen, unemotionalen Selbstinteresse heraus handeln, macht die immer mehr Zustimmung findende neuere amerikanische Forschungsrichtung der »*Behavioral economics*«, einer Verhaltensökonomie, die auch die Psychologie einbezieht, deutlich: Menschen handeln auch in ihren Entscheidungen um Geld und Zukunft immer wieder irrational, auch aufgrund von emotionalen Kurzschlüssen und schiefen Argumentationen, in Selbstgefälligkeit und Maßlosigkeit, bisweilen völlig undurchschaubar und destruktiv. Führend in der Forschung waren die Ökonomen und Psychologen Daniel Kahneman (Ökonomie-Nobelpreis 2002) und sein Partner Amos Tversky (mit Hintergrund in der statistischen Entscheidungstheorie).[12] Ihr erster Schüler unter den Ökonomen war Richard Thaler (Chicago), einer der Väter der »Behavioral economics«.

Es bestätigt sich unsere Einsicht: Auch die Wirtschaft und erst recht die Finanzwirtschaft ist kein rein rationales, sich selber regulierendes System, das sich wie die physikalische Wirklichkeit mit mathematischen Gleichungen erklären, vorausberechnen und steuern ließe. Das in den USA weitverbreitete »overspending and undersaving« etwa erklärt sich diesen »Behavioral economists« zufolge nur dadurch, dass die meisten Menschen trotz aller vorausgegangenen rationalen Überlegungen und besten Absichten das Geld, sobald sie es wirklich in den Händen haben, auch gern wieder ausgeben, vernünftig oder unvernünftig …

Daher entspricht auch die Börse oft weniger der wirtschaftlichen Realität als der *Stimmung der Investoren*: Und diese benehmen sich vielfach herdenhaft. Sie überschätzen ihre prognostischen Fähigkeiten. Sie empfinden eine Abneigung, fallende Aktien zu verkaufen und einen Verlust zuzugeben. GEORGE SOROS hatte recht, als er mir am Weltwirtschaftsforum in Davos schon vor Jahren sagte: Die Märkte seien getrieben von »*greed and fear*«, von der Gier, noch mehr zu haben, und der Angst, es wieder zu verlieren. »Casino-Kapitalismus« nennt man das nicht zu Unrecht – im Unterschied zum seriösen Bankgewerbe.

Und gerade diese Einsicht lässt uns bei der Ursachenforschung in die eigentliche Tiefe vordringen: Was verbindet denn die smarten Unternehmer der New Economics mit den ebenfalls smarten Venture capitalists, Investmentbankern und Analysten? Was ist der Auslöser dieses ganzen Börsenfiebers? Es ist *nicht nur das grundsätzlich berechtigte Gewinnstreben, sondern es ist die Gier nach Profit, nach raschem Geld, easy money.* Das Zeichnen von Neuemissionen wurde vielerorts verstanden als Lizenz zum Gelddrucken. Und bei den Anlegern führt die Meinung, man könne mit jeder Neuzeichnung schnell Geld verdienen, zu unüberlegten Käufen und später zu entsprechend hohen Verlusten. Statt Börsenarbeit Börsenrausch. Die Gier des Individuums wird damit zu einem systemischen Problem. Und die Mathematik, eine höchst kühle Wissenschaft, hilft dabei, führt aber auch auf Abwege.

Finanzmathematiker mit Tunnelblick

Der systemischen Gier nach mehr Profit half die von Greenspan erwähnte »Ideologie«: als ob es immer nur aufwärts ginge an der Börse, als ob Konjunkturzyklen außer Kraft gesetzt seien, als ob es kein Ende der Gewinne und keine ernsthaften Kursabstürze mehr gäbe. Lange Zeit hatte die Finanztheorie aus einigen gescheiten Beobachtungen, Reflexionen und Grundregeln bestanden – ohne ein umfassendes Theoriegebäude. Das änderte sich völlig, als man neue ökonomische Modelle und Strategien entwickelte, die sich auf komplexe mathematisch berechnete Analysen und Prognosen stützten. Diese neue Nationalökonomie schien eine mathematisch exakte Wissenschaft, ähnlich einer Naturwissenschaft, zu werden. Freilich ein problematisches Theoriegebäude, vielleicht doch auf Sand gebaut.

Ich muss hier zurückkommen auf die von JUSTIN FOX aufgrund exakter Studien und genauer Personenkenntnis so lebendig geschilderte Geschichte der modernen Theorie der Finanzmärkte. Sie begann im Jahr 1952. Damals entwarf HARRY MARKOWITZ, ein Graduate Student an der University of Chicago, ein völlig neues, höchst transparentes Theoriegebäude, insofern er den bisher vagen Begriff des Risikos gleichsetzte mit dem klaren mathematischen Begriff der »Varianz« oder »Streuung«. Die Varianz- oder Streuungsanalyse diente ursprünglich der mathematischen Statistik zur quantitativen Untersuchung der beeinflussenden Faktoren eines Versuchs, etwa zur Ermittlung der Wirksamkeit eines Medikaments oder ähnliches. Markowitz hat diese Methode auf die Wirtschaftswissenschaft übertragen.

Es wuchs in der Chicago Business School die Überzeugung, der Markt sei nicht nur schwierig auszustechen (outsmart), sondern sei »perfekt«. Der junge Finanzprofessor EUGENE FAMA entwickelte hier in den späten 1960er-Jahren die überzeugendste und einflussreichste Deutung. Es war die Hypothese vom »effizienten Markt«, die er mit Hilfe des sogenannten CAPM (Capital Asset Pricing Model) zum intellektuell verführerischen, weil mathematisch genauen Modell zur Berechnung der Börsenkurse ausgestaltete. Wie für die neue mathematisch orientierte Wirtschaftswissenschaft (»economics«) die Kernüberzeugung galt, dass die Menschen rational handeln, so für die neue Theorie der Finanzmärkte, dass die Finanzmärkte rational funktionieren und die Börsenkurse alle Marktinformationen enthalten.

Was man aber nicht beachtete: Das Modell von Markowitz, der 1990 den Wirtschaftsnobelpreis erhielt, sagt nur, was Investoren tun sollten, aber keineswegs das, was sie faktisch tun. Und der große Trugschluss, dem nun viele mathematisch prognostizierende Ökonomen bei den bald massenhaften Computer-Analysen erlagen, war, dass die Investoren sich tatsächlich so rational benehmen, wie das Markowitzsche Modell voraussetzte. In den 1990er-Jahren wies Fama selber durch eine Reihe empirischer Studien auf, dass die Evidenz seine ursprüngliche These nicht stützte. Sie litt, das wurde immer deutlicher, unter einem Tunnelblick.[13]

Aber wer es seither in der Wirtschaftswissenschaft zu etwas bringen wollte, musste mit mathematischen Modellen operieren. Ich erinnere mich gut an die Frühzeit dieser neuen Wissenschaft, als an der Universität Tübingen Studenten der Volkswirtschaft massenhaft durch das Examen fielen, weil sie sich mathematisch zu wenig auskannten. Und ein Kollege der volkswirtschaftlichen Statistik (er ging schon bald nach Heidelberg) wollte mich partout davon überzeugen, dass seine Prognosen unanfechtbar richtig seien, wiewohl auch er den Ölschock von 1973 nicht vorausgesehen und einkalkuliert hatte. Er sollte auch die Ölpest von 2010 nicht voraussehen.

Ich war selber 1981 Gastprofessor an der University of Chicago, in der Divinity School. Milton Friedman und andere Ökonomen sah ich gelegentlich im Speisesaal des Quadrangle Clubs des Lehrkörpers, wo ich auch wohnte. Aber bei allem Respekt: diese Ökonomen erschienen mir Theologen damals wie Wesen aus einer anderen Welt … An Ethik und Religion zeigten sie kaum Interesse.

Natürlich gab es schon damals unter Ökonomen zahlreiche Kritiker der Hypothese vom »effizienten Markt«. Unter ihnen am markantesten ROBERT J. SHILLER, Finanzwissenschaftler an der Yale University. Mit anderen jungen Öko nomen bewies er, dass es dieser Theorie von der Rationalität des Finanzmarktes erbärmlich an Evidenz mangelte.[14] Shillers geistreicher Kampfgefährte war damals LAWRENCE SUMMERS, später Präsident Clintons Finanzminister und schließlich Präsident Obamas ökonomischer Chefberater. Der Sprung (»leap«) von der Beobachtung, dass es hart sei, die Börsenkurse vorauszusagen, zur Schlussfolgerung, dass sie deshalb richtige Informationen liefern müssten, behauptete Shiller, sei »einer der bemerkenswertesten Irrtümer in der Geschichte des ökonomischen Denkens«[15]. In den späten 1990er-Jahren warnte gerade Robert Shiller vor der »irrational exuberance« der Börsenkurse und in den frühen 2000er-Jahren vor der »irrational exuberance« der Immobilienpreise. Verdientermaßen hat Shiller daher das letzte Wort in Justin Fox' hochaktueller Geschichte der Theorie der Finanzmärkte, die an ein anderes Paradigma denken lässt.

Neuorientierung gefordert

Seit meinen Studien über RENÉ DESCARTES, den genialen Mathematiker und Vater der modernen Philosophie, ist mir verständlich, dass die Mathematik mit ihrer unzweideutigen Exaktheit, logischen Klarheit und abstrakten Effizienz auf andere Wissenschaften eine mächtige Faszination ausübt. Für den grandiosen Fortschritt der modernen Naturwissenschaften war sie geradezu die Voraussetzung. Für die Geisteswissenschaften, bei denen neben dem »Esprit de géométrie« (Descartes) freilich auch ein »Esprit de finesse« (Pascal) benötigt wird, war die Mathematik eine Hilfe, ihre Probleme möglichst eindeutig zu formulieren, Begriffe zu präzisieren und so eine exakte Wissenschaftssprache zu entwickeln. Aber zugleich war die Mathematik mit ihrer Reduktion auf das Quantitative und ihrer lebensfernen Formalisierung für die »Terribles simplificateurs« nicht nur in der Philosophie, sondern auch in der Wirtschaftswissenschaft eine Versuchung. Allzu leicht kann sie gerade im Computerzeitalter eine Pseudoklarheit und Scheineffizienz bewirken. Das geschieht, wenn das abstrakt Gemessene mit dem gemessenen konkreten Phänomen, die Formel mit der Wirklichkeit, gleichgesetzt wird.

Nun wird kein vernünftiger Mensch bestreiten, dass Statistik, Ökonometrie und quantitative Methode an jede wirtschaftswissenschaftliche Fakultät gehören und Wirtschaftsstatistiker sich nicht nur um Zustandsbeschreibungen, sondern auch um die Dynamik der Wirtschaftsfaktoren kümmern sollen. Aber andererseits ist eine Wirtschaftswissenschaft, die nur auf mathematische Methoden setzt, von Realitätsverlust bedroht. Und wenn sie die politischen und ethischen Rahmenbedingungen missachtet, entfernt sie sich von der realen Volks- und Weltwirtschaft. Daher versagte diese mathematisch hochentwickelte Wirtschaftswissenschaft auch beim entscheidenden neuesten Härtetest: Gerade sie hat die Finanzkatastrophe, die eine Folge der beschriebenen Irrwege und Irrläufer war, nicht vorausgesehen und konnte ihr folglich auch nicht begegnen. Ob diese Theorie des effizienten Marktes aufgrund ihres fatalen Versagens nicht bald verschwinden wird?

Der Nobelpreisträger für Wirtschaftswissenschaft PAUL KRUGMAN, der der Geschichtsdarstellung von Fox voll zustimmt, bleibt skeptisch: »In der Tat, ich höre von befreundeten Finanzprofessoren, dass viel weniger Gewissenserforschung in Gang gekommen ist als man erwarten mochte. Und Wallstreets Appetit auf komplexe Strategien, die sich clever anhören – und leichtgläubigen Investoren verkauft werden können – überlebte das L.T.C.M.-Debakel (Long Term Capital Management). Warum sollte er nicht auch diese Krise überleben? Meine Vermutung ist, dass der Mythos des rationalen Marktes – ein Mythos, der schön, tröstlich und vor allem lukrativ ist – nicht so rasch verschwinden wird.«[16] Aber gibt es ein alternatives Modell?

Auch der Hedgefond-Manager und Philanthrop George Soros hatte schon längst durchschaut, dass die ständige Kreditexpansion ebenso in die Krise führt wie jener Marktfundamentalismus, der auf alle Regulierungen des Marktes verzichten will. Er schlägt denn auch ein neues »Paradigm for Financial Markets« vor, um aus der Finanzkrise die nötigen Konsequenzen zu ziehen.[17] Vorhersagen oder Prognosen treffen aufgrund seiner Theorie will er aber nicht. »Man kann die Zukunft nun einmal nicht vorhersagen, weil sie ungewiss ist. Deshalb kann man in der Finanzwissenschaft eben keine gesicherten Aussagen treffen, wie sie in manchen Naturwissenschaften möglich sind.«[18] Gibt es also keine Alternative zum mathematischen Paradigma?

Auch in Deutschland, wo man an gewissen wirtschaftswissenschaftlichen Fakultäten statt des Dr. rer(um) pol(iticarum) heute lieber den Dr. sc(ientiarum) verleiht, wächst die Kritik an der aus den USA kommenden dominierenden Ökonomik. Studenten vermissen Vorlesungen in Wirtschaftsethik. Die harsche Feststellung von Joachim Starbatty dürfte wohl zunehmend Zustimmung finden: »Ökonomen nehmen immer weniger wahr, was um sie herum vorgeht. Sie reduzieren ökonomische Realität auf statistische Zeitreihen. Diese können uns helfen zu erklären, was passiert ist, nicht aber zu erkennen, was sich zusammenbraut. Was nicht in gerade modischen, mathematisch gefassten Modellen behandelt wird, existiert nicht mehr.« Was keine Chancen habe, in US-amerikanischen Zeitschriften publiziert zu werden, werde beiseite geschoben. Weil sich die Zunft der Ökonomen nicht mehr um das kümmere, was jenseits von Angebot und Nachfrage liege, könne sie sich kein umfassendes Bild mehr von Wirtschaft und Gesellschaft machen. »Wer die einschlägigen Journale durchblättert oder die von der Europäischen

Zentralbank publizierten Aufsätze studiert, wird Wilhelm Röpke recht geben, dass das meiste, was da ›unter dem groß-mäuligen Titel der modernen Ökonomie‹ getrieben werde, ein ›riesenhafter szientistischer Leerlauf‹ sei.«[19]

Wäre es nicht angebracht zu überlegen, ob nicht gerade jene wirtschaftswissenschaftlichen Fakultäten Europas einer Neuorientierung bedürfen, welche die amerikanische Mode voll mitmachten und eine Wissenschaft betreiben, die nur noch in einer Modellwelt existiert, in der Formeln regieren? Bestätigt fühle ich mich durch einen langen Bericht von JOE NOCERA in der New York Times vom 3./4. Januar 2009: »Wall Street dependence on mathematical models may have cost dearly«. In jeder Hinsicht kostspielige mathematische Modelle! Hoffnung macht die Feststellung des Harvard-Ökonomen DAVID LAIBSON: »Jedermann, den ich kenne in der Wirtschaftswissenschaft und besonders in den Welten der akademischen Finanzwirtschaft und der akademischen Makro-Ökonomik, wird wohl wieder von vorne beginnen müssen (is going back to the drawing board). Es gibt sehr, sehr, sehr wenige Ökonomen, die stolz sein können« (New York Times vom 24./25. Dezember 2008).

Ein Versagen der Märkte, der Institutionen und der Mo-ral: Ein Umdenken wäre erforderlich, das auch bestimmte Einsichten der ordnungspolitischen Schule aktualisiert und dabei die Implikationen des Versagens jener nicht seltenen moralischen Irrläufer reflektiert, die für die heraufziehende Krise mitverantwortlich waren.

Lügner und Betrüger

Der Glaube an den effizienten Markt und die mathemati-schen Modelle war einer der Faktoren, der die irrationale Gier nach kurzfristigen Gewinnen (»shareholder value«) und nach raschem Geld beförderte. Diese wurde gerechtfertigt von jenen ultraliberalen Theorien, die nicht mehr, wie am Anfang des Liberalismus, die Freiheit des Individuums gegenüber dem absolutistischen Fürsten oder später gegenüber dem überregulierten Staat im Auge hatten, sondern das pure ökonomische Eigeninteresse des Individuums im freien Markt. In der Reagan- und Thatcher-Zeit durfte es seine Triumphe feiern, als ob es aus sich selber ohne jegliche staatliche Eingriffe die allgemeine Wohlfahrt heraufführe. Dabei hatten schon v. Mises und v. Hayek auf Gier, Leichtfertigkeit und Übertreibungen hingewiesen. Nun aber konnte man erkennen, wohin es führte, wenn das Ethos der Wirtschaft reduziert wurde auf die »moralische Pflicht« der Profitsteigerung.

Der »Shareholder-value-Ansatz«, auf den noch einzugehen sein wird, und die Gier nach raschem Geld hat in den vergangenen Jahrzehnten viele Menschen im Raum der Wirtschaft angetrieben, sich *über elementare Gebote der Menschlichkeit hinwegzusetzen*. Ich darf einige Fakten in Erinnerung rufen. Im großen Stil wurde auch von solchen Akteuren gelogen, betrogen, gestohlen und »falsches Zeugnis abgelegt«, von denen man das nicht erwartet hätte. Nur einige Beispiele:

– *Gelogen* wurde, wo eine Firmenleitung an die Aktionäre zu späte, allzu rosige, oder schlicht falsche Informationen über die Lage ihres Unternehmens gab.

– *Gelogen* wurde auch, wo die Gewinne um höherer Börsenkurse willen manipuliert wurden, zum Beispiel wenn bestimmte Kosten in den Rechenschaftsberichten der Firma einfach weggelassen wurden.

– *Falsches Zeugnis abgelegt* wurde, wenn Unternehmen die eigenen Aktien zu gigantischen Preisen zurückkauften, nicht um sich gegen Übernahmen durch Hedgefonds zu schützen, sondern nur um den Aktienkurs künstlich in die Höhe zu treiben – faktisch zu Lasten des Tafelsilbers: Maßnahmen, die oft zu einer Auspressung der Bilanzen führten, so dass in einem Krisenfall keine Reserven als Polster vorhanden waren und ein Kursdebakel nahezu unvermeidlich wurde.

– *Irregeführt* wurde, wenn den Menschen durch geschönte Statistiken ein deutlich positiv überzeichnetes Bild des tatsächlichen Wirtschaftswachstums gegeben wurde oder wenn Unternehmen durch größere Wachstumsraten die geringeren Profite zu verschleiern versuchten, die nun einmal den Aktienpreis bestimmen sollen.

– *Gestohlen* wurde, wenn Börsenanalysten in Wallstreet und anderswo unter der Hand schlicht zu eigeninteressierten Aktienverkäufern wurden, die mit Pseudo-Research selbst dann noch den Kauf von Aktien empfahlen (insbesondere die von ihrem eigenen Investmenthaus eingeführten) und damit Millionen scheffelten, als die Aktienkurse bereits im freien Fall waren und ihre Kunden Milliarden verloren; auch hierzulande galten manche Analysten mehr als Trendverstärker denn als Trendsetter.

Nach der Anklageerhebung gegen die Investmentbank Goldman Sachs durch die SEC, von der noch die Rede sein wird, schrieb Nobelpreisträger PAUL KRUGMAN über »Plünderer in Geschäftsanzügen«: »Faktum ist, dass ein Großteil der Finanzindustrie ein Schwindelgeschäft (›racket‹) geworden ist – ein Spiel, in welchem eine Handvoll Leute verschwenderisch dafür bezahlt werden, dass sie Verbraucher und Investoren irreführen und ausbeuten. Und wenn wir den Boom in diesen Praktiken nicht dämpfen, wird das Schwindelgeschäft einfach weitergehen« (International Herald Tribune vom 20. April 2010).

Es stand ja nun dem Weltfinanzsystem schon lange eine harte Bewährungsprobe bevor. Jedenfalls hätten gerade in den hochverschuldeten Ländern die *Risikofaktoren* ernst genommen werden müssen. Doch man redete zwar viel von

»Risikoszenario«, einer möglichen »harten Landung«, von »faulen« Krediten, »explodierender Staatsverschuldung« … Aber zog man daraus ernsthafte Konsequenzen?

4. Neuordnung des Weltfinanzsystems überfällig

Es war klar: Vor allem der *globalisierte Finanzmarkt*, von dem her die Hauptgefahr drohte, bedurfte schon längst dringend einer Ordnung. Wenn an einem Tag mehr Devisen um den Globus zirkulieren, als der reale Welthandel von mehreren Monaten ausmacht, hätte man die weltweiten Kapitalmärkte meines Erachtens nie, wie von interessierter Seite suggeriert, als Katalysator für Transparenz, unternehmerische Effizienz und demokratische Kontrolle verklären dürfen. Wo war denn hier die Transparenz, wo die ökonomische Effizienz, wo die demokratische Kontrolle?

Ein ungeregelter Finanzmarkt gefährdet das Weltfinanzsystem

Schon im Jahr 2001, nach der asiatischen Finanzkrise, stellte ich auf jenem anfangs erwähnten Baden-Badener Symposion der Stiftung Weltethos über globale Unternehmen und globales Ethos folgende Fragen:
– Hat dieser »globale Markt« ohne alle Grenzen, Hemmungen und Regelungen die asiatische Krise mit ihren noch keineswegs überwundenen Auswirkungen nicht überhaupt erst möglich gemacht?
– Untergräbt dieser völlig ungeregelte Markt mit seinen kurzfristigen spekulativen Investitionen nicht die langfristigen Industrieinvestitionen, die meist weniger rentabel sind?
– Untergräbt die neue Bevorzugung der Großkunden durch die Großbanken nicht die finanzielle Liquidität der Mittel-

und Kleinbetriebe und stört mit der Zeit den sozialen Frieden, auf den auch die Großbanken angewiesen sind?

– Untergräbt diese Entwicklung nicht auch bei uns das notwendige Vertrauen in das System der Marktwirtschaft? Ja, stellt sie nicht *die Stabilität des Weltfinanzsystems selber in Frage?*

Damals kam ich mir bisweilen vor wie der biblische »Rufer in der Wüste«, auch wenn Mainstream-Ökonomen nach den Währungskrisen in Mexiko, Südostasien, Russland, Südamerika und der Türkei immerhin zugaben, dass das internationale Währungssystem schwerwiegende Schwachstellen aufweist: mangelnde Bankenaufsicht, Transparenz und Surveillance, Verfilzung von Staat und Privatsektor, Vetternwirtschaft usw.[20] Weiterhin »bail out« durch den IMF wie in Mexiko, weiterhin »carry-trade mit Yen« wie in Japan …?

Es bestand zweifellos Handlungsbedarf: Wir brauchen, so war bereits damals völlig klar, eine *Neuordnung des globalen Finanzsystems.* Es ist nicht einzusehen, warum der immens komplex und gefährlich gewordene Flugverkehr einiger weltweit akzeptierter Regeln und Kontrollen bedarf, der ebenso komplexe und auf seine Weise nicht weniger gefährliche internationale Geldverkehr aber nicht. Selbstverständlich aber gibt es einen Unterschied: Das Finanzsystem muss Ungleichgewichte wirtschaftlich unterschiedlicher Entwicklung zulassen und ausgleichen. Aber bestimmte elementare Regeln und Kontrollen müssen auch im Finanzsystem für alle gelten.

Kein weiteres Hinausschieben einer grundlegenden Reform

Damals war es nicht ausreichend, nur von einer »Stärkung des internationalen Finanzsystems« zu reden. Es war an der Zeit, eine neue »Global financial architecture« aufzubauen, ein Ausdruck, den auch US-Präsident BILL CLINTON (1993–2001) und sein fähiger Finanzminister ROBERT

Rubin (1995–1999), der kleinere Reformen durchführte, auf dem Höhepunkt der südostasiatischen und mexikanischen Finanzkrise gebrauchten. Damit war selbstverständlich nicht gemeint, in der bisherigen internationalen Finanzarchitektur sei alles falsch gewesen.

Aber was geschah? Sobald man die damaligen Krisen durch finanzielle Rettungsaktionen einigermaßen im Griff hatte, machte man an der Wallstreet weiter wie bisher. Und der »Korridor Wallstreet-Washington« funktionierte wieder. Präsident Clinton wie sein Finanzminister Rubin verloren das Interesse an einer grundlegenden Reform. Und der vielgerühmte Krisenmanager Rubin – er war ja vorher Chef der Investmentbank Goldman Sachs – zog eine erheblich gewinnbringendere Position als Chefberater und Direktor der größten Finanzgruppe der Welt, der Citibank Group, vor. Hier hat er als einer der Hauptverantwortlichen die Abschaffung des Glass-Steagall-Act von 1933 betrieben, eines Gesetzes aus der Großen Rezession, welches die Trennung des traditionellen und des Investment-Banking verfügte. Rubin trat auch für das risikoreiche Engagement auf dem Subprime-Markt ein, das die Citigroup in den Kollaps und schließlich ihn selbst in die Demission trieb. Noch im Jahre 2010 muss die Citigroup einen horrenden Quartalsverlust von 10,1 Milliarden Dollar vermelden.

Auch der Gründer und Präsident des Weltwirtschaftsforums (WEF), Professor Klaus Schwab, hatte schon im Jahr 2000 gefordert: »Wir brauchen mehr globale Regeln, zuallererst für grenzüberschreitende Investitionen. Wir brauchen zudem eine Weltumweltbehörde. Der Internationale Währungsfonds müsste die weltweite Finanzarchitektur weiterentwickeln. Die Internationale Arbeitsorganisation sollte weltweite Mechanismen für Arbeitsstandards schaffen. Das Problem liegt weniger bei den Unternehmen als vielmehr bei den Staaten. Sie müssen einen Teil ihrer Souveränität abgeben«.[21] Aber auch im Weltwirtschaftsforum verlor man das Interesse an einer grundlegenden Finanzmarktreform, betrieb weithin »business as usual« und ließ keine Alarmglocken läuten.

Viele Mainstream-Ökonomen lehnten damals weitergehende Reformmaßnahmen ab, sei es eine globale Schuldenversicherungsagentur (George Soros), eine Weltzentralbank (Jeffrey Sachs), ein internationaler Superregulator (Henry Kaufman) oder eine minimale Wechselkurs- oder Finanztransaktionssteuer (James Tobin). Gegen jede dieser Reformmaßnahmen, zum Teil schon in den 1970er-Jahren vorgeschlagen, gab es wohlbegründete Einwände. Aber gerade wer den mangelnden politischen Unterbau für solche Maßnahmen anmahnte, sollte sich nicht mit dieser Feststellung begnügen. Und wer als Ökonom stets weiß, »was nicht geht«, müsste auch selber einmal einen Vorschlag machen, »was geht«.

Doch die Märkte erholten sich im ersten Jahrzehnt des neuen Jahrtausends, die Börse boomte, und man zockte weiter. Aber das Hinausschieben der Finanzmarktreform kam die Welt teuer zu stehen.

Das Weltfinanzsystem am Abgrund

Am 15. September 2008 war es so weit: Die Wallstreet, mit der Citibank an der Spitze, musste die US-Regierung in größter Not um finanzielle Hilfe in Milliardenhöhe angehen. Die Finanzwelt wurde an den »Schwarzen Freitag« von 1929 erinnert. Die Banker und Investoren – die bestbezahlten »Besten« weltweit – bescherten der Welt nun schon die zweite globale Finanz- und Wirtschaftskrise, von der alle internationalen Börsen erfasst wurden und in deren Verlauf schwergewichtige Hypothekenbanken und Investmenthäuser vom Markt verschwanden, bei der Millionen Arbeitsplätze und Abermilliarden Dollar und Euro, welche die Steuerzahler in Bankenrettungen und Konjunkturpakete steckten, verloren gingen.

Unter dem Titel »Das Weltfinanzsystem am Abgrund« analysierte ein Jahr darauf, am 21. Oktober 2009, Dr. Michael Endres, Vorsitzender der Gemeinnützigen Hertie-Stiftung, in einem Festvortrag an der Universität Tübingen präzis die unmittelbaren Ursachen und Folgen der Weltfinanzkrise. Ich fasse zusammen: Der frühere Deutsche-Bank-Vorstand Endres ging aus von der *Subprime-Krise* des amerikanischen Hypothekenmarktes (Phase 1): Es platzte der Markt für jene millionenfachen zweitklassigen (»subprime«) verbrieften Darlehen zur Finanzierung privater Immobilien. Die Blase war verursacht worden durch das Bevölkerungswachstum, Bill Clintons und George W. Bushs Wohnbauprogramm, die Federal Reserve-Politik des leichten Geldes (mitgetragen von der Bank of Japan, Bank of England und der EZB), die rasant steigenden, völlig überzogenen Immobilienpreise in USA, Großbritannien, Spanien, Portugal, Irland, Frankreich, neue wenig überprüfte Kreditmodelle und eine unüberschaubare »Verbriefung und Weiterverkauf der Schulden«. Auch faule Papiere wurden von den mit den Banken verflochtenen Rating-Agenturen abgesegnet. Die Kreditwürdigkeit der Schuldner, die oft weder Vermögen noch Einkommen hatten, spielte kaum noch eine Rolle – bis die Federal Reserve die Zinsen sukzessive von 1% auf 5,25% erhöhte und Hunderttausende sie nicht mehr bezahlen konnten. Die Banken blieben auf ihren praktisch wertlosen Wertpapieren sitzen.

Der Subprime-Krise folgte eine allgemeine *Bankenkrise* (Phase 2): Die Geld- und Kapitalmärkte begannen auszutrocknen. Der Wertpapierhandel kam ins Stocken. Das Neugeschäft im Kreditbereich kam weitgehend zum Erliegen. Die Zentralbanken versuchten mit Liquiditätsspritzen und Senkung der Leitzinsen dieser Entwicklung entgegenzuwirken.

Trotzdem erreichte die Vertrauenskrise unter den Banken auch die Privatkunden. Der Finanzmarkt, der sich eigentlich selber regulieren sollte, funktionierte nicht mehr.

Um das Übergreifen der Bankenkrise auf den Versicherungssektor und die Realwirtschaft möglichst zu verhindern, kam es zu einem massiven *Eingreifen des Staates* (Phase 3): Bankenrettungspakete in Milliardenhöhe, direkte staatliche Beteiligungen, Bürgschaften, Garantien ... Doch das konnte das *Übergreifen der Krise auf die Realwirtschaft* (Phase 4) nicht verhindern: Erstmals aufgrund der Verflechtung der Weltwirtschaft eine weltweite Rezession, Rückgang der Exporte, Einbrechen der Energie- und Rohstoffpreise, Stop der Investitionen, Kurzarbeit und Entlassungen ...

Ein Versagen nicht nur der Märkte, sondern auch der Institutionen war offenkundig. Die Hauptverantwortung für die Krise, die auch 2010 trotz eines gewissen Aufschwungs noch lange nicht überstanden ist, liegt zweifellos bei einzelnen *Banken*, ihrem mangelnden Risiko- und Liquiditätsmanagement und besonders bei manchen Investmentbankern, die als Berater und Verkäufer in eigener Sache mit verwegenen Prognosen, weithin unverständlichen und wertlosen Finanzprodukten und völlig überzogenen Bonifikationen agierten. Beträchtliche Schuld am Desaster haben neben den Banken die großenteils von ihnen bezahlten Rating-Agenturen, die wesentlich zur Ausbreitung der Krise beigetragen haben. Schuld haben auch die Abschlussprüfer und Anwaltskanzleien und schließlich vor allem die versagende Bankenaufsicht in USA (SEC).

Soweit zusammengefasst und weitergeführt die Analyse von Michael Endres. Das Ganze war und ist ein Teufelskreis: Niedrigzinspolitik – höhere Immobilienpreise – Wertsteigerung und steigender Konsum – wachsende chinesische Importe und amerikanische Schulden – Kauf von US-Staatsanleihen durch die Chinesen – weiterhin niedriges Zinsniveau in den USA – weiteres Steigen der Immobilienpreise – Verbriefung der ungedeckten Verschuldung – Auszeichnung dieser Subprime-Papiere durch die Rating-Agenturen. So wurden aus Schrottpapieren hochverzinsliche Zertifikate … Dies lief zur Zufriedenheit aller Beteiligten – bis die Blase platzte![22]

Doch hier stellt sich nun die ernste Frage: Kann dieses mächtige, hochkomplexe Weltfinanzsystem von der Politik und der interessierten Öffentlichkeit zu einer ernsthaften Reform gezwungen werden? Ist hier nicht so etwas wie ein neues, nein, ein neuartiges Bretton-Woods-Abkommen nötig, das nicht zuletzt den Bretton-Woods-Institutionen, dem IMF (einer monetären Institution) und der Weltbank (einer Entwicklungsorganisation), klar abgegrenzte und sich zugleich ergänzende Funktionen zuschreibt? Schon im Mai 2008 – ziemlich genau vier Monate vor dem Zusammenbruch von Wallstreet – hatte der damalige Bundespräsident HORST KÖHLER, vormals Executive Director des IMF, drastisch festgestellt, dass sich »die internationalen Finanzmärkte zu einem Monster entwickelt haben«[23]. Aber auch die deutsche Bundesregierung nahm seine Mahnungen nicht ernst.

Die sieben Köpfe des Finanzmonsters

Leider fand sich in unseren Tagen kein überragender ökonomischer Architekt von der Statur eines JOHN MAYNARD KEYNES (Vertreter des Hauptschuldnerlandes Großbritannien) oder eines HARRY D. WHITE (Vertreter des Hauptgläubigerlandes USA), dessen Überlegungen zur Weltwährungsordnung sich in Bretton Woods gegen Keynes' Konzept durchsetzten. Aber Hoffnungssignale für einen Umbau oder Neubau der internationalen Finanzarchitektur gibt es doch auch im 21. Jahrhundert: Aus den europäisch-amerikanisch-japanischen G 7/8 sind erfreulicherweise unter Hinzuziehung der Schwellenländer, vor allem Chinas, Indiens, Brasiliens und Südafrikas, die globalen G 20 geworden. Ein klares Zeichen für die neue wirtschaftlich-politische Machtverteilung auf unserem Globus! Wird diese Führungsgruppe fähig sein, ihre grundsätzlichen Beschlüsse vom Dezember 2009, dass alle systemrelevanten Geschäfte, Unternehmen und Finanzplätze einer wirksamen Aufsicht und Kontrolle unterworfen werden sollen, in die Tat umzusetzen? Wird es mit Hilfe des Forums für Finanzstabilität (Financial Stability Board bei der BIZ in Basel) und des Internationalen Währungsfonds (Washington) zu ernsthaften Reformen kommen?

Allerdings ist das eine höchst schwierige Aufgabe, der die Wallstreet und ihre Verbündeten (vor allem im amerikanischen Kongress und in der Londoner City) konstant jeden möglichen Widerstand entgegensetzen. Es geht darum, gegen »sieben Köpfe einer Hydra« anzugehen, wie es die Wirtschaftsredaktion der Süddeutschen Zeitung zu Beginn des Jahres 2010 in einem glänzenden Übersichtsartikel dargelegt hat[24], an den ich mich im folgenden ziemlich wörtlich halte:

1. *Geldhäuser machen zu riskante Geschäfte*: Mehr als eine Billion Dollar haben Banken im Laufe der Krise von 2007 bis 2009 verloren. Es ist also offensichtlich, dass sie zu hohe Risiken eingegangen sind. Der Eigenhandel der Banken – also Wertpapiergeschäfte auf eigene Rechnung und eigenes Risiko – soll beschnitten und wie früher wieder möglichst vom übrigen Geschäft getrennt werden.

2. *Es wird ohne Kontrolle spekuliert*: Spekulationen durch Zweckgesellschaften, die ohne jegliche Aufsicht außerhalb der Bilanz der Banken operieren, sind zu verbieten. Die abgeleiteten Geschäfte (Derivate), deren Preise sich auf komplizierte Weise aus Aktien, Krediten oder anderen Wertpapieren ableiten, sollen auf regulierte Börsen zurückgeholt werden.

3. *Hohe Boni verleiten Banker zu Wagnissen*: Diese Boni flossen vor der gesamten Finanzkrise häufig selbst dann,

wenn sich die Geschäfte im Nachhinein als verlustreich erwiesen. Finanzmanager wurden also dafür belohnt, möglicher Gewinne wegen sehr hohe Risiken einzugehen – die Nachteile mussten sie ja kaum tragen.

4. *Pleiten großer Banken reißen alles mit*: Großbanken sollen verkleinert werden. Geldinstitute, die viele Einlagen durchschnittlicher Sparer haben und daher auf keinen Fall bankrott gehen dürfen, sollen keine Hedgefonds besitzen und nicht selbst mit Wertpapieren spekulieren.

5. *Institute haben zu wenig Sicherheitspolster*: Banken brauchen künftig eine dickere Kapitaldecke, um im Krisenfall Risiken besser auffangen zu können.

6. *Keiner warnt vor Schrottpapieren*: Rating-Agenturen waren es, die selbst den schlimmsten Schrottpapieren Bestnoten gaben. Ihr Grundkonflikt ist, dass sie von den Banken bezahlt werden, die sie prüfen sollten.

7. *Es ist zu viel billiges Geld im Umlauf*: Die US-Notenbank ist mitschuldig an der Finanzkrise, denn sie stellte den Banken das billige Geld zur Verfügung, mit dem diese den Hauskauf auch unbemittelter Personen finanzierten. Durch Verbriefung und geschickte Verpackung solcher ungedeckter Subprime-Kredite breitete sich das Problem weltweit aus. Hinter all dem steckt ein fundamentaler Konflikt: Wer reguliert den Regulierer, also die US-Politik, die Einfluss auf die Notenbank ausübt?

Dies waren zu Beginn des Jahres 2010 die kritischen Punkte des Finanzmonsters. Aber schon in der Mitte dieses Jahres sieht es – zumindest für die Vereinigten Staaten – anders aus. Darauf werde ich in Kapitel V zurückkommen. Mir geht es zunächst um die ethisch relevante grundsätzliche Frage nach den Verantwortlichkeiten im Finanzsystem, das in jedem Fall dem moralischen Anspruch zu unterstellen ist. Zunächst also nachgefragt:

Uneinsichtige Banker?

Haben wir aus der Krise gelernt? Die Wirtschaft, die Wissenschaft, die Politik, die Medien? Sie alle haben doch zuallermeist die Krise nicht vorausgesehen und sie vor allem nicht verhindert. Doch insbesondere Banken haben versagt. Ihre Vorsorge entsprach den von ihnen eingegangenen riskanten Spekulationsgeschäften und internationalen Expansionsplänen in keiner Weise.

Doch Zentralbanker, Regulatoren und Regierungen in USA, England und Kontinentaleuropa haben große Mühe, die Bankkader zu überzeugen, dass sie angesichts der weltweiten Empörung über die von ihnen angerichtete Misere nicht einfach so weitermachen können. Sie, die durch riesige Regierungsunterstützung gerade noch vor dem Untergang gerettet werden konnten, haben weltweit an »Kredit« verloren und meinen trotzdem wieder große Boni bezahlen zu können. Das fast zinslose Notenbankgeld kam leider nicht in gleicher Weise den Unternehmen zu, sondern wanderte in die Kapital- und Rohstoffmärkte, wo die Banker große Gewinne machen konnten, die erneut zur Auszahlung von exorbitanten Boni führten. Statt ihrer Rolle als Finanzierer der Wirtschaft, gerade auch kleinerer und mittlerer Betriebe, gerecht zu werden, praktizieren manche weiterhin rein spekulative Leerverkäufe von Aktien und ähnliches mehr.

Zu Recht empören sich viele Menschen darüber, dass eine kleine Bankerkaste sich durch Börsenoperationen, die für die Realwirtschaft oft völlig unergiebig sind, mit Abermillionen auf Kosten der Allgemeinheit bereichert. Allerdings fragt man sich: Wer soll die Kontrolleure kontrollieren? Und wer zieht verantwortungslose Banker, die Milliarden verspielen, zur Rechenschaft? Kann eine Finanzordnung ohne Haftung der Akteure funktionieren?

Nur dann werden die Spitzenbanker das verlorene Vertrauen in der Welt wiedergewinnen, wenn sie, die sich als »the masters of the universe«, »die Herren der Welt«, fühlten und gebärdeten, wieder Bodenhaftung bekommen. Wenn sie ihre katastrophalen Fehler, die Milliarden Dollar kosteten, eingestehen und sie transparent systemisch korrigieren. Wenn sie sich statt für üppige Bonuszahlungen, die von vielen als unanständig empfunden werden, für die überfällige anständige Ausrichtung ihres Geschäfts und für klare globale Regeln einsetzen.

Die Banker würden jedenfalls gut daran tun, die Mahnung Jean-Claude Trichets, des Präsidenten der Europäischen Zentralbank, auf dem Europäischen Bankenkongress im November 2009 in Frankfurt ernstzunehmen: »Der Finanzsektor darf nicht vergessen, dass er der Realwirtschaft zu dienen hat und nicht umgekehrt.« Die Banken sollten deshalb ihre Bilanzen in Ordnung bringen, mit Gewinnen Eigenkapital und Reserven aufstocken und sich generell auf einen Mentalitätswechsel von übermäßiger Risikobereitschaft zu mehr Nachhaltigkeit konzentrieren. In der Tat, so könnten sie im Wirtschaften aus Verantwortung ein Beispiel geben: im Dienst der dringend notwendigen Wiederbelebung der Realwirtschaft und einer gerechten globalen Finanzarchitektur. Sonst ist für die Weltwirtschaft das Schlimmste zu befürchten.

Wird es in unserem Übergang zu einer neuen Epoche gelingen, die Weltwirtschaft zu ordnen, eine globale Finanzarchitektur zu konstruieren und den sozialen Frieden in und zwischen den Staaten zu sichern? Wahrhaftig, ich bin frei von apokalyptischen Ängsten, aber entschieden der Überzeugung, dass eine Neubesinnung auf die Grundlagen der Wirtschaft sich aufdrängt, und dies gerade in ethischer Hinsicht: Der Markt braucht über alle finanziellen Regulierungen hinaus *klare globale Anstandsregeln*! Aus der gegenwärtigen Krise müssen wir zu einem Bewusstseinswandel kommen für ein Wirtschaften aus Verantwortung.

V. Wirtschaften aus Verantwortung

Verantwortung allgemein verstanden meint die Verpflichtung, für etwas Geschehenes einzustehen und in konflikthaften Entscheidungen gewissenhaft Pflichten und Folgen abzuwägen. Im 20. Jahrhundert wurde der Begriff Verantwortung zu einem Schlüsselbegriff der Ethik. In unseren Tagen rief Präsident BARACK OBAMA in seiner Antrittsrede – um sich von der Bush-Ära abzugrenzen – »eine neue Ära der Verantwortlichkeit« aus. Er konnte nur ahnen, welche wahrhaft übermenschlichen Lasten ihm als Präsident diese Verantwortung aufbürden würde: der völkerrechtswidrige Krieg im Irak, der strategisch unnötige Krieg in Afghanistan, der innenpolitische Widerstand gegen die Gesundheitsreform, die Weltfinanz- und Wirtschaftskrise, schließlich die von Menschen verursachte beispiellose »Naturkatastrophe« der Ölpest im Golf von Mexiko. Alles auch Folgen von *Verantwortungslosigkeit*: gerade im Fall der Ölkatastrophe die Verantwortungslosigkeit einerseits der beteiligten Firmen, welche Sorgfaltspflichten und Warnungen vernachlässigten, andererseits der korrupten Aufsichtsbehörden, die Obama von seinem Vorgänger George W. Bush, einem Freund der Ölindustrie, übernommen hatte. Doch ist nun vordemonstriert worden: Verantwortungslosigkeit in der Wirtschaft zahlt sich nicht aus; Verantwortung ist auch aus wirtschaftlichen Gründen gefordert.

1. Verantwortungsvolles und verantwortungsloses Wirtschaften

Im Revolutionswinter 1918/19 hat der Soziologe MAX WEBER eine »Ethik der Verantwortung« vorgeschlagen. Eine solche Ethik ist auch ihm zufolge nicht »gesinnungslos«, fragt jedoch immer realistisch nach den voraussehbaren »Folgen« unseres Handelns und übernimmt dafür die Verantwortung: »Insofern sind Gesinnungsethik und Verantwortungsethik nicht absolute Gegensätze, sondern Ergänzungen, die zusammen erst den echten Menschen ausmachen, den, der den ›Beruf zur Politik‹ haben *kann*.«[1] Ohne Gesinnungsethik verkäme die Verantwortungsethik zur gesinnungslosen Erfolgsethik, der jedes Mittel um der Folgen willen recht ist. Ohne Verantwortungsethik verkäme die Gesinnungsethik zur Pflege weltfremder, selbstgerechter Innerlichkeit.

Verantwortung für Mitwelt, Umwelt und Nachwelt

In der Weltethos-Erklärung des Parlaments der Weltreligionen (Chicago 1993) steht am Ende des grundlegenden Abschnitts II der Satz: »Selbstbestimmung und Selbstverwirklichung sind durchaus legitim – solange sie nicht von der Selbstverantwortung und Weltverantwortung des Menschen, von der Verantwortung für die Mitmenschen und den Planeten Erde losgelöst sind.«

Ausgehend von der Weltethos-Erklärung deutet der Philosoph HANS-MARTIN SCHÖNHERR-MANN Verantwortung wie folgt: »…nicht nur das Gute zu wollen, sondern zweckrational die möglichen Folgen des Handelns im ethischen

Urteil zu beachten. Der einzelne muss darüber nachdenken, was er tut und welche Folgen das hat. Es reicht weder aus, die Gesetze zu beachten, noch sich an moralische Normen zu halten. Verantwortung avanciert zum zentralen Terminus einer Ethik der Globalisierung in einer pluralistischen Welt miteinander konkurrierender Wertesysteme.«[2]

Schon am Ende der 1970er-Jahre hatte der deutsch-amerikanische Philosoph HANS JONAS das »Prinzip Verantwortung« angesichts der seit dem Zweiten Weltkrieg völlig veränderten Weltlage – mit dem Blick auf die gefährdete weitere Existenz der menschlichen Gattung – für unsere technologische Zivilisation neu und umfassend durchdacht. Handeln aus einer globalen Verantwortung für die gesamte Bio-, Litho-, Hydro- und Atmosphäre unseres Planeten! Und dies schließt – man denke nur an Energiekrise, Naturerschöpfung, Bevölkerungswachstum – eine Selbstbeschränkung des Menschen und seiner Freiheit in der Gegenwart um seines Überlebens in der Zukunft willen ein: So ist eine neuartige Ethik in Sorge um die Zukunft (die klug macht) und in Ehrfurcht vor der Natur gefordert.[3]

Weltverantwortung und Selbstverantwortung

In meinem Buch »Projekt Weltethos« (1990) habe ich mir diese Sicht Hans Jonas' zu eigen gemacht, aber mit zwei wichtigen Modifikationen. Die erste: mit der Weltverantwortung muss auch die Selbstverantwortung des Menschen Beachtung finden. Es geht nicht nur um die Verantwortung für Umwelt, Mitwelt, Nachwelt, sondern auch um den Menschen selbst, der Selbstzweck ist und eine Verantwortung für sich selber trägt.[4]

Ganz elementar formuliert heißt dies: *Der Mensch muss menschlicher werden*! Gut für den Menschen ist, was ihn sein Menschsein bewahren, fördern, gelingen lässt. Der Mensch muss sein menschliches Potential für eine möglichst humane Gesellschaft und intakte Umwelt anders ausschöpfen, als dies bisher der Fall war. Denn seine aktivierbaren Möglichkeiten an Humanität sind größer als sein Ist-Stand. Insofern gehören das realistische Prinzip Verantwortung und das »utopische« Prinzip Hoffnung (Ernst Bloch) zusammen.

Wir stehen ja spätestens seit dem Zweiten Weltkrieg in einem neuen Paradigmenwechsel von der Moderne zu einer – umrisshaft erkennbaren und noch nicht mit einem Begriff bezeichneten – Nach-Moderne. Dieser Paradigmenwechsel hat nicht einfach einen Wertezerfall zur Folge, wie ihn konservative Denker beklagen, wohl aber einen *Wertewandel*: von einer ethikfreien zu einer ethisch verantworteten Wissenschaft, und von einer den Menschen beherrschenden Technokratie zu einer der Menschlichkeit des Menschen dienenden Technologie.

Dies bedeutet einen gesellschaftlichen *Wandel,* aber *nicht in Abwendung* von Wissenschaft, Technologie, Industrie und Demokratie, sondern *im Bunde mit* diesen früher verabsolutierten, heute aber relativierten gesellschaftlichen Mächten. Die spezifischen Werte der industriellen Moderne – Fleiß (lat.: »industria«!), Rationalität, Ordnung, Gründlichkeit, Pünktlichkeit, Nüchternheit, Leistung, Effizienz – sollen nicht einfach abgeschafft, wohl aber in einer neuen Konstellation neu interpretiert und mit den neuen Werten der Nach-Moderne, mit Imagination, Sensibilität, Emotionalität, Wärme, Zärtlichkeit, Menschlichkeit, kombiniert werden. Es geht also nicht um Verwerfungen und Verdammungen, sondern um Gegengewichte und Gegenentwürfe.

In diesem Zusammenhang sind – dies ist meine zweite Modifikation der Sicht von Hans Jonas – *Weltreligionen und Weltideologien* nicht zu ignorieren, sondern einzubinden. Eine Analyse der Weltsituation ohne Beachtung der Weltreligionen ist von vornherein defizitär. Die Parole für das dritte Jahrtausend sollte demnach konkret lauten: Verantwortung der ganzen Weltgesellschaft für ihre eigene Zukunft, Verantwortung für die Mitwelt, Umwelt und, auch für den Menschen selbst, die Nachwelt: Die Verantwortlichen der verschiedenen Weltregionen, Weltreligionen und Weltideologien sind aufgefordert, in globalen Zusammenhängen zu denken und zu handeln und sich zugleich die konkreten Menschen vor Augen zu halten.

Nun ist ja gerade die Weltwirtschaft sehr oft nicht von *verantwortlichem* Handeln, sondern von *unverantwortlichem* Handeln bestimmt. Ich möchte das an zwei Beispielen konkret illustrieren: an der gerade in unseren Jahrzehnten völlig neu ausgelebten Profitgier und der im Zusammenhang der Politik grassierenden Verlogenheit. Weder Profitgier noch Verlogenheit sind eine rein private Angelegenheit, sondern können ein systemisches Problem werden. Und deshalb soll von ihnen ausdrücklich und anhand konkreter Fälle die Rede sein.

Profitgier – ein systemisches Problem

»Leistung aus Leidenschaft«: Es dürfte ein cleverer Kommunikationsberater gewesen sein, der die größte deutsche Bank dazu bewegen konnte, ihr gesamtes Bankgeschäft unter diesen Werbeslogan zu stellen. Das war noch vor der Weltwirtschaftskrise; bis dahin hatte kaum jemand das Bankgewerbe mit dem Begriff »Leidenschaft« in Verbindung gebracht. Man fragt sich: Leidenschaft wessen? Des Konzerns oder der örtlichen Niederlassung, der Topmanager oder des einzelnen Bankberaters? Und Leidenschaft wofür? »Leidenschaft« meint ja mehr als einen vorübergehenden »Affekt«, meint einen emotionalen Gemütszustand, der vom Verstand oft nur schwer zu steuern ist. Gibt es doch eine schöpferische, aber auch eine blinde, zerstörerische Leidenschaft, Passion, Begeisterung. Also Leidenschaft wofür?

Aber das sei doch klar, werden manche Bankangestellte antworten, es gehe um die Leidenschaft, möglichst viel Profit zu machen. Und dies ist ja in der Tat nichts Schlechtes. Ja, es ist sogar etwas Erfreuliches, wo immer eine Bank sich als krisenfest ohne Staatshilfe erwiesen hat. Wenn eine Bank freilich in der noch längst nicht überstandenen Weltfinanz- und Wirtschaftskrise erneut Renditen nach Steuern von 25% anstrebt, so fragen sich viele, wie das ohne allzu große Risiken gehen kann und auf wessen Kosten solche Gewinne gemacht werden? Warum genügen nicht 12–15% wie vielfach in der Realwirtschaft? Jedenfalls hat solch leidenschaftliches Profitstreben der Banken für Millionen von Bankkunden, die beträchtliche Teile ihres Vermögens verloren haben, einen bitteren Beigeschmack.

Nicht umsonst also kam durch die Krise das Wort *Gier* (»greed«) in aller Munde. Nun ist ja »Begehren« etwas tief Menschliches, und auch ein heftiges Verlangen kann gutes oder böses Streben meinen. Die »Neugier«, der Wunsch etwas Neues zu erfahren, oder die »Wissbegier«, die für jeden Forscher grundlegend ist, sind Konstanten menschlichen Verhaltens. Und so auch in anderer Weise das Bestreben, Gewinne zu machen, Einkommenszuwächse und Nutzensteigerungen mitzunehmen. Aber das ist noch nicht die Gier im eigentlichen Sinn, die zumeist negativ verstanden wird: Ich meine die *unbeherrschte* Leidenschaft, das *ungezügelte, maßlose, unersättliche Verlangen.* Sei es nun Habgier, Raffgier, Machtgier oder Sexgier: das rücksichtslose Immer-mehr-haben-Wollen von Profit, Macht oder Sex ist eine Kardinal-Untugend, ist ein allerdings global verbreitetes Laster. Und dieses dient keinesfalls der Finanzstabilität!

Natürlich wird kein Kenner der Situation »ein hochkomplexes Phänomen wie die globale Finanzkrise«, wie H.-O. HENKEL polemisiert, »mit einem Begriff aus dem klassischen Lasterkatalog erklären«[5]. Aber man wird es bei der

Analyse der Systemkrise nicht übersehen, dass in der Boomzeit die leidenschaftliche Fokussierung auf Geld, Macht und Ruhm von Bankern, Finanzprofessoren, Ideologen und Medien, wie dargelegt, systematisch gefördert und die Gier als etwas Gutes propagiert wurde. »Gier hat Amerika groß gemacht« – so die Rede des Finanzhais Gordon Gekko in Oliver Stones Film »Wall Street« (1988). Und ständig wurde wiederholt »Nichts ist erfolgreicher als der Erfolg!«

Und im Jahr 2010 machen inmitten der Weltwirtschaftskrise manche Investmentbanken, Verursacher der Finanzkrise, aufgrund der Zinspolitik der Zentralbanken (kurzfristig niedrige und langfristig hohe Zinsen) wieder Riesengewinne. Gewiss werden diese auch dazu benutzt, die Banken abzusichern, sie wetterfest zu machen und den kleinen und mittelständischen Betrieben zu helfen. Doch zugleich dienen sie manchen Banken, Kreditmaklern, Hedgefonds und Rating-Agenturen erneut zur Bereicherung mit Hilfe von unverschämt hohen Boni, Gehaltserhöhungen und Dividenden; in einer neuen Krise würden die Verluste ja bestimmt wieder vom Staat = Steuerzahler übernommen.

Selbstverständlich möchte ich nicht generalisieren und auch keinem Akteur der Finanzindustrie, der sich in seinen Geschäften eines »goldenen Händchens« rühmt, das Schicksal des Königs Midas wünschen. Dem antiken Mythos zufolge erfüllte diesem der Gott Dionysos seinen Herzenswunsch, dass alles, was er berührte, sich in Gold verwandeln möge. Er wäre den Hungertod gestorben, da ihm jede Nahrung zu Gold wurde, hätte er nicht nach der Weisung des Gottes ein Bad im Fluss Paktolos genommen – eine Heilkraft gegen Goldgier, die man New Yorks Hudson River kaum zuschreiben wird. Wäre vielleicht manchmal als Strafe zu wünschen, was der Gott Apoll dem Midas auferlegt hatte, weil er in einem musikalischen Wettstreit zwischen ihm und Pan diesem den Vorzug gegeben hatte? Der Gott ließ ihm

Eselsohren wachsen, die Midas vergebens unter einer phrygischen Mütze zu verstecken suchte.

Aber im Ernst: Weil ungezügelte Profitgier immer wieder durch das ganze Finanzsystem mit seinen Vergütungen und Boni – angetrieben sowohl durch individuelles Fehlverhalten wie durch strukturelle Regulierungsdefizite – gefördert wurde, kam und kommt es zu einem *Wirtschaften aus Gier*, bei dem das Geld, der Profit, die Ökonomie alles dominiert. Profitgier wird zu einem systemischen Problem. Das zeigt sich vor allem an der Börse.

Institutionalisierte Gier: das Wallstreet-Casino

Jeder vernünftige Mensch weiß, dass es die Börse braucht: einen regelmäßig stattfindenden Markt für Wertpapiere, Devisen und fungible (nach Maß, Zahl und Gewicht bestimmbare) Waren. Angebot und Nachfrage werden hier zusammengeführt und durch Festsetzung der Preise oder Kurse ausgeglichen. Börsen dienen als Barometer, um die wirtschaftliche Entwicklung einzuschätzen, und als Seismographen, welche auch die Wirkungen politischer Ereignisse wiedergeben können.

»Spekulation« gibt es schon längst vor jeder Börse, gibt es im Grunde von alters her, seit es eben wirtschaftliches Handeln gibt. »Speculare« heißt »ausspähen«, »auskundschaften«, und dies ist notwendig, wo immer man es mit Konkurrenz zu tun hat. Die Spekulation hat durch die Börse eine völlig neue Dimension bekommen. Und mit der Wirtschaft ist auch die Spekulation gewachsen, regional, national, schließlich global. Die Weltwirtschaft hat eine weltweite Spekulation zur Folge, die im 20. Jahrhundert unvorstellbares Ausmaß angenommen hat und in Krisen die Weltwirtschaft selbst bedroht. Aber die Spekulation ist das Fieber, so schon Karl Marx ganz richtig, und nicht die Ursache der Krankheit.

Durch ein integriertes EDV-System ist ein internationaler Wertpapierhandel rund um die Uhr möglich geworden. Die Spekulation im globalen Ausmaß findet nun in Echtzeit statt. Und das Fatale: Im Gegensatz zum Realmarkt ist der Finanzmarkt völlig unreguliert. Man spricht deshalb oft von »Casino-Kapitalismus«, wo es zugeht wie in einer Spielhölle. Allerdings kann ich verstehen, dass Direktoren und Angestellte kleinerer oder mittlerer Geschäftsbanken protestieren, sie seien kein Casino, keine Vergnügungsstätte für Geldsüchtige, sondern ein anständiger Betrieb, ganz im Dienst der Realwirtschaft. Banker seien keine Spieler, sondern ehrliche Kaufleute.

Sprechen wir deshalb präziser vom »*Wallstreet-Casino*« (ein Ausdruck, den ich zuerst in der New York Times las) und vom hochriskanten Investment-Banking, wie es sich ähnlich auch in anderen Finanzzentren eingeschlichen hat. Executives und Traders verhalten sich hier wie Spieler: Sie »wetten«, operieren in abgeschirmten Räumen und kümmern sich nicht um das Wohl und Wehe der Realwirtschaft. Sie haben nur ein Ziel: money, money, money …, und dies womöglich im sechs- bis neunstelligen Bereich.

Einen gewichtigen Unterschied gibt es freilich: Im realen Casino spielt man mit eigenem Geld auf eigene Rechnung und muss die Verluste selber tragen. Im Wallstreet-Casino spielt man ohne jegliche Selbsthaftung mit fremdem Geld auf Rechnung anderer, ja verdient unter Umständen noch an deren Verlusten. Man will ja nicht der Realwirtschaft dienen, sondern der Finanzindustrie. Diese will, auch wo sie in der Realwirtschaft investiert, für sich keine realen Werte schaffen, sondern mit »Finanzprodukten« möglichst viel Profit machen. Im Casino herrschen Geld und eigene Gesetze. Da braucht man sich nicht um die draußen zu kümmern: Da mögen Betriebe kaputt gehen, Tausende den Arbeitsplatz verlieren, ein ganzes Land – hochverschuldet vom Kapital-

markt abhängig – durch Spekulationen in zusätzliche Finanz-
nöte, ja an den Rand des Staatsbankrotts geraten. Natürlich
ist Investmentbanking für die heutige Realwirtschaft unverzichtbar. Aber Marktmanipulationen und Übertreibungen
haben hier zu Entwicklungen geführt, die an die Zustände in
einem Casino erinnern und die abgestellt werden müssen.

Eine besonders verhängnisvolle Rolle spielten die *Rating-
Agenturen*. Hier wurde der Bock zum Gärtner gemacht:
Werden die Rating-Agenturen doch von denselben Banken
bezahlt, für die sie die Finanzprodukte bewerten sollten. Aus
von New Yorker Untersuchungsbehörden entdeckten E-mails
ergab sich, dass sie die Höchstwertung AAA (Triple A) für
Papiere im Wert von Hunderten von Milliarden Dollar verga-
ben, von denen sich später 93% als toxische Papiere erwiesen:
Aus Wertpapieren der Banken, von den Rating-Agenturen
beglaubigt, wurden für die Kunden Schrottpapiere. Dazu der
Nobelpreisträger Paul Krugman:»Es ist tröstlich zu behaupt-
en, die Finanzkrise sei durch nichts anderes als durch ehrliche Irrtümer entstanden. Aber so war es nicht: sie war zum
größten Teil das Ergebnis eines korrupten Systems. Und die
Rating-Agenturen waren ein großer Teil dieser Korruption.«[6]

Die neueste Entwicklung im Wallstreet-Casino aber ist
ein Kampf von Maschinen: Im *Hochgeschwindigkeitshandel*
können Computer in Bruchteilen von Sekunden Aktien
kaufen und sofort wieder abstoßen. Mit Computerprogram-
men auf Grundlage hochkomplexer Algorithmen können so
Millionengewinne oder –verluste gemacht werden. Der Börsenkrach am 13. Mai 2010, der »Schwarze Donnerstag« (der
größte Börsenkrach seit dem von 1987) wurde in New York
durch diesen Hochgeschwindigkeitshandel verursacht: Der
Leitindex Dow Jones sackte in einer halben Stunde um rund
1000 Punkte ab, 700 Milliarden Dollar wurden vernichtet.
Dieser automatisch ablaufende »Flash-Crash« erschütterte
die Börsen weltweit. Eine Systemstörung oder menschliches

Versagen (Tippfehler) wurde nicht nachgewiesen, wohl aber ein Zusammenhang zwischen Kursverlusten bei Index-Derivaten und dem Einsatz von »Stop-Loss-Aufträgen«: Das zeigt die ganze Gefährlichkeit des computerdominierten Börsenhandels, in welchem in jeder Sekunde rund 250.000 Aktienpakete von einem Händler zum anderen geschoben werden, oft mit wenig Nutzen für die Realwirtschaft. Ob die von der US-Börsenaufsicht SEC neu eingeführte Notbremse eines Ausschaltemechanismus einen neuen Kurssturz samt Börsenpanik verhindern wird, ist keineswegs sicher.

Durch den automatischen Aktienhandel hat die institutionalisierte Profitgier zweifellos eine neue bedrohliche Dimension angenommen. Sollen in Zukunft faktisch programmierte Computer selbständig über Zeitpunkt, Preis und Volumen der Order entscheiden? Und was wird herauskommen, wenn in diesem Computerzocker-Casino die zahllosen Hedgefonds, Investmentfonds, Pensionsfonds, Banken und andere institutionelle Anleger dieses »Algorithmic Trading« nutzen, um automatisch Orders umzusetzen, ohne dass vernünftige Menschen überhaupt ins fatale Geschehen eingreifen können? Sollten elektronische Handelssysteme, die anscheinend schon 20 bis 30 Prozent des Umsatzes erreichen, nicht gewissen Beschränkungen unterliegen? Einige arbeiten ja mit hohen Risiken, so der »Raubtier-Algorithmus« (mehrere Aufträge im Millisekundentakt zu unterschiedlichen Verkaufspreisen) oder der »Baisse-Algorithmus«, der ebenfalls immer wieder gefährliche Kursabstürze zur Folge hat, die Gift sind für die Wirtschaft.

Nun hat man ja nicht die geringste Garantie, dass manche Großbanken und Fonds ihre gewaltigen neuen Möglichkeiten nicht ausnützen, um ihre Profitgier mit Methoden zu befriedigen, die, wenn auch vielleicht legal, so doch keinesfalls als anständig, ja ethisch verantwortlich betrachtet werden dürfen. Nicht nur, dass sie bei entsprechendem Angebot hochspekulative »ungedeckte Leerverkäufe« (»naked short-sellers«) tätigen, für Wetten auf fallende Kurse bestimmter Anleihen und Aktien, die sie gar nicht besitzen. Sondern auch, dass sie ihren Kunden komplizierte Finanzprodukte mit zum Teil »toxischem Inhalt« verkaufen. Ja, sie verkaufen ihren Kunden wissentlich wohlpräparierte Finanzprodukte, gegen die ein anderer mit Hinterlist bereits »gewettet« hat, dass sie im Grunde nichts wert seien. Und dies alles vor den Augen der Aufsichtsorgane, die diesem Treiben offenbar nicht gewachsen sind.

Auch Hollywood hat bemerkt, dass sich die Zeiten geändert haben. Im ersten Film »Wall Street« von 1988 galt das Motto »Gier ist gut«. In dem 2010 laufenden Film »Wall Street 2: Money Never Sleeps« wird das Motto mit einem Fragezeichen versehen: »Ist Gier gut?«. Aus dem Börsenhelden Gordon Gekko (wieder Michael Douglas) ist jetzt der Antiheld geworden, aus dem Saulus ein Paulus, der im Gefängnis ein Buch geschrieben hat mit dem Titel »Schwimmen mit den Haien« (»Swimming with the Sharks«): eine heftige Kritik an den Spekulanten und Hedgefonds-Managern. Aus dem Gefängnis entlassen ringt er um seine Tochter, die alles hasst, was mit Wallstreet zu tun hat, das Auf und Ab der Kurse, das hektische Telefonieren und Agieren, die Gier, die immer mehr will, und die Angst, alles zu verlieren. Statt einer »Gier-ist-gut-Rede«, hält er jetzt vor Studenten eine Rede darüber, dass alles bald zusammenbrechen wird.

Doch oft ist die reale Wirklichkeit noch schlimmer als die fiktive des Films: Weltweite Empörung hat ausgelöst, dass die bisher auch in Regierungskreisen angesehenste Wallstreet-Investmentbank, *Goldman Sachs*, in einem bestimmten Fall Finanzprodukte im Wert von einer Milliarde Dollar verkauft hat, gegen die schon ein anderer Großkunde gewettet hatte, der für die Bank selber diese Pakete von »Schrott«-Aktien mitausgewählt hatte. Während die braven

Kunden von Goldman Sachs eine Milliarde verloren, gewann ein einziger skrupelloser Spekulant diese eine Milliarde, wovon Goldman Sachs selbstverständlich seinen Millionenanteil abzweigen durfte. So erzielt man »hohe Gewinne«, wie aus Bankkreisen verlautet, nicht nur bei Goldman! Die US-Börsenaufsicht (SEC, Securities and Exchange Commission) hat unter der neuen Leitung von MARY L. SCHAPIRO ein Exempel statuiert: eine Rekordstrafe für Goldman von 550 Millionen Dollar! Goldman steht unter dem generellen Verdacht, mit minderwertigen Hypotheken und ihren Derivaten (CDO, Collateralized Debt Obligations) betrügerische Milliardengeschäfte getätigt zu haben. Dieselbe Wallstreet Bank hatte übrigens 2001 der griechischen Regierung in aller Stille mit Milliarden, als Devisengeschäfte getarnt, geholfen, den Beitritt zur Eurozone zu erschleichen, was bisher von keiner EU-Behörde untersucht wurde. Dies führt direkt zum nächsten Kapitel.

Institutionalisierte Lüge: Griechenland im Euroland

Das neue Europa nach dem Zweiten Weltkrieg zeigte von Anfang an eine ethische Dimension. Der Grundstein wurde am 9. Mai 1950 gelegt durch die Ankündigung des französischen Außenministers ROBERT SCHUMAN: Eine *Gemeinschaft für Kohle und Stahl* (Montanunion) solle gegründet werden, um Kriege zwischen Deutschland und Frankreich in Zukunft schon rein materiell und damit auch militärisch unmöglich zu machen. Schuman hatte einen Plan von JEAN MONNET aufgenommen und seinen Freund, den deutschen Bundeskanzler KONRAD ADENAUER eingeweiht, später auch den italienischen Ministerpräsidenten ALCIDE DE GASPERI. Es ist erwähnenswert, dass die Initiative zu einer europäischen Verständigung von Staatsmännern ausging, die es, aufgrund ihrer katholischen Herkunft und auch ihres Widerstands gegen Nazismus und Faschismus, als eine moralische Verpflichtung ansahen, in einer neuen Ehrlichkeit für eine europäische Friedensordnung zu arbeiten. Eine konstruktive, realistische Politik ohne den in Faschismus, Nazismus und Kommunismus üblichen Lug und Trug.

1957 kam es mit der Unterzeichnung der Römischen Verträge zur Europäischen Wirtschaftsgemeinschaft, aus der 1969 die *Europäische Gemeinschaft* (EG) hervorging. Sie umfasste zunächst nur sechs Staaten, Frankreich, Deutschland, Italien und die Benelux-Staaten, die sich damals treu an die Verträge hielten. 1973 kamen Großbritannien, Irland und Dänemark hinzu: eine Erweiterung, die manchen auf Kosten der Vertiefung zu gehen schien. Doch aufs Ganze gesehen war dieser Einigungsprozess zwischen nunmehr neun früher tief verfeindeten europäischen Nationen eine erstaunliche und weltweit bewunderte Erfolgsgeschichte. Nicht mehr ein Gegeneinander, sondern ein Miteinander: ein *weltpolitischer Paradigmenwechsel* von der nationalstaatlichen Macht- und Prestigepolitik, der jedes Mittel recht ist, zu einer Politik der ehrlichen regionalen Verständigung, Kooperation und Integration auf der Grundlage von Völkerrecht und Moral.

Im Dezember 1991 beschlossen die Staats- und Regierungschefs der inzwischen zwölf Mitgliedstaaten der Europäischen Gemeinschaft im niederländischen Maastricht den Vertrag über die *Europäische Union* (EU), der am 1. November 1993 in Kraft trat. Er sah eine umfassende Reform des europäischen Gemeinschaftsrechts und eine gemeinsame Währung (Euro) vor.

Aber an diesem Punkt nahm die Europa-Politik eine bedenkliche Wende: In Deutschland herrschte ohnehin Angst vor dem Verlust der starken D-Mark, einem Garanten für den Wohlstand, zu Gunsten eines möglicherweise schwachen Euro. Bundeskanzler HELMUT KOHL – seine Verdienste um die deutsche Wiedervereinigung sind unbestritten – gab die D-Mark, sein einziges Druckmittel, aus der Hand, ohne vorher die dringlichsten Maastricht-Beschlüsse zur *Strukturreform der EU* durchzusetzen (Abstimmungsmodus, Bedingungen der Neuaufnahme …) – von einer gemeinsamen oder zumindest abgestimmten Finanz- und Wirtschaftspolitik ganz zu schweigen. Ein *Konstruktionsfehler* aufgrund eines schon damals durchschaubaren verhängnisvollen Politikversagens, das fast zwanzig Jahre später langsam der deutschen Bevölkerung bewusst wird.[7]

So wurde die *gemeinsame Währung* als Buchgeld schon am 1. Januar 1999 eingeführt, ohne dass eine einzige entscheidende Strukturreform erfolgt war. Man baute eilig das europäische Haus zwar auf dem bisher sicheren Fundament europäischer Verträge, aber meinte jetzt, das Dach mit den goldenen Ziegeln des Euro decken zu dürfen, bevor man im Rohbau auch nur die elementarsten Stabilisatoren und Einbauten gemacht hatte. Statt des Innenausbaus ließen opportunistische und gedankenlose Politiker immer neue Staaten – mit höchst unterschiedlichen Ausgangsbedingungen! – als europäische Anbauten zu. Im Jahr 2004 waren es sogar zehn Staaten auf einmal, was die Entscheidungsprozesse der schließlich formal gleichberechtigten 27 Staaten (und 27 Kommissare!) unendlich schwierig gestaltete.

Die Folgen für die EU waren ein ständiges mühsames Taktieren und Lavieren, Manövrieren und Tricksen und leider auch eine sträflich laxe Auslegung der Vertragsbestimmungen. Die um eines stabilen Euros willen in einem feierlichen *Stabilitätspakt* beschlossenen Konsenskriterien (jährliches Haushaltsdefizit unter drei Prozent, ein Schuldenstand unter 60 Prozent des Bruttoinlandprodukts …) wurden zuerst 2005 von Deutschland (dieses Mal unter der Regierung Schröder) und Frankreich ausgehebelt: Sie überschritten die Schuldengrenze ungestraft und entgingen den vorgesehenen

Sanktionen. So gaben sie den kleineren Staaten ein schlechtes Beispiel. Neue Mitgliedstaaten erschlichen sich den Zutritt zur Eurozone durch Fälschung der Statistiken und »kreative Buchführung«. Nach der Aufnahme von Bulgarien und Rumänien verfügt die EU über keinen Hebel mehr, um die Cliquenwirtschaft in diesen Ländern zurückzudrängen; die massiven finanziellen Unterstützungen zementieren sogar solche vordemokratischen Strukturen.

Doch man bedenke: Das Haushaltsdefizit Großbritanniens entspricht schließlich in etwa dem Griechenlands. Auch Deutschland, früher als ökonomischer Musterknabe Vorkämpfer des EU-Stabilitätspaktes, lernt zur Zeit das reale Sparen, belastet von Staatsschulden in noch nie dagewesener Höhe. Der über die Jahre angehäufte Schuldenberg von Bund, Ländern und Gemeinden beträgt nach Angaben des Statistischen Bundesamtes vom März 2010 mit all den Nebenhaushalten (Investitions-, Tilgungs- und Finanzstabilisierungsfonds) 1,6 Billionen, also 1.600.000.000.000 Euro! Das Defizit der öffentlichen Hand steigt rasant: 2007 noch Überschuss von 11,1 Milliarden – 2008 gut 5 Milliarden Defizit – 2009 um mehr als das 20-fache angestiegen auf über 105 Milliarden Euro.

Als Verhängnis für die Währungsunion erwies sich die im Jahr 2001 vollzogene Aufnahme *Griechenlands* in die Eurozone. Es war – aufgrund der Angaben von Eurostat und den Einwänden der Deutschen Bundesbank, die aber wie die finanzschwächsten Nationen in der EZB nur über eine einzige Stimme verfügt – allen Verantwortlichen bekannt, dass Griechenland die für die Aufnahme notwendigen Konvergenzkriterien in keiner Weise erfüllte. Doch nach dem erschlichenen Eintritt Griechenlands nahm man es sogar hin, dass dieses Land sich auch in den folgenden Jahren immer wieder über seine Defizite hinweglog, zuletzt wie gesagt unterstützt durch betrügerische Scheingeschäfte der US-Investmentbank Goldman Sachs. Es brauchte die amerikanische Rating-Agentur »Standard & Poor's«, die Ende April 2010 durch Herabstufung die desolate Finanzlage Griechenlands aufdeckte und zugleich die anderen großen Schuldenstaaten Südeuropas nervös machte. Griechenland auf dem »Junk-Bond«-Niveau, Portugal, Spanien, Belgien und Italien aufgrund ihrer Überschuldung ebenfalls der internationalen Spekulation ausgesetzt. Das Grundproblem also ist die Verschuldungsspirale der Industriestaaten von den USA und Japan bis Deutschland und Griechenland; die Spekulation ist die Folge.

Ende April 2010 spitzte sich die Krise zu, und Anfang Mai brach die Panik aus: Die Staaten der Europäischen Union meinten, auf Vorschlag des ebenfalls hochverschuldeten Frankreich, innerhalb von wenigen Tagen einen gemeinsamen Unterstützungsfonds für Griechenland und eventuell noch weitere gefährdete Euroländer im Werte von sage und schreibe 750.000.000.000 = 750 Milliarden Euro errichten zu müssen, dessen Finanzierung angesichts der bereits bestehenden Schuldenberge nicht nur die Bevölkerung der Bundesrepublik beunruhigt: Der deutsche Anteil von 150 Milliarden Euro entspricht ungefähr der Hälfte des Bundeshaushalts!

Sozusagen über Nacht wurde der Stabilitätspakt gebrochen, der eine Unterstützung eines Eurolandes durch ein anderes aus Stabilitätsgründen strikt untersagt. Man wagte es also in der EU nicht, wie vertragsgemäß festgelegt auf die eigenen Anstrengungen der überschuldeten Länder zu setzen, damit sie sich innenpolitisch durch Wertberichtigungen von Staatsschulden und Bankbilanzen oder – außerhalb der Eurozone – durch Abwertung sanieren und die verlorengegangene Konkurrenzfähigkeit zurückgewinnen könnten (verbunden mit Abstrichen auch der allzu risikofreudigen Banken von ihren Forderungen). Vielmehr beschloss man – aufgrund massiver Pressionen des etatistisch-zentralistisch denkenden französischen Präsidenten NICOLAS SARKOZY auf den französischen EZB-Präsidenten JEAN-CLAUDE TRICHET –, zur Rettung Griechenlands und möglicherweise auch anderer Staaten nicht begrenzte Finanzmittel in Milliardenhöhe bereitzustellen, um mit frisch gedrucktem Geld (»Bailout-Aktionen«) vor allem den risikofreudigen (vorwiegend französischen) Banken zu helfen.

Zugleich wurde die bisher nach ihrem Statut unabhängige Europäische Zentralbank (EZB) gezwungen, von Griechenland »Schrottanleihen« aufzukaufen – als Überbrückungsmaßnahme bis zur Einrichtung des Unterstützungsfonds offenbar kaum vermeidlich. Aber faktisch hat sich damit Frankreich – selbstverständlich mit Unterstützung der zahlreichen Schuldnerstaaten – gegen Deutschland durchgesetzt, das im Ernstfall den Löwenanteil von 148 Milliarden Euro zähneknirschend bezahlen müssen wird. Einmal mehr stecken die riskant investierenden und spekulierenden Banken die Gewinne ein, während die Verluste von den verantwortlichen Politikern verstaatlicht und sozialisiert werden. Ob Griechenland – angesichts der beschränkten Leistungsfähigkeit seiner Wirtschaft und der auferlegten Sparprogramme – die geliehenen Milliarden je zurückzahlen kann, bezweifelt im Mai 2010 nicht nur der Chef der Deutschen Bank JOSEF ACKERMANN. Nachdem die drei Stabilitätspfeiler – Verschuldungsgrenze, Haftungsausschluss, Unabhängigkeit der Europäischen Zentralbank – über Nacht weggebrochen wurden, fürchten kritische Wirtschaftswissenschaftler das unkalkulierbare Risiko für Deutschland und sogar ein Versinken des Euro im Schuldensumpf.

Markt ohne Moral?

Ich frage mich: Hat die EU so nicht ein Wort Martin Luthers wahr gemacht, demzufolge jede Lüge sieben andere mit sich bringen muss, soll sie der Wahrheit ähnlich werden oder einen Schein von Wahrheit ausstrahlen? Aus einzelnen Lügen wurde ein Lügennetz, das unsichtbar das ganze Wirtschaftssystem überzieht: eine institutionalisierte Lüge. Auf diese Weise braucht der einzelne Staats- oder Bankmann gar nicht zu lügen. Er braucht sich nur unkritisch mit dem verlogenen System zu identifizieren. Wird er aber so nicht vielleicht doch ein verlogener Mensch, der sich sogar ehrlich vorkommen kann, da er an seine eigene Lebens- und Politiklüge glaubt und auf alle Einwände eine Antwort weiß? Führende Banker oder Manager, die in den USA vor einem Senatsausschuss oder einem Gericht zur Rechenschaft gezogen wurden, machten einen solchen verlogenen Eindruck, aber manche europäische Staatenlenker auch.

Die europäische Währungsunion scheint langfristig nur dann eine Chance zu haben, wenn alle Mitglieder wieder in seriöser Finanzpolitik die Konvergenzkriterien des Stabilitätspaktes strikt anwenden, das Transferverbot einhalten und die Unabhängigkeit der EZB gewährleisten. Aber zur Zeit scheinen alle diese Prinzipien aufgegeben, und welches wirtschaftspolitische Denkmodell sich in den verschiedenen Eurostaaten in Zukunft durchsetzen wird, lässt sich noch nicht absehen. Jedenfalls bräuchten die internationalen Finanzmärkte mehr Transparenz. Außerbilanzielle Aktivitäten der Banken (innovative Instrumente außerhalb der Bilanzen) sollten grundsätzlich verboten werden. Investmentbanking sollte wieder einen deutlichen Bezug zur Realwirtschaft bekommen und Spekulationsgeschäfte, die keinen realen Mehrwert schaffen, möglichst eingeschränkt werden. Banking sollte kein Selbstzweck sein, und der »Finanzialisierung« des gesamten menschlichen Verhaltens gewehrt werden.

Ich fühle mich in meinem Eindruck von mangelnder Moral in der Analyse bestätigt durch den präzisen Bericht einer Frau, die 20 Jahre als Bankerin und 10 Jahre als Finanzjournalistin in der Londoner City Erfahrungen sammelte. Unter dem Titel »Markt ohne Moral« hat SUSANNE SCHMIDT, Tochter des früheren Bundeskanzlers Helmut Schmidt, 2010 in einem lebendig geschriebenen, gut dokumentierten Buch über »das Versagen der internationalen Finanzelite« geäußert: »Mit den Ellenbogen und der Arroganz geht eine seltsame Amoralität einher. Notabene: Amoral, nicht Unmoral! Es interessiert in der Finanzwelt einfach nicht, wie man von den Normalmenschen wahrgenommen wird, oder besser: Normalmenschen interessieren nur insofern, als ihr Verhalten in ökonomische Indizes eingespeist wird, die dann ihrerseits die Finanzmärkte beeinflussen. So belohnt die Börse normalerweise den Personalabbau bei einem Unternehmen, verheerende Naturkatastrophen werden häufig als Wachstums- und Wiederaufbauchancen gesehen. Nach dem Terrorangriff des 11. September 2001 meldeten sich schon am nächsten Tag die Analysten mit ihren Anlageempfehlungen aufgrund der veränderten Sachlage. Die Tatsache, dass der Bürger mit seinem Steuergeld und seinem Arbeitsplatz für die derzeitige Bankenkrise bezahlt, ficht die Hochverdienenden in der City schon überhaupt nicht an. Hier fühlt sich keiner betroffen; wer Schuldgefühle entwickelt, ist fehl am Platz.«[8]

»Der Spiegel« konnte beinahe wöchentlich mit neuen Artikeln belegen, was Präsident Obama »das mangelnde Verantwortungsbewusstsein der Wallstreet« nannte, das letztlich zur Weltfinanzkrise geführt habe. Ein früher undenkbarer »Sittenverfall der Bankenbranche« in Zeiten der Gier, in der mit Schrottpapieren Milliardengewinne erzielt wurden, und auf den sich auch deutsche Banken mit Hedgefonds einließen und selbst als Hedgefonds agierten: »ein moralischer Bankrott«.[9]

Besorgt fragen sich viele Menschen: Sollen die Ehrlichen wieder einmal die Dummen sein?[10] Sollen die Steuerzahler die Großbanken mit ihren ständigen hohen Risiken und horrenden Gewinnen und Boni wieder auskaufen müssen? Eine kleine Gruppe von Investmentbankern und Hedgefondsmanagern erwirbt in kürzester Zeit einen unvorstellbaren Reichtum, und dies auf Kosten der Allgemeinheit, die immer wieder für die Exzesse der Banken bezahlen muss?

Und die weitere Frage: Was nützen schließlich all die gutgemeinten finanziellen Milliarden-Unterstützungen, wenn das große Unternehmen einer gemeinsamen europäischen Währung schließlich doch scheitern sollte? JOHN VINOCUR formuliert in einem Leitartikel der International Herald Tribune (25. 5. 2010) die entscheidende Frage präzis: »Wie kann Europa aus dem, was man seine ›Kultur der stillschweigenden Duldung (connivance)‹ genannt hat, fortschreiten zu einer Gemeinschaft, die in überzeugender Weise auf ›die Rücksichtslosigkeit der Wahrheit‹ verpflichtet ist?«[11] Die Überschrift des Artikels gibt die Antwort: »Frankness would serve Europe well – Offenheit würde Europa einen guten Dienst erweisen«.

Ich zeichnete die Problematik von Gier und Lüge so scharf, nicht um zu psychologisieren oder zu moralisieren. Vielmehr wollte ich deutlich machen, welch verhängnisvolle Folgen eine ungezügelte Profitgier und eine verlogene Politik für das ganze wirtschaftlich-politische System haben können. Und das Einverständnis der breiten Öffentlichkeit mit diesem Finanzgebaren, solange es einträglich war, sollte auch nicht verschwiegen werden. Die Profitgier schien auf dem Höhenflug der Börse eine Volksseuche zu werden, und der Widerwille gegen alles Sparen war weitverbreitet. Politiker hatten leichtes Spiel, wenn sie vor allen Sparbeschlüssen warnten, man solle sich nicht »kaputtsparen«, die aufkeimende Konjunktur nicht »abwürgen«.[12]

Wie auch immer: eine an ethischen Standards orientierte Wirtschaft und eine ehrliche Politik, wie sie am Anfang der europäischen Einigungsbewegung praktiziert wurde, hätte

Europa zweifellos auch wirtschaftlich, politisch und moralisch weitergebracht. Was wir in dieser globalen Krise brauchen, sind nicht nur einzelne technische Lösungen, sondern ist eine tiefgreifende Überprüfung unseres Wirtschaftssystems. Ich versuche eine grundsätzliche Antwort.

2. Globale Marktwirtschaft erfordert ein globales Ethos

Ich kann auch heute nichts anderes sagen, als was ich schon zum Jahresbeginn 1998 in einem Vortrag vor der Industrie- und Handelskammer Reutlingen forderte: »Wir brauchen eine *Neuordnung des globalen Finanzsystems*, so etwas wie ein neues Bretton Woods-Abkommen ... Frage: Hat dieser ›globale Markt‹ ohne alle Grenzen, Hemmungen und Regelungen nicht die asiatische Krise mit ihren noch unabsehbaren Auswirkungen überhaupt erst möglich gemacht? Untergräbt dieser völlig ungeregelte Markt mit seinen kurzfristigen spekulativen Investitionen nicht die langzeitigen Industrieinvestitionen, die meist weniger rentieren, ja stellt er nicht *die Stabilität des Weltfinanzsystems selber in Frage*?« Und aus einer genauen Analyse entwickelte ich damals als Folgerung: »Eine Besinnung auf das notwendige Minimum an bestimmten ethischen Werten, Grundhaltungen und Maßstäben, eben ein *Weltethos für diese Weltgesellschaft und Weltwirtschaft*, tut not, auf das sich alle Nationen und alle Interessengruppen verpflichten können. Wie eine *Rahmenordnung* für die Finanzmärkte (ähnlich wie seinerzeit das Bretton Woods-Abkommen) *global gelten* müsste, damit die Teilnehmer bei Einschränkungen nicht einfach in andere Märkte fliehen, *so müsste auch ein ethischer Grundkonsens global gelten*, damit ein einigermaßen friedliches und gerechtes Zusammenleben auf unserem Globus gewährleistet ist. Also: Gerade der globale Markt erfordert ein globales Ethos!« Dieses Programm entfalte ich im Folgenden.

Homo sapiens – Homo oeconomicus?

Die grundsätzliche gesellschaftspolitische Frage lautet: Was soll denn überhaupt in der Gesellschaft dominieren? Etwa die Ökonomie? Die Finanzmärkte, welche die hochverschuldeten Regierungen vor sich hertreiben? Nach den Erfahrungen der Weltwirtschaftskrise muss mehr denn je betont werden: Die *Ökonomie darf nicht alles dominieren*! Gerade im Zeitalter der Globalisierung scheint die entfesselte anonyme Rationalisierungsdynamik des ökonomischen Systems der Politik immer mehr ihre eigene (und eigensinnige) »Sachlogik« aufzuzwingen. Darauf hat schon früh der St. Galler Wirtschaftswissenschaftler Peter Ulrich, erster Lehrstuhlinhaber für Wirtschaftsethik an einer deutschsprachigen Wirtschaftshochschule, hingewiesen[13]: Da drängt sich eine »wirtschaftsethische Grundlagenkritik am politisch-ökonomischen Zeitgeist« auf: »Die gründliche Kritik des sich ausbreitenden politischen *Ökonomismus*, das heißt des Versuches, den ethischen Vernunftanspruch demokratischer Politik als solchen in ökonomischen Rationalitätskategorien aufzuheben«.[14]

Hinter dem, was sich bei Ulrich für Nicht-Ökonomen zunächst abstrakt-theoretisch anhört, verbirgt sich ein in der Praxis höchst relevantes Problem: Ist der *Homo sapiens* für die Wirtschaftswissenschaften wirklich *identisch mit dem Konstrukt des Homo oeconomicus*, der immer vollständig zweckrational handelt und ständig nach dem günstigsten Kosten-Nutzen-Verhältnis entscheidet? Ist der Mensch wirklich ein reiner Eigennutzmaximierer, ein angeblich ausschließlich eigeninteressiertes, anderen gegenüber desinteressiertes Subjekt, das sich nach dieser ökonomischen Theorie normalerweise egoistisch verhält (ja verhalten muss, damit die Theorie stimmt)? Und arbeiten die Menschen in Marktgesellschaften primär nur wegen des Einkommens?

Auch Ökonomen geben zu, dass es sich beim »Homo oeconomicus« um eine idealtypische Modellvorstellung handelt und nicht um einen wirklichen Menschen, auch nicht um das Verhalten des Einzelnen, sondern um das durchschnittliche Verhalten. Kritische Ökonomen spotten sogar über den »Homunculus oeconomicus«. Jedenfalls stellen sich hier Fragen wie diese: Kann der Mensch sich im ökonomischen Bereich nicht auch anders verhalten, als es der vom Ökonomismus vorausgesetzte besitzbürgerliche Egoismus verlangt? Verfolgt er im Arbeitsleben nicht eine Vielzahl von Zwecken, nicht zuletzt den, seine Fähigkeiten einzusetzen und auszubilden sowie Entscheidungsspielräume zu erobern? Es würde sicher auch Ökonomen befremden, wenn jemand »vom Preis der Liebe, der Zuneigung oder der wechselseitigen Achtung so spräche, als ob es sich um eine Geldsumme handelte« (C. Watrin[15]).

Die Ökonomen GEORGE AKERLOF und ROBERT SHILLER kritisieren das Verhaltensmodell des Homo Oeconomicus ebenso wie die bereits erwähnten Psychologen DANIEL KAHNEMAN und AMOS TVERSKY. Neuere Argumente zeigen[16]: 1. Entscheidungen sind abhängig von der Darstellung bzw. der Formulierung des Problems. 2. Menschen handeln häufig risikoavers. 3. Präferenzen sind nicht stabil. 4. Präferenzen werden von der Art der Messung beeinflusst. 5. Der Besitz eines Gutes erhöht dessen Wertschätzung. 6. Ein Verlust wiegt absolut schwerer als ein gleichhoher Gewinn. 7. Menschen haben die Tendenz, den Status quo zu präferieren. 8. Menschen maximieren nicht immer ihren Nutzen. 9. Menschen handeln oft uneigennützig.

Weitere grundsätzliche gesellschaftspolitische Überlegungen drängen sich auf, vor allem die Frage: Wo bleibt bei all diesen wirtschaftlichen Entscheidungen die Menschlichkeit? An der Wallstreet scheint sie keine Rolle zu spielen, im europäischen Gesellschaftsmodell sehr wohl. Aber wie steht es mit diesem Modell?

Das europäische Gesellschaftsmodell im Zerfall?

So liest man es mitten in der Eurokrise in der New York Times vom 22./23. Mai 2010: »A social model, Continent's pride, shows corrosion«: Im Vergleich zum rauhen Modell des amerikanischen Kapitalismus habe man in Europa stets das eigene Modell als viel menschlicher gerühmt: reichlich Ferien, frühe Pensionierung, nationales Gesundheitssystem und ausgedehnte Sozialleistungen. Jetzt aber hätten die europäischen Regierungen aufgrund übergroßer Budgets, zurückgehender Staatseinnahmen und alternder Bevölkerung mit großen Defiziten und Überschuldung zu kämpfen. Und europäische Politiker müssten sich mit Lohnabschlägen, höherem Pensionsalter, mehr Wochenarbeitsstunden und Kürzungen der Gesundheitsleistungen und Renten herumschlagen, was in der Bevölkerung Pessimismus, Zorn und manchmal gewaltsame Proteste zur Folge habe.

Dieser Sozialabbau trifft allerdings nicht alle europäischen Staaten in gleicher Weise: In Schweden und in der Schweiz arbeiten rund 70% der Bevölkerung auch noch nach dem 50. Geburtstag, in Frankreich nur rund 50%. In Deutschland wird das Pensionsalter auf 67 Jahre erhöht, in Griechenland lag es bei 55 Jahren. Auch in Frankreich wird eine Erhöhung des Pensionsalters heftig diskutiert. In der Schweiz hat man schon vor vielen Jahren in einer Volksabstimmung eine Herabsetzung der Altersgrenze mit einer starken Mehrheit abgelehnt. In Griechenland aber wenden sich Gewerkschaften und Linke in Demonstrationen und Streiks gegen jegliche soziale Reform. Doch kein europäisches Land wird darum herumkommen, in den nächsten Jahren Reformen durchzuführen und soziale Einschnitte vorzunehmen.

Aber das heißt keineswegs, dass man das menschlichere Gesellschaftsmodell aufgibt. Es hat durchaus Zukunft. Dies zeigt nicht zuletzt die Wende in den Vereinigten Staaten, die durch den schwarzen Präsidenten bereits bewirkt wurde und weiter vorangebracht werden soll. Natürlich muss auch BARACK OBAMA Rücksicht nehmen auf die nun einmal von der Europas so verschiedenen politischen Kultur der Vereinigten Staaten. Staatliche Regulierungsinstrumente und protektionistische Eingriffe haben in den USA keine Tradition. Noch immer glauben hier viele an die unbegrenzten Möglichkeiten und an den Selfmade-Man, der sich aus eigener Kraft hochgearbeitet hat.

Präsident Obama hat jedoch erneut gezeigt, dass die USA reformoffen und reformfähig sind. Nach einer Reform des Gesundheitssystems im Jahr 2010 folgte im selben Jahr die Reform der Finanzmärkte, beides hat man mit Franklin Roosevelts »New Deal« in den 30er-Jahren verglichen. Auch das Bankengesetz wird trotz »Horden von Banklobbyisten« (Obama) mit einigen Korrekturen Rechtskraft erlangen und »wird der Euphorie der Wallstreet ein abruptes Ende setzen«, sagte Harry Reid, Führer der Demokraten im Senat (21. 5. 2010). Doch drängt sich hier eine grundsätzliche Überlegung auf.

Menschlichkeit – kein Gegensatz zu Wirtschaftlichkeit

Das Menschenbild eines radikalen Individualismus, so sahen wir, ist die Voraussetzung des amerikanischen Ultraliberalismus: Die menschliche Gesellschaft wird ganz vom Individuum her gesehen, dessen Charakteristikum die Freiheit ist. Doch gegen solch strikt individualistische Fundierung allen gesellschaftlichen Handelns bestätigt gerade die heutige Kulturanthropologie und Entwicklungspsychologie die alte klassische Einsicht des Aristoteles, dass der Mensch von allem Anfang an in seinem Kern ein »zóon politikón«, ein »animal sociale« ist. Ein *soziales Wesen*, das seine personale Individualität und Identität nur durch jene ständige soziale Interaktion und Integration gewinnen kann, ohne die schon ein Kleinkind nicht einmal reden und sich menschlich verhalten lernen würde.

Viele Ökonomen stimmen dem zu; sie werden in den USA unterstützt von der Bewegung des Kommunitarismus und vielen anderen. In der Tat, das Engagement von Millionen Menschen in ehrenamtlichen Tätigkeiten und vielen gemeinnützigen Einrichtungen lässt sich nur erklären durch ein »überrationales«, nicht einfach interessengebundenes Tun. Es ist bestimmt von Altruismus, Empathie, Loyalität, Fairness, Wohlwollen, Kooperationsbereitschaft, Dankbarkeit, ein »nicht-hedonisches Handeln«.

Selbst die *Tauschbeziehungen*, von denen die ökonomische Gesellschaftstheorie ausgeht, sind in ihrem Ursprung nicht rein ökonomisch motiviert.[17] Nicht jeder Tausch ist ein Markttausch und von ökonomischen Zwecken geleitet. Was schon unter prähistorischen Menschen galt, gilt bis heute unter Kindern, in Familien und in bäuerlichen Gesellschaften: Geschenke und Gaben werden nicht primär aufgrund von ökonomischen Nützlichkeitsstrategien ausgetauscht (»Markttausch«). Vielmehr dienen sie der Kommunikation, sind Zeichen wechselseitiger Sympathie und Friedfertigkeit (»sozialer Tausch«). Also Ausdruck eines »*Ethos der Gegenseitigkeit*«, das »die kulturanthropologische Grundlage« ist, »auf der sich überhaupt erst – und gleichsam parasitär – das bürgerlich-liberale Konzept der Vergesellschaftung privatautonomer Individuen durch Tauschverträge herausbildet«[18].

Im Gegensatz zu vielen, die nur auf kurzfristige Rendite starren, haben selbst in der neuesten Wirtschaftskrise zahlreiche Unternehmer – etwa deutsche, meist mittelständisch geprägte Maschinenbauer, Zulieferer oder Handelsunternehmen – auf mittel- und langfristig stabile und rentable Entwicklung geachtet und keine Entlassungswelle ausgelöst. Aus sozialer Verantwortung haben sie dafür gesorgt, dass ihre Mitarbeiter den Arbeitsplatz möglichst lang behalten können. Das ist auch wirtschaftlich vernünftig, denn bei einem Aufschwung stehen gut ausgebildete Spezialisten sofort wieder zur Verfügung. In vom Eigentümer geführten kleineren und mittleren Unternehmen scheint ethische Orientierung und persönliches Sich-Kümmern um das Wohl der Belegschaft deutlicher ausgeprägt zu sein als in von angestellten Managern geführten Großunternehmen.

Gegen alle »terribles simplificateurs« einer ultraliberalen Ökonomie halte ich deshalb als Kontrapunkte zur wirtschaftspolitischen Ideologie des Homo oeconomicus fest: Die Menschen handeln nicht nur nach ökonomisch rationalen Maximen. Ihre Leistungen werden nicht allein von materiellen Interessen bestimmt, ihre Triebfeder ist nicht nur der Tauschtrieb. Nicht alle Bedürfnisse der Menschen können durch das, was die Ökonomie produziert, befriedigt werden. Es dient nicht automatisch allen, wenn jeder ausschließlich seine eigenen Interessen befriedigt. Die Menschen (auch Ökonomen und Geschäftsleute) brauchen zu Wohlbefinden, gutem Zusammenleben und Lebensglück überall und ständig mehr als nur die Marktwirtschaft. Nie darf der Mensch ökonomischen Rationalitätskalkülen geopfert werden. Wirtschaften sollte ständig sozial und ökologisch verantwortet sein. Menschlichkeit und Wirtschaftlichkeit schließen sich nicht aus.

Und wie verhält sich die Ökonomie zur *Demokratie*? PETER ULRICH hat es im Rückgriff auf die Diskursethik von Karl-Otto Apel und Jürgen Habermas einsichtig gemacht: Auch die *Demokratie* darf *nicht ökonomisch verkürzt* verstanden werden. Demokratie ist keineswegs nur die Fortsetzung privater Geschäfte mit politischen Mitteln aufgrund eines für alle vorteilhaften Gesellschaftsvertrags, wie bei Thomas Hobbes. Nach seiner Theorie soll dabei zwar jeder besser wegkommen. Faktisch werden jedoch die existierenden Besitz- und Machtverhältnisse unkritisch einfach als gegeben vorausgesetzt. Vielmehr ist die Demokratie – eigennütziges wirtschaftliches Handeln durchaus vorausgesetzt – *ethisch zu verstehen*: als ein allen gegenüber gerechter Gesellschaftsvertrag im Sinne Immanuel Kants, der auf einem Basiskonsens über allgemeine menschliche Rechte und Pflichten fußt. Dabei kommt zwar nicht jeder Mensch von vornherein besser weg, wohl aber wird jeder Mensch grundsätzlich als Person und Rechtssubjekt anerkannt. Die Marktwirtschaft darf keine unzivilisierte, sondern muss eine »zivilisierte«, d.h. in die Civil Society »eingebettete Marktwirtschaft« sein (P. Ulrich[19]).

In dieser Sicht wird eine rationale Politik nicht einseitig die größtmögliche *Freiheit* der einzelnen Bürger anstreben, wobei Menschen mit geringeren Chancen zu kurz kommen. Sondern gerade rationale Politik wird – auch wenn dies notorisch schwierig ist – mit der Freiheit zugleich die *Gerechtigkeit der gesellschaftlichen Verhältnisse* anstreben. Freiheit in Gerechtigkeit: Und was folgt aus all dem für die Marktwirtschaft?

Marktwirtschaft – kein Selbstzweck, sondern Dienst am Menschen

Das menschliche Leben besteht nicht nur aus Wirtschaft, das weiß jeder. Aber es müsste durchgängig auch in der Praxis ernst genommen werden: Die *Marktwirtschaft*, auch die Finanzwirtschaft, ist nicht Selbstzweck, sie muss *im Dienst der Bedürfnisse der Menschen stehen*. Menschen sind Teil des Weltmarkts, aber der ist um der Menschen willen da und nicht umgekehrt. Und die Politik muss dafür entsprechend ihren Möglichkeiten den rechtlichen Rahmen schaffen, damit möglichst viele Menschen unter menschlichen und gerechten Bedingungen am Weltmarkt teilnehmen.

Soziologisch ausgedrückt: Die *Wirtschaft* (und damit der Markt) ist nur ein *Subsystem* der Gesellschaft. Neben und mit ihm existieren andere Subsysteme wie Recht, Politik, Wissenschaft, Kultur und Religion. Das ökonomische Rationalitätsprinzip hat seine Berechtigung, wie wir noch genauer sehen werden. Aber es darf nicht verabsolutiert werden, es hat stets nur relative Berechtigung. Im ökonomistischen Ultraliberalismus jedoch besteht die *Gefahr, dass das marktwirtschaftliche Subsystem faktisch zu einem Totalsystem überhöht wird*: Recht, Politik, Wissenschaft, Kultur und Religion werden dann nicht nur mit ökonomischen Instrumentarien analysiert – was berechtigt ist. Vielmehr werden sie in der Praxis der Ökonomie unterworfen, von ihr domestiziert und faktisch entmachtet.

Eine domestizierte und entmachtete Ethik freilich setzt ihre ureigenen Werte und Maßstäbe aufs Spiel, hat nur noch Alibifunktion und bleibt ineffizient. Eine *totale Marktwirtschaft,* wie sie sich in vielen Bereichen und Regionen bereits abzeichnet, hat *verheerende Folgen*:

Das *Recht*, statt auf der Basis der allgemeingültigen Menschenwürde, Menschenrechte und Menschenpflichten gegründet zu sein, kann je nach wirtschaftlichen »Zwängen« und Gruppeninteressen formuliert und manipuliert werden.

Die *Politik* kapituliert vor dem Markt und den lobbyistischen Pressure Groups, und die globalen Spekulationen vermögen bei falschen politischen Vorgaben sogar nationale Währungen und den Euro zu erschüttern.

Die *Wissenschaft* sieht sich wirtschaftlichen Interessen ausgeliefert und büßt ihre Funktion einer möglichst objektiven, kritischen Kontrollinstanz ein.

Die *Kultur* verkommt zur Zuträgerin des Marktes und die Kunst rutscht in den Kommerz ab (Kunstwerke als bloße Ware und Spekulationsobjekte).

Das *Ethos* wird so letztlich der Macht und dem Profit geopfert und wird durch das, was »Erfolg bringt« oder »Spaß macht« ersetzt.

Auch die *Religion*, auf dem Supermarkt der Ideen als Ware zusammen mit viel Parareligiösem und Pseudoreligiösem angeboten, wird nach Belieben gemischt zu einem synkretistischen Cocktail – zur bequemen Stillung religiösen Durstes, der bisweilen auch beim Homo oeconomicus aufzutreten pflegt, und weniger als moralisches Korrektiv und als Orientierungsinstanz.

Verschärfend kommt hinzu: Von Ökonomen wie Politikern werden bei allen berechtigten Sachargumenten *faktische* »*Sachzwänge*« immer wieder als *axiomatische Denkzwänge* hingestellt. Grundsätzliche Alternativen erscheinen dann praktisch ausgeschlossen. »Zum Afghanistankrieg gibt es keine Alternative«, »Zum Stützungsfonds von 750 Milliarden Euro gibt es keine Alternative«, so proklamieren Politiker, wenn ihnen die Argumente ausgehen, weil sie womöglich die Alternative verpasst haben oder sie vielleicht gar nicht ernsthaft erwägen wollen. Zu beiden Fragen – Afghanistan wie Griechenland – gibt es unter Fachleuten durchaus kontroverse Meinungen. Doch was da oft als »Eigengesetzlichkeit« oder quasi natürliche ökonomische »Sachzwänge« präsentiert wird, braucht von den demokratisch gewählten Repräsentanten der Politik nicht (und von Ethikern erst recht nicht) ohne weiteres vertreten oder gar noch nachträglich legitimiert zu werden. Das bedeutet jedoch keinen Freibrief für einen »volontarisme politique« der meint, sich bei der Durchsetzung einer bestimmten politischen Option um die finanziellen und ökonomischen Realitäten nicht kümmern zu müssen. Deshalb sind »Sachzwänge« gründlich zu überprüfen.

Es wäre oft gut, sich bei wichtigen politischen und wirtschaftlichen Entscheidungen elementar zu fragen: Muss denn das, was in diesem Fall in der Politik (Afghanistan!) oder in der Wirtschaft (Griechenland!) faktisch gilt, als unverrückbare Norm angesehen werden? Ist das, was (etwa im Krieg) effizient ist, auch legitim, auch moralisch? Für die Wirtschaft gilt prinzipiell: Markt und Wettbewerb sind Mittel und Instrument, Markt und Wettbewerb dürfen nicht zum obersten Wert und Ziel der Wirtschaft werden. Dies bleibt das *allgemeine Wohl*. Gegenüber einer »Religion des Marktes« (Jürgen Moltmann) ist also Entmythologisierung geboten: Wie bereits aufgezeigt, führt auch die »unsichtbare Hand« des Wettbewerbs, ganz sich selbst überlassen, keineswegs quasi providentiell zum Wohlergehen aller und zur möglichst großen gesellschaftlichen Harmonie.

Primat des Ethos gegenüber Ökonomie und Politik

Zuerst kommt die Ethik, dann die Politik, erst dann die Ökonomie: das ist nicht eine neue Einsicht, sondern schon die klassische Lehre des Aristoteles. Interessen, Sachzwänge und Kalküle der ökonomischen Rationalität sind ernstzunehmen. Doch dürfen sie die grundlegenden Forderungen säkularer wie religiöser Ethik nicht überrollen. Auch in einer globalisierten Weltwirtschaft darf *kein Sozialdarwinismus* oder Raubtierkapitalismus herrschen, demzufolge im »Kampf ums Dasein« einfach nur »der Tüchtigste überleben« wird. Vielmehr *soll jeder Mensch und jede Menschengruppe menschlich, und nicht unmenschlich, behandelt werden*. Dies bindet gerade in einer freiheitlichen und demokratischen Gesellschaft alle Akteure der Ökonomie und Politik und kann keinesfalls etwa im Namen einer einseitig verstandenen »Wirtschaftsfreiheit« außer Kraft gesetzt werden. Und vor allem dürfen dabei nicht nur die anderen kritisiert werden, wie beispielsweise beim Vorwurf des »Sozialdumping« an Dritte-Welt-Länder; denn der wird in Europa und Amerika oft nicht aus primär humanitären, sondern aus egoistischen Motiven, zum Schutz der eigenen Marktinteressen, erhoben.

Um der zunehmenden Ökonomisierung der Gesellschaft und der diese rechtfertigenden Ideologie des Ökonomismus entgegenzuwirken, ist jedenfalls eine kritische Grundlagenreflexion von größter Bedeutung. Sie hat zunächst die *normativen Prämissen der ökonomischen Positionen zu hinterfragen*, seien diese nun ausdrückliche Voraussetzungen oder nur diffuse Hintergrundannahmen. Das Wettbewerb-Prinzip, wichtig für die Wirtschaft, darf nicht der einzige Motor der Gesellschaft werden – erst recht nicht für Schulen, Universitäten, gar die Wissenschaft überhaupt. Grundlegend muss sein: Wirtschaft und Staat existieren um der Menschen willen. Sie haben immer auch *der Würde des Menschen gerecht* zu werden.

Verständlicherweise ist in Deutschland nach all den grauenhaften *Unmenschlichkeiten* des Nazi-Regimes (oft begründet mit »Gemeinnutz geht vor Eigennutz«) der Begriff der *Menschenwürde*, der vorher kaum Verfassungstradition hatte, an die Spitze des Grundgesetzes der Bundesrepublik Deutschland gestellt worden: »Die Würde des Menschen ist unantastbar«. Was in den vergangenen Jahrzehnten von Verfassungsrechtlern gründlich reflektiert worden ist, wurde jedoch von manchen späteren Theoretikern der Wirtschaftswissenschaft, die solche Fragen gerne den Juristen, Philosophen und Theologen überließen, nur unzureichend in all seinen Konsequenzen erforscht: Menschenunwürdige Verhältnisse können nicht hingenommen werden. Es müssen *menschenwürdige Verhältnisse* – so überaus schwierig zu definieren und zu realisieren – angestrebt werden.

Grundsätzlich müsste von der Wirtschaftswissenschaft die Rangordnung der Bereiche im Hinblick auf die Praxis neu durchdacht werden: Markt und Ethik sind nicht zwei unversöhnbare Welten, aber es muss klar sein, was den Vorrang (Primat) hat.

- Es gilt *der Primat der Politik gegenüber der Ökonomie*: Die Wirtschaft darf nicht nur im Dienst der angeblich rationalen strategischen Selbstbehauptung des Homo oeconomicus funktionieren. Die Politik muss die Regeln setzen und die Wirtschaft muss sich daran halten. Wo die Politik nur als verlängerter Arm der Wirtschaft funktioniert, kann sie nicht die rechtlichen Rahmenbedingungen setzen. Der politisch Mächtige darf nicht einfach die Marktordnung bestimmen. Die Wirtschaft muss – wie es auch in ordnungspolitischen Maßnahmen zum Ausdruck kommt – im Dienst übergeordneter ethisch-politischer Ziele stehen. Die Nationalstaaten können den Primat der Politik im Zeitalter der Globalisierung freilich nur mit Hilfe regionaler Zusammenschlüsse (EU), internationaler Organisationen und NGOs durchsetzen, auch wenn deren Konsensfindung oft schwierig ist.
- Zugleich gilt *der Primat des Ethos gegenüber Ökonomie und Politik*: So grundlegend Wirtschaft und Politik sind, sie sind nur einzelne Dimensionen der allumfassenden Lebenswelt des Menschen, die um der Menschlichkeit des Menschen willen ethischen Maßstäben der Humanität unterworfen sein müssen.
- Weder die Ökonomie noch die Politik haben also den Vorrang, sondern die in allem zu wahrende unantastbare Würde des Menschen, seine mit dem Menschsein gegebenen Grundrechte und Grundpflichten. Es kann eine von Wirtschaftsinteressen unabhängige Politik geben, aber keine von ethischen Normen losgelöste.
- Der Markt, wenn er funktionieren soll, hängt ab von wirtschaftsfreundlichen ordnungspolitischen und ethischen Rahmenbedingungen, die der Markt sich jedoch nicht selber schaffen kann.

Der Primat der Politik ist leichter theoretisch zu affirmieren als gegenüber den Wirtschaftsmächten praktisch zu realisieren. Die Regierungen müssen in Zukunft strikt vermeiden, sich so zu verschulden, dass sie von den Finanzmärkten getrieben werden. Sie können ihren Primat nur durchsetzen, wenn sie ohne Angst vor dem Wähler durch Einsparungen gegen die Staatsverschuldung angehen und gleichzeitig international abgestimmt den Finanzakteuren verbindliche Regeln mit Sanktionen auferlegen.

Wirtschaftliche Rationalität und ethische Verantwortung gehören zusammen

Der Primat des Ethos wird für die Wirtschaft in der Wirtschaftsethik ausformuliert. Für die *praktischen Implikationen* dieser Wirtschaftsethik, die von der Wirtschaftswissenschaft wieder neu ernstzunehmen wären, bedeutet dies: »*Die normative Kraft des Faktischen*« ist wie in der Politik (z. B. in der Rüstung) so auch im Bereich der Ökonomie (z. B. im Börsengeschehen) nicht durch die simple Anerkennung bestehender Machtverhältnisse zu legitimieren, sondern durch institutionelle Maßnahmen zu bändigen: konkret durch Kontrolle korporativer Macht, Veränderung der Machtstrukturen, eine neue Finanzarchitektur und andere Reformmaßnahmen und ein kontrafaktisches Ethos.

Gerade wenn die Wirtschaft sich in unseren Tagen an die neuartigen globalen Bedingungen anpasst, darf dabei die Würde des Menschen keinesfalls Schaden leiden, darf die menschliche Gesellschaft nicht auseinanderbrechen. Das Gegenmodell zum weithin herrschenden Wirtschaftssystem, das ist in den vorausgehenden Kapiteln immer wieder deutlich geworden, kann freilich »*nicht ein neuer Staatsinterventionismus*« sein, der nur neue Bürokratisierung und wirtschaftliche Ineffizienz und wie die früheren desavou-

ierten staatlichen Planwirtschaften Missachtung der Ökologie und gesellschaftliche Unterdrückung zur Folge hätte.
Es müsste vielmehr »eine *globale Marktwirtschaft* sein, die
auf *humane und soziale Ziele politisch verpflichtet* wird, die
zukünftigen Bedürfnissen und Risiken gerecht wird und mit
den natürlichen Lebensgrundlagen haushält« (I. Hauchler[20]).
Dies möchte ich modellhaft konkretisieren:

3. Umrisse eines neuen Paradigmas des Wirtschaftsethos

In einer Zeit, da die Wirtschaft den epochalen Paradigmenwechsel zur nicht mehr eurozentrischen, sondern polyzentrischen Weltwirtschaft faktisch vollzogen hat und sich nun
an die globalen Bedingungen in vernünftiger Weise anpas-
sen muss, bedarf es eines neuen Paradigmas des Wirtschaftsethos, das *ökonomische Rationalität und ethische Grundorientierung* verbindet. Eine Vernunftethik des Wirtschaftens
ist nötig[21], die jedoch die verschiedenen Kulturen und Religionen konstruktiv einbezieht und ihnen spezielle Aufmerk-
samkeit zuwendet. So zeigt beispielsweise der Blick auf die
drei monotheistischen Religionen Judentum, Christentum
und Islam, wie diese die Entwicklung der Weltwirtschaft auf
ihre Weise geprägt haben, was sich etwa an deren Einstellung
zum Umgang mit Geld im allgemeinen und zum Zinsnehmen im besonderen aufzeigen lässt.[22]

Ethische Konstanten und Variablen

Ethische Normen für die Wirtschaft sind nicht einfach als
fixe Lösungen vom Himmel gefallen, wie dies ein bibli-
scher oder koranischer Fundamentalismus glauben machen
möchte. Und sie lassen sich auch nicht aus einer unverän-

derlichen Wesensnatur des Menschen ableiten, wie dies eine statische Naturrechtslehre annimmt. Vielmehr drängten sich ethische Normen, wie empirisch schon in der frühen Menschheitsgeschichte zu beobachten, aufgrund bestimmter Lebensbedürfnisse, Dringlichkeiten und Notwendigkeiten der Menschheit auf. So gegen Raub, Ausbeutung und Übervorteilung mit dem Schutz des Lebens auch der Schutz des *Eigentums*. Daher kommt die bis heute sich in den verschiedenen religiösen und ethischen Traditionen durchhaltende Grundnorm »Du sollst nicht stehlen (betrügen, übervorteilen)«. Hier handelt es sich offensichtlich um eine der *ethischen Konstanten* oder, wie es in der Weltethos-Erklärung des Parlaments der Weltreligionen in Chicago 1993 heißt, um eine der »vier *umfassenden uralten Richtlinien*, die sich in den meisten Religionen dieser Welt finden«: eine »*unverrückbare Weisung*«.[23] Ich werde darauf noch zurückkommen.

Aber diese Unverrückbarkeit gilt von *Spezial- oder Detailnormen* nicht in derselben Weise wie von *Grundnormen*. Ich möchte diesen wichtigen Punkt illustrieren an dem bis heute von Muslimen, aber auch von manchen Christen strikt interpretierten biblischen und koranischen *Zinsverbot*.[24] Gerade am Verbot des Zinses zeigt sich, dass schon früh eingelebte Normen *in veränderter Zeit angepasst* werden müssen, ja unter Umständen auch ausgehöhlt und schließlich aufgegeben werden. Und so ist nicht zu übersehen, dass ethische Spezialnormen gerade in der Wirtschaft nicht nur zwischen Kulturen und Religionen, Nationen und ethnischen Gruppen verschieden sind, sondern sich auch mit dem wirtschaftlichen Umfeld verändern können. Sie besitzen oft einen unterschiedlichen Geltungsbereich und eine unterschiedliche Geltungsdauer. Das heißt: Es handelt sich um *ethische Variablen*. Gerade an einem Beispiel wie diesem zeigen sich Sinn *und* Nutzen einer transkulturellen Betrachtungsweise. Eine solche ist für Ökonomen ungewohnt, ich möchte sie deshalb in einem kleinen Exkurs verdeutlichen:

Zur ethischen Beurteilung des Geldwesens in Judentum, Christentum und Islam

Zuerst zum *Judentum*: Schon die Hebräische Bibel verbietet Juden das Zinsnehmen. Wir wissen heute aus der biblischen Forschung, dass dieses Verbot aber erst nach langen Zeiten des Einübens und Bewährens im Judentum allgemeine Anerkennung gefunden hat und schließlich – in erster Linie nur für Juden gegenüber Juden – unter die legitimierende, schützende Autorität des Bundesgottes Jahwe gestellt wurde.[25]

Später überließen die Christen das Geldgeschäft und das *Zinsnehmen* weithin den Juden, und seit dem Mittelalter machten sich historische Vorurteile von den Juden als »Geldmenschen«, »Geldjuden« und von »christlichen Juden« breit. Als ob nicht die Christen die Juden aus den hohen Staatsämtern, dem Richteramt und der Armee und auch aus Landwirtschaft und Handwerk verdrängt hätten![26] Und so haben die Christen die Juden ins Geldgeschäft hineingenötigt, da diese nur so überhaupt ihr Leben fristen konnten.

Und wie steht es im *Christentum*? Das Neue Testament kennt die Möglichkeit, dass Zins genommen wird, aber über die ethische Seite spricht es sich nicht aus.[27] Unter dem Einfluss des Alten Testaments verboten jedoch auch die christlichen Kirchen das Zinsnehmen zumindest in den ersten vier Jahrhunderten rigoros (so das gesamtspanische Konzil von Elvira um 306). Man setzte »Zins« weithin mit »Wucher« gleich (das lateinische *usura* wird für beides gebraucht), mit dem man die Schulden von Armen ausnützt. Nach dem Zusammenbruch des römischen Imperiums lockerte sich zwar das Zinsverbot, aber vom 8.–14. Jahrhundert wurde es wieder strenger eingefordert.

Aber auch Christen haben sich schon früh Methoden ausgedacht, mit denen nicht zuletzt Großbankiers, Päpste und Fürsten das Zinsverbot umgehen konnten[28]: Die Kreditnehmer gaben zum »Dank« ein »Geschenk« oder unterschrieben einen überhöhten Schuldschein (manchmal sogar über das Doppelte) oder zahlten wegen »Terminüberschreitung« die von vornherein vereinbarte »Buße« oder machten einfach ein Scheingeschäft. Eine berühmte Ausnahme waren übrigens bestimmte lombardische Kaufleute, denen hochverzinste Geldgeschäfte gegen Sicherheiten gestattet waren; nach ihnen ist bis heute der meist kurzfristige Lombardkredit benannt. Aber seit dem 14. Jahrhundert begann das Verbot zu bröckeln und man gestattete Zinsnehmen unter bestimmten Bedingungen. Die Reformatoren wiederum – Zwingli noch mehr als Luther – waren entschiedene Zinsgegner.[29] Nur Calvin im aufstrebenden Genf musste einsehen, dass das sich (zuerst in Italien) entwickelnde Bankenwesen neben dem Warenmarkt einen Kapitalmarkt hervorgebracht hatte, welcher einer Steuerung mit Hilfe des Zinses bedurfte.

Das Zinsverbot stammt ja aus einer Zeit fast reiner Naturalwirtschaft, als die meisten Menschen nur in Zeiten der Not die Güter des täglichen Bedarfs borgen mussten. Für Christen kam der Gewinn aus einem solchen durch die Not erzwungenen Kredit einer Verletzung der christlichen Nächstenliebe gleich und wurde deshalb von den Kirchen für Christen gegenüber Christen immer wieder verboten. Aber spätestens seit der Mitte des 16. Jahrhunderts, mit der heraufkommenden modernen Geldwirtschaft, erhielt das Leihgeld eine wachsende autonome Bedeutung; war es doch längst nicht mehr primär ein Kredit zum Überleben, so dass ein moderater Zins kaum länger als unberechtigter Gewinn angesehen werden konnte. Das Zinsverbot verlor damit seinen ursprünglichen Sinn und wurde, allerdings erst nach langem Hin und Her, von den Kirchen stillschweigend aufgegeben. So war die Zinsfrage im christlich geprägten Europa bereits im 16./17. Jahrhundert, am Beginn der Neuzeit, durchdiskutiert und schließlich gelöst worden. Es ist ein Symptom für den späten Eintritt der islamischen Länder in die Moderne, dass die Zinsfrage dort erst im 20. Jahrhundert virulent wurde.

Und wie ist die Situation im *Islam*? Zur Zeit des Propheten Muhammad war »Zins« ein ernsthaftes soziales Problem; denn wer seine Schulden nicht zurückzahlen konnte, sah sie immer wieder verdoppelt, was schließlich in der Sklaverei enden konnte. Deshalb die *Warnung des Koran vor dem Zins*: »Diejenigen, die Zins (*riba,* »Zuwachs«, »Vermehrung«) nehmen, werden (dereinst) nicht anders dastehen als wie einer, der vom Satan erfasst und geschlagen ist. Dies (wird ihre Strafe) dafür (sein), dass sie sagen: ›Kaufgeschäft und Zinsleihe sind ein und dasselbe.‹ Aber Gott hat (nun einmal) das Kaufgeschäft erlaubt und die Zinsleihe verboten ... Ihr Gläubigen! Fürchtet Gott! Und lasst künftig das Zinsnehmen bleiben, wenn (anders) ihr gläubig seid!«[30] Die schottische Theologin Susan Buckley hat in ihrer Untersuchung gezeigt[31], »wie verschiedene ökonomische Systeme sich entwickelten in Übereinstimmung mit den Lehren über den ›Zins‹ (›usury‹) in den Schriften dieser drei monotheistischen Religionen und wie diese Lehren noch immer ökonomische Systeme beeinflussen«[32].

Schon aus den koranischen Versen über das Zinsverbot ergibt sich deutlich, dass der Prophet Muhammad, selber Kaufmann – im Stadtstaat Medina an der Weihrauchstraße, der wie Mekka vom Handel abhängig war, – nicht im Traum daran dachte, den Handel einzuschränken und den Gewinn zu verteufeln. Er sah auch in einer frei gewählten Armut kein religiöses Ideal, bejahte vielmehr einen angemessenen Lebensstandard, freilich ohne Luxus und Raffgier. In Mekka vor allem hatte er *Gerechtigkeit* gepredigt. Eine wichtige

Neuerung war allerdings die *Zakat,* eine der fünf Säulen des Islam: Diese freiwillige Sozialabgabe sollte die Armut der Armen reduzieren und den Reichtum der Reichen beschränken. Sie wäre auch heutzutage nötig in Ländern, in denen soziale Sicherungssysteme fehlen.

Für die modernen Islamisten bilden deshalb Zinslosigkeit und Sozialabgabe zusammen mit den Stiftungen die drei Hauptkomponenten eines *heutigen islamischen Wirtschaftsmodells.* Je mehr die islamischen Länder, nach dem Zweiten Weltkrieg unabhängig geworden, in das westliche Finanzsystem eingebunden wurden, um so mehr forderten Muslime – aus religiösen, politischen oder rein kommerziellen Gründen – Finanzeinrichtungen nach den Grundsätzen der Scharia. So wurden zuerst in Ägypten und Pakistan, dann auch in Saudi-Arabien islamische Sparkassen und Banken errichtet, die bald in vielen Ländern Niederlassungen und Tochtergesellschaften gründeten. Bei allen Schwächen dieser Banken (mangelnde Kaderausbildung und Koordination mit den konventionellen Banken, politische Komplikationen und allzu kurzfristiger Handel) ist es ihnen doch gelungen, eine breite Palette von Finanzinstrumenten zu entwickeln, welche die Bedürfnisse des modernen Lebens mit der Scharia in Einklang bringen. Um die Zinslosigkeit aufrecht zu erhalten, kamen die islamischen Rechtsgelehrten dabei auf ganz ähnliche Lösungen wie die römischen Kirchenjuristen, zum Beispiel der Kaufantrag an die Bank mit nachträglicher Gewinnmarge oder eine Art Leasingvertrag mit höheren Ratenzahlungen.

Die islamischen Banken sind mit diesen (nicht von allen Muslimen in gleicher Weise anerkannten) Modellen so erfolgreich, dass sich schließlich die *internationale Finanzwelt* zur Zusammenarbeit mit ihnen bereit fand und mittlerweile einzelne westliche Großbanken ihrer muslimischen Kundschaft sogar eigene islamische Finanzprodukte anbieten oder gleich islamische Tochterbanken gründeten. Die islamische Finanzkraft weltweit wird zur Zeit auf eine Trillion Dollar geschätzt, mit dem Potential auf fünf Trillionen anzuwachsen. Studenten der Scharia haben viele Möglichkeiten und sind gefragt. Geistliche Experten, oft auch ganze Komitees aus Rechtsgelehrten und Bankern, beraten die Banken und geben Rechtsbescheide darüber ab, was gesetzgemäß oder gesetzwidrig ist. Spekulation wird abgelehnt.

Die höchste geistliche Autorität im sunnitischen Islam ist der Scheich der Al-Azhar Moschee in Kairo. Ich habe Scheich Al-Azhar Muhammad Tantawi (2010 verstorben) anlässlich eines Staatsbesuchs von Bundespräsident Johannes Rau in Kairo 1998 persönlich kennengelernt. Schon am 29. Mai 1991 hatte er eine Erklärung publiziert, die eine *Festlegung des Kapitalgewinns zu einem festen Satz* gestattet, so dass die Bankbehörden, nach Einholung des Rates der Gelehrten und Experten (»sharia-board«) *Kapitalzinsen* im voraus festlegen können. Da, wie berichtet wird, Geistliche immer mehr vom modernen Bankwesen und Banker immer mehr von den Prinzipien des Islam verstehen, hat sich die Zusammenarbeit in diesen Scharia-Beiräten erheblich verbessert. Dabei ist freilich nicht zu übersehen: Der größte Teil der privaten und öffentlichen Finanzoperationen auch im islamischen Raum wird nach wie vor auf westliche Weise abgewickelt, da die Gesetzgebung in den meisten arabischen Ländern Zinsen durchaus zulässt.

Mit diesem kleinen Exkurs dürfte ich ausreichend illustriert haben, dass das *konkrete Ethos*, auch in der Wirtschaft, ein Gefüge aus Konstanten und Variablen ist. Und dies ermöglicht in der Praxis verschiedene Grundhaltungen:

– Wer überall nur moralische *Konstanten* (seien sie in der Bibel oder im Koran begründet) sehen will, gelangt zu einem weltfremden, starren moralischen Dogmatismus oder Fundamentalismus.

– Wer im Ethos nur *Variable*, in den verschiedenen Kulturen oder Situationen begründet, zu erkennen meint, verfällt einem zersetzenden Relativismus oder Skeptizismus.

– Wer aber Konstanten und Variable verbindet, wird fähig, gleichzeitig *ökonomischen Gesetzlichkeiten und ethischen Imperativen* zu genügen. Damit komme ich zu grundsätzlichen Abgrenzungen und wende mich sowohl gegen eine unökonomische Gesinnungsethik wie eine gesinnungslose Erfolgsethik.

Keine unökonomische Gesinnungsethik von Ideal-Ökonomen

Weder eine christliche noch eine jüdische oder islamische Wirtschaftsethik lässt sich auf die *Alternative Gott oder Geld* bringen. Dies wäre eine groteske Vereinfachung. Allerdings ist es keine Frage,

– dass nach christlicher, jüdischer und muslimischer Auffassung nicht das Geld die Welt regieren soll, sondern Gott;

– dass jeder gläubige Mensch, sei er arm oder reich, sich zu entscheiden hat, ob er sein Herz an Gott oder an den Mammon hängt, ob das Geld für ihn notwendiges »Zahl- und Lebensmittel« oder aber ein Götze ist;

– dass jeder Mensch von der Botschaft der Bibel wie des Koran zur genügsamen Anspruchslosigkeit und großzügigen Hilfsbereitschaft aufgerufen ist, kurz:

– dass die ökonomischen Werte in der Werteskala keinesfalls die obersten sein können oder dürfen.

Und speziell für *Christen* ist auch keine Frage,

– dass Jesus, obwohl persönlich arm und engagiert für die Armen, weder einen Wohlfahrtsstaat noch naiven Kommunismus gepredigt hat, sondern dazu aufgefordert hat, »zuerst das Reich Gottes« zu suchen; »alles andere« werde den Menschen dann dazugegeben[33];

– dass er von seinen Anhängern nicht die Enteignung der Reichen, die Rache an den Ausbeutern und den generellen Verzicht auf Eigentum gefordert hat;

– dass manche seiner Jünger zwar Häuser besaßen, aber, wie Jesus selber, auf ihrem Wanderleben auf die Unterstützung der Besitzenden unter seinen Anhängern und besonders Anhängerinnen angewiesen waren.[34]

Das alles heißt für heute: Christen (insbesondere Theologen und kirchliche Amtsträger) sollen bei allem entschiedenen Einsatz gegen ungerechte und unmenschliche Verhältnisse nicht als ökonomisch naive Schwarmgeister auftreten, welche die Armut religiös verbrämen und Reichtum pauschal diskreditieren. Erst recht natürlich nicht als fromme Fanatiker, deren Eiferertum nur den Mangel an ökonomischer Sachkompetenz überdeckt und die nur zu oft der Welt Wasser predigen und selber Wein trinken. Freiwillig gewählte Armut ist für einzelne oder einzelne Gruppen eine vom Evangelium inspirierte und legitimierte charismatische Lebensform, die freilich, wie die Geschichte des Franziskanerordens zeigt, schon in der mittelalterlichen und erst recht in der modernen Welt nicht leicht überzeugend zu realisieren ist.

Auch die echten Idealisten müssten verstehen, dass idealistische Forderungen wie zinslose Darlehen (oder zu geringen Zinsen) mit Berufung auf das biblische Zinsverbot zwar im Kreis der Familie, innerhalb von Nachbarschaft und Kirchgemeinden oder auch für soziale Aktionen, für Entwicklungsprojekte, für diakonische oder ökologische Vorhaben höchst sinnvoll sein können. Aber sie können keine allgemein gültige volkswirtschaftliche Lösung sein, weil sich nun einmal das wirtschaftliche Umfeld völlig verändert hat. Häufig fehlt einer solchen Gesinnungsethik die ökonomische Kompetenz, und dies heute besonders im Weltmaßstab. Das heißt:

• Nicht tauglich für eine neue Weltwirtschaftsordnung ist die *bloße Gesinnungsethik der Ideal-»Ökonomen«*, für die eine rein moralische Motivation und der gute Zweck (Gerechtigkeit, Liebe, Wahrheit, Frieden) ausreichen, die sich aber um gegebene ökonomische Gesetzlichkeiten und die konkrete Durchsetzbarkeit in einem hochkomplexen Wirtschaftssystem nur wenig Gedanken machen. Eine solche idealökonomische Gesinnungsethik pflegt Gewinnstreben prinzipiell oder zumindest für konkrete Fälle als von vornherein unmoralisch zu diskreditieren.

- Dagegen ist zu sagen: Für die Allgemeinheit *moralische Forderungen bar aller ökonomischen Rationalität* zu erheben, ohne also die Gesetzlichkeiten der Wirtschaft zu beachten, ist keine Moral, sondern *Moralismus.* Wettbewerb, Verfolgen von Eigeninteressen und Gewinnstreben, wenn sie höhere Güter und die Rechte anderer nicht verletzen, sind legitim.

»Gut gemeint« ist auch in der Wirtschaft oft das Gegenteil von gut. Solche unökonomische Gesinnungsethik ist, aus der Nähe betrachtet, nicht Ethik, sondern Romantik. Gerade im Zeitalter der Globalisierung gilt, dass gute Motive noch kein gutes Wirtschaften garantieren. Zur Kunst des erfolgreichen Wirtschaftens gehört die Abschätzung nicht nur der beabsichtigten Wirkungen (etwa Produktionssteigerung), sondern auch der keineswegs beabsichtigten, aber oft höchst schwerwiegenden Nebenwirkungen (etwa soziale oder ökologische). Wer nur gut handeln möchte ohne Rücksicht auf die möglichen üblen Folgen und Nebenfolgen, handelt unverantwortlich, ja schuldhaft, auch wenn er bei Misserfolgen gerne den anderen oder den Umständen die Schuld gibt. Ein falscher Idealismus hat bisweilen sozialgesinnte und karitative Unternehmer und Unternehmen in die Irre geführt. Für verantwortungsvolles, erfolgreiches Wirtschaften gilt: Nicht nur auf die Motive, sondern auch auf die Resultate, beabsichtigte und unbeabsichtigte, kommt es an.

Keine gesinnungslose Erfolgsethik von Real-Ökonomen

Die ganze Problematik von Wirtschaft und Moral auf die *Alternative Gewinn oder Gesinnung* zu reduzieren, ist eine ebenso naive Simplifizierung. Eine auf hemmungslosem Wettbewerb gegründete gesinnungslose Erfolgsethik ist, auch wenn sie von Managern oder »Consultants« empfohlen wird, keine Ethik, sondern bestenfalls Technik, näher betrachtet, eine egoistische Verhaltenstechnik. Sie kann zu krassem Libertinismus und Raubtierkapitalismus führen. Aber weder Großbanken noch Hedgefonds, weder internationale Konzerne noch internationale Organisationen, weder die übergeordnete institutionelle Ebene der Ordnungspolitik noch die untergeordnete der Unternehmenspolitik stehen über der Moral. Warum? Ethik, weil kategorisch und nicht hypothetisch, universal und nicht partikular, kennt *keine ethikfreien Zonen oder Ebenen*, wie einige Ökonomen, die ethisch-politische Rahmenordnungen für den nationalen Bereich akzeptieren, für den internationalen Bereich aber ablehnen, vorauszusetzen scheinen.

- Nicht tauglich für eine neue Weltwirtschaftsordnung ist also auch die *bloße Erfolgsethik der Real-Ökonomen*, für die der Gewinn alle Mittel »heiligt«, im »Notfall« auch unmoralische wie Vertrauensbruch, Lug und Trug, und ebenso alle Zwecke, auch hemmungslose Raffgier. Sittlich berechtigtes Gewinnstreben wird hier zu einem dogmatischen »Gewinnprinzip« oder gar »Gewinnmaximierungsprinzip« erhoben.

- Dagegen ist zu sagen: Dogmatisch *ökonomische Auffassungen bar aller ethischen Normen* zu vertreten, ist nicht Ökonomie, sondern ökonomischer Reduktionismus, *Ökonomismus*. Dem Erfolg kann keinesfalls der Primat, der dem Ethos zukommt, zugestanden werden. Wahrnehmen der eigenen Interessen und jedes unternehmerische Handeln muss sich ethisch verantworten, auch wenn dies im konkreten Fall des Konkurrenzdrucks eine Zumutung bedeuten mag.

Von einer »Ethik des Wettbewerbs«, wie der katholische Wirtschaftsethiker Karl Homann[35], sollte man nicht reden. Aus sich heraus ist der Wettbewerb ambivalent, er kann (ethisch) zum Wohlstand aller oder aber (unethisch) zur Verteidigung von Partikularinteressen auf Kosten aller anderen führen. Auch Homann muss zugeben, dass die sittliche Qualität des Wettbewerbs von der Rahmenordnung abhängt. Doch reflektiert er in keiner Weise die ethische Dimension dieser Rahmenordnung. Er will nicht sehen, dass es trotz unterschiedlicher Wertsysteme und Kulturen einen empirisch feststellbaren interkulturellen Grundbestand gemeinsamer ethischer Normen gibt, der weit über die Goldene Regel hinausgeht. Damit bleibt er hinter der Entwicklung zurück, die sich seit der Erklärung zum Weltethos des Parlaments der Weltreligionen in Chicago 1993 weltweit abzeichnet. Seine »ökonomische Theorie der Moral« will die Ethik faktisch auf die Ökonomik reduzieren und sie der Logik des marktwirtschaftlichen Systems und der ökonomischen Rationalität unterwerfen. In verschiedenen Veröffentlichungen vertritt Homann die These: »Markt und Wettbewerb erhalten die moralische Qualität ausschließlich deswegen zugesprochen, weil sie ›effizient‹ sind.« Einerseits möchte er ohne allgemein verpflichtende ethisch-moralische Kategorien auskommen, andererseits bleibt sein Konzept ohne zumindest ein Minimum an ethisch-moralischen Maßstäben normativ leer.[36] Wie soll man ohne diese Basis eine solide global rezipierbare Wirtschaftsethik konstruieren können? Ich komme darauf zurück.

Im Licht der neuesten Entwicklungen in der Weltwirtschaft wird die Kritik an einer Wirtschaft ohne ethische Grundlage noch viel grundsätzlicher formuliert. So meldete sich am 11. Mai 2008 ein 22köpfiger Schweizer Rat für Wirtschafts- und Sozialpolitik mit einem Manifest »Kontrapunkt« zu Wort, in welchem der Wettbewerb zur »Optimierung« aller Prozesse und Ergebnisse der Kritik unterzogen wird[37]: »Dieses Marktprinzip soll auf möglichst viele gesellschaftliche Bereiche ausgedehnt werden. Die Wirtschaft wird nicht mehr als Teil der Gesellschaft gesehen, sondern umgekehrt die Gesellschaft lediglich als Ergebnis wirtschaftlicher Prozesse. Oder noch extremer: ›Es gibt keine Gesellschaft, sondern nur Individuen‹ (Margaret Thatcher). Wirtschaftswissenschaften und Wirtschaftspraxis, Politik und Behörden haben diese Doktrin weitgehend übernommen. Grenzenloses Gewinnstreben führt zur Amoralität.« Beispiele für solche Amoralität habe ich in den Abschnitten »Irrwege« und »Irrläufer« genannt; weitere werden folgen.

Das Manifest »Kontrapunkt« fährt fort: »In den letzten Monaten hat sich deutlicher denn je zuvor gezeigt, dass diese marktradikale Doktrin, wenn sie zum leitenden Organisationsprinzip wird, nicht nur unzureichend ist, sondern große Gefahren für die Menschen und Gesellschaften in sich birgt und manche Wirtschaftsakteure zu abenteuerlichen, ja amoralischen bis kriminellen Handlungen anleitet. Wettbewerb ist nur gesellschaftsdienlich, wenn ihm ein klarer rechtlicher Rahmen human-, sozial- und umweltverträglicher Voraussetzungen vorgegeben wird. Sonst kann Gewinnorientierung schnell zur maßlosen Gier nach immer größeren Profiten oder zur Angst vor Verlusten degenerieren. Gier führt dazu, dass Vorsicht und moralische Bedenken verdrängt werden; Angst löst Panikreaktionen aus, die blitzschnell immer weitere Kreise ziehen und weite Teile der Wirtschaft in die Katastrophe mitreißen. Gier und Angst sind daher keine tauglichen Leitmotive wirtschaftlichen Handelns. Gewinn ist unternehmerisch notwendig, aber nicht das Einzige, was zählen darf. Wirtschaft ist nicht Selbstzweck; sie dient dem guten Leben und fairen Zusammenleben der Menschen in der freiheitlich-demokratischen Bürgergesellschaft, in der wir leben möchten. Ja sie kann längerfristig überhaupt nur auf der Basis der Grundsätze und Wertvorstellungen der Gesellschaft funktionieren. Kurz: Sinnvolles und legitimes Wirtschaften beruht auf Werten und verwirklicht Werte.«

Zurecht wird hinzugefügt, dass dies alles noch immer den meisten Unternehmern hierzulande bewusst sei, aber es sei an der Zeit, dass sich auch die Wissenschaft, die Politik und die angestellten Führungskräfte der »Global Players« dazu ohne Wenn und Aber bekennen.

Ethisch verantwortetes Wirtschaften: Reform des internationalen Währungssystems

Der Sinn des Wirtschaftens ist es, die menschlichen Lebensgrundlagen zu sichern. Sollte aber vielleicht gerade die »Gewinnmaximierung« für menschliches Überleben nötig sein? Aufgrund all dessen, was im vorausliegenden Abschnitt entwickelt wurde, lässt sich feststellen: Zwar ist *Gewinnstreben* ethisch gerechtfertigt unter dem Vorbehalt, dass höhere Werte gewahrt bleiben. Aber *Gewinnmaximierung* als wirtschaftspolitisches Prinzip ist keinesfalls ethisch gerechtfertigt. Wie ist denn ein Maximum an finanziellem Gewinn zu rechtfertigen, wenn gleichzeitig ein *Maximum an nicht bezifferbaren sozialen oder ökologischen* Kosten anfallen sollte? Wie ich mich schon in den beiden Abgrenzungen gegenüber einer unökonomischen Gesinnungsethik und einer gesinnungslosen Erfolgsethik auf meine Thesen in »Weltethos für Weltpolitik und Weltwirtschaft« (1997) beziehen konnte, so jetzt auch in der positiven Aussage:

- Tauglich für eine neue Weltwirtschaftsordnung ist nur ein Handeln realistischer Ökonomen mit idealistischem Horizont nach einem *Ethos der Verantwortung*. Solches Ethos setzt auch in der Wirtschaft Selbstbindung an Gewissensideale und Werte voraus, fragt aber realistisch nach den voraussehbaren, besonders auch negativen Folgen wirtschaftlicher Entscheidungen und übernimmt dafür auch die Verantwortung.

- Ein verantwortetes Wirtschaften in nach-moderner Zeit besteht darin, die *wirtschaftlichen Strategien und das ethische Urteil* überzeugend zu verbinden.
- Dieses neue Paradigma von Wirtschaftsethos wird darin konkret, dass es – bei aller Legitimität des Gewinns – wirtschaftliches Handeln daraufhin überprüft, ob es höhere Güter oder Werte verletzt, ob es *sozial-, umwelt- und zukunftsverträglich* ist: Nachhaltigkeit muss Leitprinzip heutigen Wirtschaftens sein.

In einer programmatischen Rede bei der Eröffnung des European Banking Congress (EBC) über »Finanzmärkte im Dienst der Menschheit« stellte der deutsche Bundespräsident HORST KÖHLER mitten in der Weltfinanz- und Wirtschaftskrise am 21. November 2008 als eines der tragenden Elemente einer Wirtschafts- und Finanzordnung das *gemeinsame Ethos* mit der Goldenen Regel heraus: »Wir müssen uns als Weltgemeinschaft auf ein gemeinsames Ethos verständigen, auf Werte, die wir alle teilen und deren Missachtung von der Gemeinschaft bestraft wird. Das Grundprinzip lautet: Wir dürfen andere nur so behandeln, wie wir selbst behandelt werden wollen. Daran wollen wir uns halten. Daran wollen wir uns messen lassen.«

Anschließend legte Köhler, früher Chef des IWF, dar, wie bedeutungsvoll die Konferenz von Bretton Woods 1944 war als Grundstein für die marktwirtschaftliche, arbeitsteilige Wirtschaftsordnung nach dem Zweiten Weltkrieg: »Bretton Woods war also eine wichtige Weichenstellung auch für den Erfolg der Sozialen Marktwirtschaft in Deutschland.«

In der Tat ist für die Weltwirtschaft eine *Reform des internationalen Währungssystems* dringend notwendig. Das Bretton Woods Agreement von 1944 wurde erschüttert durch die USA selber: Wegen der vom Vietnam-Krieg verursachten Überschuldung hob unter Präsident RICHARD NIXON die US-Zentralbank 1971 die Goldeinlösungspflicht für ausländische Zentralbanken auf, nachdem die Golddeckung des Dollar faktisch schon lange aufgehoben war. Die Federal Reserve kann seither so viele Banknoten drucken, wie sie will, so auch seit Beginn des 21. Jahrhunderts wieder, um die wegen der Kriege im Irak und in Afghanistan mutwillig auf sich geladenen Milliarden Kriegskosten bezahlen zu können. Ein weltweites System willkürlicher Geldvermehrung und steigender Staatsverschuldung wurde dadurch etabliert. Der Dollar konnte sich als Leitwährung halten, sank aber von SFr. 4,37 für einen Dollar (1971) auf rund SFr. 1 pro Dollar (2010) ab; entsprechend stieg der Goldpreis. Der Spekulation waren Tür und Tor geöffnet.

Doch rechnen manche damit, dass es in Zukunft angesichts der hohen Verschuldung der USA zwei oder drei Leitwährungen – Dollar, Euro und Yen oder Yuan – geben werde, was wieder andere Experten freilich als ein noch instabileres Währungssystem ansehen als das Dollar-System. So oder anders: eine Stabilisierung der allzu willkürlichen Schwankungen ausgesetzten Wechselkurse würde der Weltwirtschaft helfen. Deshalb fordern China, Russland und mehrere Schwellen- und Entwicklungsländer, aber auch JOSEPH STIGLITZ, der frühere Chefökonom der Weltbank und Vorsitzender des UN-Ausschusses für internationale Wirtschafts- und Finanzordnung, eine globale Reservewährung unter Aufsicht des »erweiterten« Weltwährungsfonds. Nochmals HORST KÖHLER: »Die Dimension der Krise heute verlangt ein Bretton Woods II, eine Versammlung der Besten, die mit Sachverstand, Moral und politischem Willen systematisch die Krise aufarbeiten.« Erste Schritte in diese Richtung sind – fast zwei Jahre nach dem Ausbruch der Weltfinanzkrise! – getan worden.

Beginn einer Finanzreform

Wenn ein Staatsmann den politischen Willen hat und er vom Volk unterstützt wird, kann er Unerwartetes erreichen. Das gilt trotz aller Schwachstellen von Präsident BARACK OBAMA und seiner Finanzreform. Er hat sich nicht gescheut, Wallstreet direkt den Kampf anzusagen und hat sich voll engagiert, um ein Gesetz zur Finanzreform durch den amerikanischen Kongress zu bringen.

Der anhaltende Zorn und die Wut in der amerikanischen Bevölkerung wegen des fatalen Versagens der Wallstreet und der schlechten Wirtschaftslage haben ihm geholfen, in beiden Häusern des Kongresses eine Mehrheit zu finden für ein Gesetz zur Reform der Finanzmärkte, das nach Einschätzung vieler stärker ist, als man es erwartet hatte. Dieses Gesetz stellt einen historischen Einschnitt dar, der in der Tat an die Reformen zur Zeit der Großen Depression erinnert. Es ist ein Gesetz, das für die ganze Finanzwelt Folgen haben wird. Dürfte es doch auch anderen Staaten – nicht zuletzt Deutschland – als eine gewisse Richtschnur dienen.

Wie versucht das neue US-Gesetz das Finanzmonster zu bändigen? Nach unvermeidlichen Zugeständnissen an die Republikanische Opposition sind folgende einschneidende Maßnahmen vorgesehen: Die Großbanken müssen die künstlichen Finanzprodukte (Derivate) zwar nicht ausschließlich, aber überwiegend auf transparenten Plattformen oder Börsen handeln. Der spekulative Eigenhandel der Banken wird ebenso eingeschränkt wie die Investition der Banken bei Beteiligungs- und Hedgefonds. Letztere müssen sich registrieren lassen und ihre Geschäftsbücher offenlegen. Die Banken dürfen zwar weiterhin Kredite verbriefen, müssen aber fünf Prozent ihres Risikos in den Büchern behalten. Bei drohender Pleite eines Finanzkonzerns kommt ein besonderes staatliches Insolvenzverfahren zur Anwendung, um in Zukunft den Einsatz von Steuermitteln unnötig zu machen. Im Rahmen der Federal Reserve wird eine neue Verbraucherschutzbehörde eingerichtet, die Vorgaben für die Kreditkarten-Firmen und Hypotheken-Verträge erlassen wird. Schließlich wird ein neuer Regulierungsrat aus Vertretern der wichtigsten Aufsichtsbehörden geschaffen, der verhindern soll, dass Regulierungslücken durch Finanzinstitute ausgenutzt werden.

Damit ist freilich ein neuralgischer Punkt dieses Gesetzes angesprochen, nämlich ob die Finanzinstitute, unter deren politischem Druck Obama bereits zu Kompromissen gezwungen war, diese Reform ehrlich mittragen oder erneut mit allen möglichen Tricks und Schleichwegen die Bestimmungen zu umgehen suchen.

Ist das Schlimmste schon überstanden?

Schönredner besonders in der Finanzbranche machen schon wieder in Zweckoptimismus. Trotz aller Anzeichen wirtschaftlicher Erholung sind indes die Gefährdungen angesichts der überstrapazierten Staatsfinanzen nicht zu übersehen: Nach all den anderen geplatzten Blasen droht nun die erheblich gefährlichere Blase der *Staatsverschuldung*.

Die Schuldenstände vieler (sogar reicher) Nationen haben 2010 eine historisch noch nie dagewesene Höhe erreicht. Das von der Obama-Regierung für 2010 eingeplante Defizit beträgt 3,8 Billionen Dollar (eine Billion ist eine Million Millionen), also 3.800.000.000.000 Dollar! Ob alle Abgeordneten auf Capitol Hill auf Anhieb zu sagen wissen, wieviele Nullen 3,8 Billionen haben? Sollte man die Regierungsmitglieder und Abgeordneten all der Parlamente, die statt wie früher mit Millionen heute leichter Hand mit Milliarden umgehen, vielleicht dazu verpflichten, stets die Nullen auszuschreiben, damit sie wieder ein Gefühl bekommen für die Steuerzahler, die diese unvorstellbaren Summen von Geld erarbeiten müssen? Mit einem solchen Defizit, das nach Regierungsangaben selbst in zehn Jahren kaum abgetragen werden kann, können sich die USA nur schwer neue kostspielige soziale Initiativen leisten, so notwendig sie wären. Auch außenpolitisch (nicht nur gegenüber ihrem Rivalen und Hauptgläubiger China) erscheinen sie entscheidend geschwächt. Wie lange kann der Welt größter Schuldner der Welt größte Macht bleiben?, so fragen sich nun auch Amerikaner.

Die Fed druckt weiterhin en masse Banknoten, und der Staat gibt weiterhin Staatsanleihen aus. Da fragen sich Skeptiker zurecht, ob die nächste Blase, die platzen wird, nicht die *Staatsanleihen-Blase* sein wird. Langsam erkennen die Regierungen, die Parlamente, aber auch die Bevölkerung die Gefährlichkeit der Lage und entschließen sich zu ernsthaften Reformen und Einsparungen, allerdings zu wenig bei der Hochrüstung und den Milliarden verschlingenden Militäreinsätzen im Ausland.

Leider hat das *Gipfeltreffen der 20 Industrie- und Schwellenländer (G 20)* am 26./27. Juni 2010 im kanadischen Toronto nur ein zwiespältiges Resultat erbracht. Wie soll die Weltwirtschaft in der Krise gestärkt werden? Obama braucht den Aufschwung, um die hohe Arbeitslosenquote zu senken. Deshalb sollen die USA vorerst weitere Schulden machen, um die Wirtschaft durch Konjunkturprogramme zu fördern. Deutschland und andere europäische Länder wollen ebenfalls den Aufschwung, aber nicht durch kostspielige Konjunkturprogramme, sondern durch Einsparungen, Schuldenabbau und Sanierung der Haushalte.

Mit Hilfe der politischen Kompromissformel »wachstumsfreundlicher Schuldenabbau« einigten sich die Staats-

und Regierungschefs darauf, die Defizite der entwickelten Industrieländer bis 2013 zu halbieren und nach der Konsolidierung der Haushalte ab 2016 mit dem Abbau der Schulden zu beginnen. Aber: weder eine Bankenabgabe noch eine Transaktionssteuer fanden allgemeine Zustimmung. Erneuerbare Energien und Klimaschutz spielten kaum eine Rolle. Auch auf strengere Regeln für Finanzmärkte konnte man sich nicht einigen, und so wurde die Reform des Finanzsektors auf Herbst/Winter 2010 verschoben.

Kritisiert wird aber vor allem, dass es sich bei dem Schuldenabbau-Beschluss der G 20 faktisch nur um eine Absichtserklärung handelt. An der praktischen Umsetzung bestehen angesichts der enormen Defizite vor allem in den USA, aber auch in anderen Staaten begründete Zweifel. Und ob sich die Investoren und Spekulanten auf Dauer durch solche Beschlüsse beruhigen lassen, ist ebenfalls mehr als fraglich.

Die Gefahr weiterer Krisen kann jedenfalls nicht ausgeschlossen werden. Die Weltwirtschaft hat sich zwar in einzelnen Industrieländern und Wirtschaftszweigen rascher erholt als erwartet. Aber Zeichen eines Konjunkturaufschwungs können täuschen. Gleichzeitig herrscht Mitte Juli 2010, da dieses Buch in Druck geht, auf den Finanzmärkten Nervosität und Angst. Die Vertrauenskrise scheint noch nicht überwunden. Der IWF und die Bank für Internationalen Zahlungsausgleich (BIZ) warnen.

Kritische Experten sehen unbestreitbare Risiken in den Finanzmärkten: dass Banken zur Zeit wieder sich gegenseitig kaum Geld leihen; dass Griechenland und Spanien trotz aller Rettungspakete die Staatsanleihen nicht zurückzahlen könnten; dass in der EU die am stärksten betroffenen Staaten mitbestimmen dürfen; dass die Überlebensfähigkeit des Euro fraglich sei; dass nachhaltiges Wachstum in den USA und China, in Indien und Brasilien keineswegs gesichert sei. Und so weiter.

Kurz, manche Experten fürchten, zu Recht oder Unrecht, dass ein zweites Finanzdesaster über uns hereinbrechen und auf die Finanzkrise sogar eine politische und soziale – die eigentliche Weltkrise – folgen könnte. Ganz zu schweigen von der ökologischen Krise, die das globale Wirtschaften heute vor ganz neue Herausforderungen stellt.

Die ökosoziale Dimension

In den letzten beiden Jahrzehnten hat sich das wirtschaftliche Umfeld stärker verändert als in jeder Periode zuvor. Die »*Globalen Trends 2010*«, herausgegeben von der Stiftung Entwicklung und Frieden (SEF, Bonn) und dem Institut für Entwicklung und Frieden (INEF, Universität Duisburg-Essen), versuchen wie ihre acht »Vorgänger« ein Orientierungswissen zu vermitteln, das sich auf die neueste internationale Literatur und eine Vielzahl von Daten aus internationalen Berichten und Analysen stützt.[38] Unter den aktuellen und längerfristigen Entwicklungen und Zusammenhängen rücken die Herausgeber – neben den Auswirkungen der globalen Finanzkrise und den neuen multipolaren Machtkonstellationen (G 20) – den drohenden *Klimawandel* als die zentrale Herausforderung für die Weltpolitik in den Mittelpunkt. Als globalen Trend des Jahres 2010 stellen sie fest: »Der Klimawandel ist zum wichtigsten Treiber globaler Umweltveränderungen mit weitreichenden Auswirkungen auf Gesellschaften, Ökonomien und das internationale System geworden. Die Folge werden – gerade in den verwundbaren Weltregionen – neue Konfliktkonstellationen sein, die sich aus Ernährungskrisen, Süßwasserknappheit, Sturm- und Flutkatastrophen sowie krisenbedingter Migration ergeben.«

Alle diese Entwicklungen haben selbstverständlich auch stets gewichtige ethische Implikationen, von der Absicherung der Menschenrechtsstandards bis zum Umbau der Weltenergiesysteme. Doch Ankündigungen und Wunschprogramme sind noch keine Politik. Vom Erd- oder Umweltgipfel in Rio 1992 bis zum Klimagipfel in Kopenhagen 2009 zeigte sich immer wieder als fundamentales Problem: Zur Realisierung fehlen nicht nur passende politische Strukturen, sondern vor allem der *politische Wille*. Der politische Wille aber, wenn er gegen große Widerstände durchgesetzt werden muss und viel Schweiß und Geld kostet, lässt sich oft nicht mobilisieren. Er versagt, wo er nicht von einem *ethischen Willen* gestützt wird, und dies gerade in der Umweltproblematik.

Ich habe es deshalb sehr geschätzt, dass der Biologie-professor ERNST ULRICH VON WEIZSÄCKER (Präsident des Wuppertal Instituts für Klima, Umwelt, Energie) sich frühzeitig auf den Spuren seines Vaters, des Physikers und Philosophen CARL FRIEDRICH VON WEIZSÄCKER, um die Legitimation und praktische Realisierung eines »*ökologischen Weltethos*« bemüht hat.[39] Die »*Nachhaltige Entwicklung*« (»sustainable development«) – das wichtigste Schlagwort der Agenda 21 der Rio-Konferenz von 1992, könne »als das übergeordnete Prinzip des ökologischen Weltethos angesehen werden«: Nachhaltige Entwicklung verstanden nach der heute weltweit üblichen Definition als »eine Entwicklung, die den Bedürfnissen der heutigen Generationen entspricht, ohne die Möglichkeit künftiger Generationen zu gefährden, ihre eigenen Bedürfnisse zu befriedigen und ihren Lebensstil zu wählen.« Und Weizsäcker fügt hinzu: »Dies sehe ich insbesondere durch ihren Bezug zu den künftigen Generationen als gegeben an. Der ethische Bezug zu künftigen Generationen ist in alten, stabilen Kulturen – wie etwa der über 5000 Jahre praktisch unveränderten Navajokultur – etwas Selbstverständliches. Und es gibt wohl keine Religion, aus welcher sich die Nachhaltigkeits-Forderung nicht ziemlich unmittelbar ableiten ließe. Ausgesprochen wird diese religiöse, zivilisatorische oder ethische Selbstverständlichkeit typischerweise erst, wenn sie massiv verletzt wird.«[40]

Auf dem dritten Parlament der Weltreligionen in Kapstadt 1999 hatte ich Gelegenheit, in einem öffentlichen und offenen Dialog mit STEVEN C. ROCKEFELLER zu testen, dass die »*Earth Charter*«, ein Folgedokument des Rio-Gipfels, für deren Ausarbeitung sich Rockefeller stark engagiert hatte, und die *Weltethos-Erklärung* des Parlaments der Weltreligionen in Chicago sich ergänzen: die Earth Charter hatte mehr und mehr ethische Aspekte (z. B. Wahrhaftigkeit) als Basis für ökologisch verantwortetes Handeln aufgenommen. Umgekehrt: die Weltethos-Erklärung hatte schon von Anfang an in der Verpflichtung auf eine »Kultur der Ehrfurcht vor dem Leben« die ökologische Problematik miteinbezogen.[41]

Im ständig anschwellenden Strom der ökologischen Literatur halfen mir zur Orientierung schließlich besonders die Analysen des Mathematikers und Wirtschaftswissenschaftlers FRANZ JOSEF RADERMACHER, Professor für Datenbanken und künstliche Intelligenz an der Universität Ulm.[42] Radermacher sieht unter ökologischen Gesichtspunkten drei prinzipielle Zukunftsperspektiven für die Menschheit: ein ökologischer Kollaps bei übermäßigem Zugriff auf die natürlichen Ressourcen, oder eine Ressourcendiktatur oder Brasilianisierung, verbunden möglicherweise mit Terror und Bürgerkrieg, oder drittens – als einzige mit Nachhaltigkeit kompatibel – die ökosoziale Marktwirtschaft, nach der Formel »Marktwirtschaft + nachhaltige Entwicklung = Ökosoziale Marktwirtschaft«.

Im Blick auf einen (meines Erachtens schwer zu realisierenden) »Global Marshall Plan« führt Radermacher aus, dass dieses Modell im Rahmen der Weltökonomie wegweisend sei, weil hier die Forderungen eines Weltethos und eines interkulturellen Humanismus übersetzt werden in eine Form von Weltinnenpolitik mit weltdemokratischem Charakter (wie von C. F. von Weizsäcker thematisiert). Ob für eine »Welt in Balance« ein Global Marshall Plan eine realistische Initiative ist, wage ich nicht zu entscheiden. Doch in jedem Fall zu befürworten ist Radermachers »doppelstrategischer Ansatz«: »Soviel Sinnvolles und mit Nachhaltigkeit Vereinbares wie möglich tun, ohne das eigene wirtschaftliche Überleben zu gefährden, und gleichzeitig an Rahmenbedingungen arbeiten, die mit langfristiger Stabilität und Nachhaltigkeit kompatibel sind. Das erfordert insbesondere eine bessere Governance: weltweit, aber auch in jedem Staat und genauso auf Seiten der Unternehmen.«[43]

Der besseren Governance nicht nur weltweit und im Staat, sondern auch auf Seiten der Unternehmen, möchte ich mich im folgenden Kap. VI zuwenden. Doch ist zuerst eine kritische Klärung vorzunehmen.

Nicht nur eine Kleingruppenmoral

Es geht um den Primat der Ethik vor der marktwirtschaftlichen Systemlogik. Dabei spielt es kaum eine Rolle, ob der betreffende Entscheidungsträger Angehöriger einer kleineren oder größeren Gruppe ist. Der Primat der Ethik gilt jedenfalls nicht nur, wie manchmal von Vertretern der (hier bereits kritisierten) »ökonomischen Theorie der Moral« behauptet, für die überschaubaren Verhältnisse von Kleingruppen (Familie, Dorfgemeinschaft). Er gilt – analog – auch auf der Ebene der arbeitsteiligen anonymen Großgesellschaft, die ja auf sämtlichen Entscheidungsebenen auch aus Kleingruppen und Individuen besteht. Eine Einschränkung auf Kleingruppen vernachlässigt auch das ganze Spektrum intermediärer Institutionen, die eine Vermittlerfunktion zwischen Privatbereich und gesellschaftlichen Megastrukturen erfüllen (Standesorganisationen, Industrieverbände, Gewerkschaften).[44]

Selbstverständlich lässt sich »die Moral in einer großen Gruppe ... nicht als bruchlose Ausweitung der Kleingruppenmoral« verstehen.[45] Aber die »*Großgruppenmoral*« kann der »*Kleingruppenmoral*« nicht einfach abstrakt entgegengesetzt werden: nicht nur weil in concreto Großgruppen und Kleingruppen miteinander verflochten und dieselben Personen in ihren verschiedenen Rollen oft Angehörige von beiden sind, sondern vor allem weil die »Großgruppenmoral« nicht einfach von den unverrückbaren ethischen Konstanten, die universal und unbedingt gelten, abgekoppelt werden darf, wenn man nicht den Primat der Ethik über die Wirtschaft überhaupt in Frage stellen will. Sonst lassen sich eben auch, wie von solchen ökonomischen Moraltheoretikern geschehen[46], zum Beispiel beliebige »legale« Technologie- und Waffenexporte deutscher Firmen für die Raketen- oder Giftgasproduktion von Diktatoren wie Saddam Hussein oder Muammar Gaddafi auch moralisch rechtfertigen, indem man die Schuld an der Unmoral schlicht dem Gesetzgeber zuschiebt: »Wenn das, was wir gemacht haben, unmoralisch sein soll, dann stimmt mit unseren Gesetzen etwas nicht.«[47] Selbstverständlich müssen in einem solchen Fall Gesetze geändert oder sogar neu geschaffen werden. Und die betreffenden Unternehmer und Manager sollten über ihre Organisationen ihren (zumeist beträchtlichen) ordnungspolitischen Einfluss geltend machen, um ökonomisch sinnvolle und ethisch verantwortbare Rahmenbedingungen durchzusetzen. Solange es solche jedoch nicht gibt, sind Unternehmer und Manager trotzdem im Gewissen gehalten, bestimmte ethische Normen und Menschenrechtsstandards zu beachten.

Vielleicht sollte man diesen ökonomischen Moraltheoretikern der allzu bequemen, unverbindlichen Großgruppenmoral das Studium der seinerzeit bei General Motors führend tätigen »*Kleingruppe Lopez*« empfehlen, die sich von VW unter wenig schönen Umständen abwerben ließ und wichtige Betriebs- und Geschäftsunterlagen angeblich kistenweise mitnahm. An diesen »Kriegern« (so bezeichnete Lopez sich und seine Leute!) könnten jene Moralökonomen nämlich studieren, was für Auswirkungen die (fehlende) Moral einer »Kleingruppe« auf die Moral eines globalen Großunternehmens wie Volkswagen und seinen Streit mit dem Großunternehmen General Motors und schließlich den Aktienmarkt haben kann. Es ist mir nicht bekannt, ob der wegen Industriespionage verklagte ehemalige VW-Spitzenmanager José Ignacio Lopez Schriften des Moralökonomismus gelesen hat. Aber zweifellos hätte er seine Machenschaften damit rechtfertigen können, dass für seine Großgruppe eine Kleingruppenmoral nicht angewendet werden könne und dass offensichtlich nur für Kleingruppen bestimmte Imperative wie »Du sollst nicht stehlen« oder »Du sollst nicht lügen« bestenfalls für Dorfgemeinschaften seiner baskischen Heimat Geltung hätten.

Lopez hat immer bestritten, etwas Unrechtes getan zu haben. Schließlich schlossen die beiden Großgruppen VW und GM auf der sicheren Basis der Kleingruppenmoral doch außergerichtlich auf Vermittlung der Politik einen gütlichen Vergleich zugunsten der Großgruppen (Aktionäre inklusive), wobei der moralische und finanzielle Verlierer feststeht. Und was man aus dem Fall der Kleingruppe für die Großgruppen insgesamt lernen kann: Wie gerade die globalisierten Finanzmärkte strengere Insiderregeln brauchen, so gerade die global agierenden Großkonzerne strengere ethische Verhaltensregeln, wollen sie vor der kritischen Öffentlichkeit mündiger Bürger und so im härter gewordenen Wettbewerb bestehen. »Wir brauchen bei aller Schärfe des Wettbewerbs«, sei nochmals Bundespräsident Köhler zitiert, »eine Kultur der Gemeinsamkeit, der alle angehören. Und wir brauchen schlicht Anstand«.[48]

Wo bleibt der Anstand? So fragen heute manchmal Menschen, die am marktwirtschaftlichen System zu zweifeln beginnen, gerade im Blick auf bestimmte Führungskräfte. Natürlich sind Führungskräfte in der Wirtschaft nicht von vornherein weniger moralisch als andere Menschen. Aber sie stehen oft in besonders schwierigen Entscheidungssituationen, wo wirtschaftlicher Erfolg im Rahmen ethischer Grundsätze erreicht werden sollte. Führungskräfte verdienen ein eigenes Kapitel. Manche Probleme der globalen Makroebene kehren auf der Mesoebene der Unternehmen und der Mikroebene der Personen zurück.

VI. Ethos für Führungskräfte

Bundespräsident HORST KÖHLER, als früherer Chef des Internationalen Währungsfonds in Washington besonders kompetent, rief in seiner Ansprache zum neuen Jahr 2010 sehr deutlich zu Einsicht und Umkehr besonders der Finanzbranche auf: »Maßlosigkeiten bei Finanzakteuren und Versagen der Aufsichtsorgane hatten die Welt in eine tiefe Krise geführt.« Seine öfters geäußerte Kritik an Finanzbranche, Regierung und Parteien machte ihn, der in der Bevölkerung eine höhere Akzeptanzquote als alle Politiker besaß, bei den Regierenden nicht beliebt. Er hätte bei Regierung und Opposition mehr Gehör verdient.[1]

1. Unanständiges Wirtschaften

Bereits 1998 war ich von der International Confederation of Stock Exchanges zur Jahresversammlung der Börsenchefs der ganzen Welt nach Kuala Lumpur eingeladen worden, um über die Frage zu reden »Do we need ethical standards for international financial transactions?«. Für mein Referat, in dem ich für so elementare ethische Standards wie »nicht lügen und nicht stehlen« eintrat und sie konkretisierte, erhielt ich reichlich Beifall und keinen nennenswerten Widerspruch. Auch nicht von dem freundlichen und gewichtigen Mann, der bei der anschließenden Diskussion am Roundtable neben mir saß: RICHARD GRASSO, der Chief Executive des New York Stock Exchange, der allerdings auch nichts Positives zu diesen Standards sagte. Wenig später verlor derselbe Richard Grasso seinen Job und wurde angeklagt, weil er als Chef einer Non-profit Organisation sich in weniger als zehn Jahren mehr als 200 Millionen Dollar Profit hatte auszahlen lassen; im Grunde hätte der ganze Board angeklagt werden müssen! Die New York Times (Leitartikel vom 27. Mai 2004) schrieb diesen Wall Street Skandal zwei besonders destruktiven Trends des neuen Wall Street Bubble zu: »Shameless greed of chief executives« (schamlose Gier von leitenden Managern) und »A total breakdown of corporate governance« (ein totaler Zusammenbruch der Unternehmenskultur).

Dies ist nur ein einzelnes Beispiel dafür, dass die globale Marktwirtschaft nur funktionieren kann mit einem ethischen Bezugsrahmen, einem »moral framework«. Denn nicht nur das Versagen der Märkte selbst und das Versagen der Institutionen, sondern auch das Versagen der Moral, des Ethos von einzelnen Personen, das dem Versagen der Märkte und der Institutionen oft zugrunde liegt, ist verantwortlich für ein eventuelles Versagen der Marktwirtschaft.

Die Marktwirtschaft funktioniert gut nur unter zwei Bedingungen: dass ihr ein klar geregelter rechtlicher Rahmen gesetzt ist und dass sie getragen wird vom Verantwortungsbewusstsein der wirtschaftlichen Akteure.

Manager in Misskredit

Schon am 14. März 1997 hatte ich an einem hochkarätigen Symposion der Draeger-Stiftung in Berlin ein Referat gehalten über die *ethische Dimension der Globalisierung*. Ich vertrat die These, dass der globale Markt eine globale Rahmenordnung und diese ein globales Ethos fordert. Unumgänglich erschien mir der Umbau des aufgeblähten Sozialstaates, andererseits unverantwortlich die Rückkehr zur kapitalistischen Marktwirtschaft. Ausdrücklich erhob ich angesichts der »gefährdeten Stabilität des Weltfinanzsystems« die Forderung nach einer »Rahmenordnung des globalen Finanzsystems«. Eine sehr engagierte Diskussion folgte. Ich erinnere mich an die freundliche Apologie des früheren amerikanischen Finanzministers Michael Blumenthal, der das amerikanische Bankwesen verteidigte, und an die emotionale Intervention des Vorstandsvorsitzenden der Debis (Daimler-Chrysler Services), Klaus Mangold, der von meiner Forderung der Einhaltung bestimmter ethischer Standards offenkundig überrascht wurde. Sehr wirksame Unterstützung erhielt ich schon damals von Horst Köhler, der die Debatte faktisch zu meinen Gunsten entschied.

Dem Debis-Chef gab das alles doch zu denken. Er besuchte mich in Tübingen und lud mich ein, beim großen Debis-Kongress in Berlin am 21. September 1999 die Eröffnungsrede zu halten. Auch dort warnte ich vor der Gefährdung des Weltfinanzsystems und forderte die Einhaltung ethischer Standards ein. Nach mir sprachen zwei höchst erfolgreiche Vertreter großer Konzerne, die damals auf der Höhe ihres Ansehens standen und sich erst zu ihrem eigenen Vortrag einfanden: der Chef von Mannesmann, Klaus Esser, und der Chef des ursprünglichen Wasserkonzerns Vivendi, Jean-Marie Messier, beide Vertreter einer ultraliberalen aggressiven Geschäftspolitik, für die allein der Erfolg zählte und das Ethos keine Rolle spielte.

Erfolgreiche Manager? Damals schien es so. Aber wenig später wurde Esser, der die Fusion seiner Firma Mannesmann mit dem britischen Konzern Vodafone ausgehandelt hatte, in einen großen Strafprozess verwickelt, weil er 30 Millionen Euro eingeheimst hatte. Was offenbar zu einer Verurteilung nicht reichte. Messier aber, der ehrgeizige Chef von Vivendi, hatte aus dem staatlichen Wasserkonzern Générale des Eaux den zweitgrößten Medienkonzern der Welt gemacht und beinahe in den Ruin getrieben: 35 Milliarden Euro Schulden! Er musste gehen. Im Juni 2010 steht er vor Gericht.

Wird Messier auch diesmal an einer Gefängnisstrafe vorbei kommen? In den USA verfuhr man jedenfalls streng mit Ex-Worldcom-Chef Bernard Ebbers und Ex-Enron-Chef Jeffrey Skilling (Hauptsponsor der Wahlkampagne von George W. Bush), derentwegen Anteilseigner Millionenbeträge und Tausende Angestellte ihre Altervorsorge verloren haben. Dass sie schließlich doch (wie auch viele Manager aus der zweiten Reihe) für Jahre hinter Gitter kamen, war eine deutliche Warnung, dass auch in den USA nicht jeder Lug und Trug in der Wirtschaft hingenommen wird; Hunderte von Unternehmern sind in den letzten Jahren angeklagt und nicht wenige verurteilt worden.

Lange Zeit wurde ja unverfroren behauptet, die Millionen-Vergütungen an Manager würden nun einmal allein vom Weltmarkt (gemeint: dem US-Markt) bestimmt: Man nimmt, so viel man kann. Und im übrigen würde der Wohlstand von selbst »nach unten durchsickern«. Dabei sorgte man allerdings gleichzeitig dafür, dass möglichst wenig nach unten durchsickerte, dass das Einkommen der Arbeitnehmer möglichst stagnierte und dass Arbeitskosten durch Massenentlassungen gesenkt oder durch Auslagerung in Billiglohnländer vermieden wurden. Dieses Modell begünstigte einseitig die Investoren oder Aktionäre und vor allem die Manager, die ihr Einkommen in schwindelerregende Höhen steigerten, benachteiligte aber eindeutig die Arbeitnehmer und die Gemeinschaft. Es berücksichtigte also nicht alle Stakeholder in einem Unternehmen, zu denen ja immer auch die Mitarbeiter und Mitarbeiterinnen, die Lieferanten, Kunden und Kommunen gehören.

So wurde mir immer deutlicher, dass die von den USA übernommene neokapitalistische Mentalität sich hierzulande kaum durchsetzen kann, wo die einen unverdient Millionen scheffeln und die anderen zu Tausenden arbeitslos auf die Straße gestellt werden, wo die einen den letzten Euro versteuern sollen und Großunternehmen sich »legal« um Millionen Steuern herumdrücken. Nein, der – glücklicherweise in Deutschland weniger als in den USA verbreitete – Typ des allwissenden, arroganten, macht- und habgierigen Managers, der nach dem Prinzip handelt »Personal runter – Börse rauf«, darf und wird nicht das Erfolgsmodell der Zukunft sein. Und die Bestechung als regelmäßige Geschäftspraxis auch nicht. Sie liegt nur im vermeintlichen Interesse der Firma und sorgt für kurzfristige Erfolge. Ob es da nicht besser ist, einen Auftrag zu verlieren als, wie etwa Siemens, Abermillionen an Strafen und Schadenersatzforderungen zu verlieren?

Auch die Repräsentanten der Unternehmen sind, wenn sie erfolgreich sein wollen, auf die Akzeptanz ihrer Mitarbeiter und der Bevölkerung angewiesen. Und wahrhaftig, ich will nicht generalisieren: Den relativ wenigen Managern vor allem von Großunternehmen, die durch Arroganz, Egozentrik, Raffgier und Realitätsverlust aufgefallen sind, stehen glücklicherweise zahllose Vertreter gerade des Mittelstandes gegenüber, die mit ihrem Verantwortungsbewusstsein ein Vorbild sind auch für die Belegschaft und für die Einhaltung von elementaren ethischen Prinzipien. Nein, nicht Coaching-Kurse für das effizientere öffentliche Auftreten von Managern sind gefordert, sondern ethische Bildung, Besinnung auf ethische Standards, die den Rahmen bilden müssen für alle Handlungsweisen und Entscheidungen gerade auf der Chefetage.

Das Vertrauen, auf das man auch in der Wirtschaft und besonders im Bankenwesen angewiesen ist, hängt nicht zuletzt am ethischen Verhalten. Wie verheerend sich ein unethisches Verhalten auswirken kann, zeigen im Juni 2010 Umfrageergebnisse in der Bundesrepublik Deutschland (Nürnberger Gesellschaft für Konsumforschung, GfK). Aufgrund des von der Hierarchie vertuschten Sexualmissbrauchs in der katholischen Kirche ist das Vertrauen in Geistliche von 72% im Jahr 2009 auf 55% im Jahr 2010 gesunken. Aber auf der untersten Stufe der Glaubwürdigkeit stehen noch immer Manager und Politiker; letzteren vertrauen noch gerade einmal 14%. Aber auch die deutschen Bankmitarbeiter kamen 2010 deutlich schlechter weg als im Vorjahr, wenngleich sie noch immer die höchste Reputation in Europa genießen.

Wohin es führt, wenn man in der Wirtschaft völlig ohne ethische Standards auszukommen meint, zeigt ein krasser Fall, dessen Abwicklung noch in Gang ist.

Der größte Finanzbetrüger aller Zeiten

Der Börsenchef Richard Grasso erscheint mit seinen 200 Millionen Dollar unrechtmäßiger Einkünfte als kleiner Fisch gegenüber einem gleichzeitig an seiner New Yorker Börse tätigen Börsenhai, der sich vom Klempner zum Finanztycoon emporgearbeitet hatte, BERNARD L. (»BERNIE«) MADOFF. Durch ein im Grunde einfaches, weltweites betrügerisches Umwälzsystem – jahrelang bezahlte er die hohen Gewinne aus neuen Kundengeldern – verstand er es, Menschen um nicht weniger als 51 Milliarden Euro zu betrügen. Im Jahr 2010 sollen etwa 300 Anwaltskanzleien und 45.000 Rechtsanwälte daran arbeiten, für die rund drei Millionen Madoff-Geschädigten wenigstens einen Teil des Geldes zurückzuholen.

Man fragt sich natürlich, wie es möglich war, dass in der sonst so alerten New Yorker Finanzwelt und unter den Augen der Finanzaufsicht niemand etwas von den betrügerischen Operationen dieses Mannes bemerkt haben soll, der über beste Beziehungen zu den New Yorker Bankhäusern, aber auch zur Börsenaufsicht verfügte. Für viele war Madoffs Herkunft quasi eine Unbedenklichkeitserklärung: »Dass ausgerechnet die ethnische Abstammung für Madoff zum Türöffner wurde, dass ausgerechnet er, ein halbes Jahrhundert nach dem Holocaust, als ›einer von uns‹ die Opfer des Holocaust zu Geschädigten machte, sie und ihr Lebenswerk ruinierte, mag als eine grausame Ironie gelten.«[2]

Doch wäre es töricht, diesen hochkomplexen Finanzbetrug vor allem durch ethnische Zusammenhänge erklären zu wollen. Dahinter steckt vielmehr ein allgemeines moralisches Problem: Wenn Wirtschaftssubjekte nach ultraliberaler Doktrin ihre ökonomischen Interessen in generöser oder aber in selbstsüchtiger Weise verfolgen können, wenn gilt »the business of business is business« und die Moral (oder Unmoral) eine reine Privatangelegenheit ist, dann steht ein Madoff gerechtfertigt da. Er hat ja viele Jahre seiner Klientel nicht geschadet, sondern sie mit überreicher Rendite bedacht. Hier sieht ein von allen Regeln und Normen befreites finanzstarkes Individuum seinen Lebenszweck offensichtlich in durch nichts eingeschränkter persönlicher Bereicherung.

Natürlich sollte man, sagt man in Europa entschuldigend, es nicht so toll treiben wie Madoff selber. Aber damit stellt sich ja nicht nur die Frage nach der *Person* des Akteurs, sondern auch nach dem *System*, welches das Treiben eines solchen Akteurs möglich macht. Ein System, das zweifellos einer radikalen Reform bedarf. Typisch dafür ist der 33jährige französische Börsenhändler JÉRÔME KERVIEL, der in Paris im Juni 2010 vor Gericht steht, weil er bei der Großbank Société Générale einen Schaden von 4,9 Milliarden Euro angerichtet hat. Doch er selbst sieht sich als Sündenbock. Er stehe zu seinen Fehlern, lehne es aber ab, für ein verrückt gewordenes Finanzsystem zu büßen. Er und andere Derivatehändler mit Hochrisikogeschäften seien am Ende des Tages »wie Prostituierte« von ihren Vorgesetzten gefragt worden: »Wieviel hast Du gemacht?«

Die Nutznießer des Systems

Noch schwerer als Politikern (und katholischen Klerikern!) fällt es offensichtlich manchen Großbankern, Versagen und Vergehen öffentlich zuzugeben. Milliarden haben sie und ihre Händler in den Sand gesetzt und dafür Steuergelder beansprucht. Zahllose Menschen haben durch die von ihnen ausgelöste Krise ihre Häuser, ihren Arbeitsplatz, ihre Ersparnisse verloren. Familien, Kommunen, Städte, ganze Nationen sind geschädigt worden. Doch kaum ein Wort der Entschuldigung, kein ehrliches Eingeständnis und folglich auch keine ehrliche Umkehr.

Vor diesem Hintergrund war es überraschend festzustellen, wie rasch die acht größten Banken der USA, welche die Finanzkrise ausgelöst hatten, die Milliarden Dollar Staatshilfe zurückzahlten. Das Motiv war durchsichtig: offensichtlich wollten sie sich das Banker-Bonus-System, dieses »Herzstück der Wallstreet«, unbedingt erhalten. Warum? Weil diese Boni, diese variablen Bezüge, oft ein Vielfaches des Grundgehaltes ausmachen und den Bankern, die deshalb so unverantwortlich hohe Risiken eingehen, ihre Millioneneinkünfte bescheren, und dies selbst dann noch, wenn ihr Vertrag vorzeitig aufgelöst wird. Es ist unverständlich: Anders als Angestellte sonst haften Manager in der Regel nicht für den von ihnen angerichteten Schaden, vielmehr verdienen sie oft sogar noch an ihm.

Und in der Tat schütteten 2010 die eben noch vom Staat vor dem Untergang geretteten Finanzinstitute Goldman Sachs und Morgan Stanley für die ersten neun Monate wieder Boni im Betrag von 16,7 Milliarden bzw. 10,9 Milliarden Dollar an ihre Mitarbeiter aus. Dies ungeachtet der Tatsache, dass sich die Investitionen der Regierung für mehr als 600 verschuldete Banken zur selben Zeit noch immer auf rund 100 Milliarden Dollar bezifferten; ungefähr 140 Banken waren im Jahre 2009 Pleite gegangen.

Dies alles gab nun Präsident BARACK OBAMA den notwendigen Rückhalt, um den bereits erwähnten Umbau der amerikanischen Bankenlandschaft durchzuführen. Also ein Kampf gegen die Unkultur der riskanten Geschäfte und exzessiven Vergütungen. Manche Investmentbanker möchten freilich weiterhin für gute Leistungen fürstliche Boni beziehen, bei drohendem Kollaps aber (auch wegen Versagens der Aufsicht) durch das Geld der Steuerzahler in Milliardenhöhe gerettet werden. Alles wie bisher: die Selbstbereicherung soll weitergehen. Die Löcher aber, welche die Rettung von Banken im Staatshaushalt aufgerissen hat, sollen nicht von den Banken, sondern von den Bürgern gestopft werden – durch höhere Abgaben und Steuern und Einsparungen in allen Bereichen (vom Kulturabbau über erhöhte Grundsteuer bis zum Abbau der Sportförderung).

Eine Frage des Anstands und der Moral ist freilich nicht nur die wachsende Bedenkenlosigkeit der Habenden (etwa bei der Steuerhinterziehung), sondern auch die Bedenkenlosigkeit des Staates, etwa bei der Zahlung eines Millionenbetrags für eine CD mit gestohlenen Steuerdaten: »Auch wenn Steuerhinterziehung eine nicht zu entschuldigende Schuftigkeit ist und der Zugriff des Staates als Notwehr erklärbar«, schreibt Wirtschaftsredakteur MARC BEISE[3], »verlottern die Sitten doch auf beiden Seiten. Bürger machen schmutzige Geschäfte, Kriminelle verdienen daran, der Staat macht mit. Gerade jetzt, inmitten der größten Wirtschaftskrise seit acht Jahrzehnten, ist daher ein Neuanfang notwendig. Das Land braucht eine neue Kultur des Anstandes. Das gilt für alle Bürger, denn Kleine betrügen den Fiskus nicht anders als Große, jeder nach seinen Möglichkeiten. ›Das tut man nicht!‹ ist ein kaum noch gehörter und noch weniger gelebter moralischer Imperativ.« Gerade darum geht es mir seit vielen Jahren:

Eine neue Kultur des Anstands

Die fatalen Entwicklungen, welche die USA nahe an den finanziellen Zusammenbruch brachten, machten es der Allgemeinheit bewusst, dass dieses System nur einer kleinen Clique Millionengewinne einbringt, der Volkswirtschaft als ganzer aber kaum einen Gewinn beschert. Die Steuerzahler haften so für die Großbanken, die angeblich »systemrelevant« sind und deshalb – trotz Versagens und Verlusten – keinesfalls bankrott gehen dürfen (»Too big to fail«). Dabei ist ihre geballte Macht in den letzten zehn Jahren unheimlich gewachsen: Die kombinierte Bilanzsumme der vier größten US-Banken – Bank of America, Citigroup, JP Morgan Chase, Wells Fargo – macht 56% des gesamten Sektors aus (vor zehn Jahren waren es noch 35%).

Aber Barack Obamas Gesetz soll hier eine Änderung erzwingen. Diese Großbanken (vor allem Investmentbanken) hätten beinahe die ganze Ökonomie zum Erliegen bringen können, weil sie »huge, reckless risks in pursuit of profits« übernommen hätten (riesige, rücksichtslose Risiken in der Jagd nach Profit). Deswegen ist Obamas Gesetz besonders dringlich, denn das gegenwärtige Finanzsystem würde »noch immer unter denselben Regeln operieren, die beinahe zu seinem Kollaps geführt hätten« (»still operating under the same rules that led to its near-collapse«). Und er gelobte: »Nie wieder wird der amerikanische Steuerzahler zur Geisel einer Bank gemacht werden, die zu groß ist, um unterzugehen.«[4] Das waren deutliche Worte gegenüber den übermächtigen Banken, die ihre Verwundbarkeit durch komplexe finanzielle Manöver kaschieren, indem sie »spekulative Investments«

machen und »so große Risiken übernehmen, dass sie eine Bedrohung des gesamten Systems bedeuten«.

Viele fordern aufgrund der Finanzkrise ein entschiedenes Einschreiten gegen die gemeingefährlichen Banken, so der Direktor des Office of Management in Budget unter Präsident Reagan, David Stockman, der unter dem Titel »Taxing Wall Street down to size« ausführt: »Es ist eine unheilvolle Realität, dass die Großbanken, diese verrückte Nachkommenschaft des leichten Geldes der Notenbank, gefährliche Einrichtungen sind, tief eingebettet in die Kultur der Gier des Haussemarkts. Deshalb ist Obamas Steuer willkommen. Die ihr zugrundeliegende politische Botschaft lautet: die Großbanken müssen sich verkleinern, weil sie zu wenig Nützliches, Produktives oder Effizientes tun.« Es gehe hier gar nicht um einen unangemessenen Eingriff in den Markt: »Die Großbanken der Wall Street sind Abteilungen (wards) des Staates, keine Privatunternehmen«.[5]

Bestätigt sehen sich durch diese Entwicklung frühe Kritiker des Systems wie die beiden Nobelpreisträger Paul Krugman und Joseph E. Stiglitz, der 2010 ein Buch mit dem Titel »Freefall« veröffentlicht hat, im Untertitel: »America, Free Markets, and the Sinking of the World Economy« (New York 2010; dt.: Im freien Fall, München 2010). Er hatte den Zusammenbruch schon lang erwartet und sieht jetzt das Ende der Periode des amerikanischen Triumphalismus angebrochen: »Mit dem Zusammenbruch der großen Banken und Finanzhäuser und dem darauffolgenden wirtschaftlichen Durcheinander und den chaotischen Rettungsversuchen ist die Periode des amerikanischen Triumphalismus vorbei.«[6] Aber noch wichtiger, Stiglitz sieht den Zusammenhang zwischen dem Versagen im finanziellen, im ökonomischen und im moralischen Bereich: »Das Versagen in unserem Finanzsystem ist ein Zeichen für ein noch weiter verbreitetes Versagen in unserem Wirtschaftssystem, und das Versagen unseres Wirtschaftssystems spiegelt tiefere Probleme in unserer Gesellschaft wider.« Als eines davon sieht er nicht nur die ungleiche Verteilung des Reichtums, sondern vor allem einen Mangel an Verantwortlichkeit auf Seiten der wirtschaftlichen und politischen Führer. Es gehe also darum, sich nicht weiter durchzuwursteln, sondern »die strukturellen Probleme des Banksystems zu lösen«. Dabei sollte auch die Verantwortung der Medien ernstgenommen werden. Statt nur Diener des Mainstream zu sein, sollten sie als Frühwarner fungieren.

Doch es soll ja bei dieser Reform des Finanzsystems gerecht zugehen, und dabei soll auch den Managern Gerechtigkeit widerfahren. Deshalb die Frage:

2. Verdienen die Manager, was sie verdienen?

Es hat mir viel zur Klärung dieser Frage geholfen, dass ich sie mit ANDRÉ ZÜND, einem Schulfreund von meinem Luzerner Gymnasium, diskutieren konnte, der später eine glänzende Karriere gemacht hat, zuerst bei dem Basler Pharmakonzern Hoffmann La Roche als Steuerexperte und Leiter der Internen Revision und dann als Professor für Betriebswirtschaftslehre an der Wirtschaftshochschule St. Gallen. Er hat bedeutende wissenschaftliche Arbeiten vorgelegt zur Kontrolle und Revision in multinationalen Unternehmen und viel über Funktion und Entlohnung von Managern reflektiert.[7]

Viele verdienen (mehr), (als) was sie verdienen

Professor André Zünd und ich waren uns rasch einig, dass die meisten Manager *verdienen, was sie verdienen*: ein hohes, ihren Leistungen angemessenes Gehalt. Selbstverständlich muss mit dem Aufstieg auf der Karriereleiter auch ein entsprechender Anstieg des Einkommens verbunden sein. Und wenn der Manager sogar noch der Eigentümer der Firma ist, der durch den Einsatz seines Vermögens vielen Menschen einen Arbeitsplatz und ein menschenwürdiges Auskommen ermöglicht, dann ist es erst recht selbstverständlich, dass er ein Vielfaches des Durchschnittseinkommens eines Arbeitnehmers verdient, was auch die Arbeitnehmer im allgemeinen durchaus akzeptieren.

André Zünd und ich waren uns allerdings auch rasch über ein Zweites einig: Einige Manager *verdienen mehr als sie verdienen*: ein mit Sonderzulagen und Privilegien garniertes Entgelt, das in der öffentlichen Meinung als übermäßig gilt und die Grenzen des Anstands sprengt. In den 1960er- und 1970er-Jahren betrugen die durchschnittlichen Vergütungen der CEO in den größten Firmen der USA das 40fache eines durchschnittlichen Arbeitergehalts. In den 1990er Jahren stiegen sie an auf das 367fache. In Deutschland, wenn die Zahlen richtig sind, von früher dem 40fachen auf das bis zu 300fache heute. Erfreulicherweise gibt es aber auch Vertreter des Managements, die solches Verhalten anprangern.

Manager – nicht Eigentümer, sondern Treuhänder

Nun ist ja allgemein bekannt, dass das exorbitante Salär des Managers mit dem Gewinnbeteiligungsgedanken begründet wird: Wenn es dem Anteilseigner gut geht, dann müsse es auch dem Manager, der dies bewirke, gut gehen. Dies ließe sich unter Umständen noch begründen, wenn auch die Arbeitnehmer, etwa über den Weg eines Investivlohnes oder auf andere Weise, am Gewinn entsprechend beteiligt würden. Aber: wenn es allein den Anteilseignern und den Managern besser gehen soll, dann ist das nur im Rahmen des *Shareholder-Value-Modells* richtig, das die Interessen des Kapitalgebers ganz ins Zentrum rückt. Die Basis dieses

Modells ist die *vertragstheoretische Sicht*: Unternehmen werden als Netzwerke von Verträgen angesehen. Sie sind aus der Vertragsfreiheit entstanden und gelten von daher als Institutionen des Privatrechts.

Nun ließ ich mich aber von meinem Freund aus der Wirtschaftswissenschaft belehren, dass im Gegensatz zur Vertragstheorie die *Koalitionstheorie* das Unternehmen als eine Koalition von Interessengruppen sieht, das die Interessen all der Bezugsgruppen zu berücksichtigen hat, die Leistungen und Beiträge für das Unternehmen erbringen und deshalb auch Ansprüche stellen. Also statt des in den USA entwickelten Shareholder-Value-Ansatzes der in Europa vertretene *Stakeholder-Ansatz*: Die Forderung der Gewinnmaximierung wird durch eine multidimensionale Zielfunktion ersetzt. Hierbei ist das Gewinninteresse der Kapitaleigner nur ein Interesse neben anderen.

In diesem Modell ist die Funktion des Managers die eines Moderators und oft auch Mediators; er hat die Ansprüche der verschiedenen Interessengruppen möglichst zur Befriedigung und zum Ausgleich zu bringen. Das heißt: der Manager ist nicht der Eigentümer, sondern der *Treuhänder*, und dafür soll er auch ein angemessenes Salär erhalten. Doch ist er als Treuhänder nicht am Erfolg der Transaktionen beteiligt, sondern er erhält für seine Dienstleistungen, die auf Vertrauen beruhen, lediglich eine angemessene Entschädigung.

In der Öffentlichkeit und erfreulicherweise auch bei vielen Unternehmern setzt sich immer mehr die Einsicht durch, dass die übertriebenen Managergehälter einen erheblichen *Störfaktor* im sozialen Gebilde Unternehmen darstellen. Sie haben höchst negative Auswirkungen auf das Unternehmen selbst: Spannungen zwischen den Interessengruppen, besonders unter den Mitarbeitern, Neid und Missgunst und so Destabilisierung des harmonischen Zusammenwirkens aller. Folge: Mehr Konflikte und nachlässige Kader, weniger motivierte Arbeitskräfte und weniger zufriedene Kunden und Lieferanten.

Solche Manager starren ständig auf Börsenkurse und Quartalsberichte, und weil sie in einem Jahr ein Vermögen verdienen, das ihre Arbeitnehmer in einem ganzen Leben auch nicht annähernd erreichen, planen sie oft kurzfristig und lassen die nachhaltige Führung vermissen, die zu Stabilität und Konstanz und auch zu einer gewissen Ruhe im Unternehmen und zum Vertrauen der Belegschaft beiträgt. Gegen diese ökonomisch, sozial und politisch schädliche Mentalität ist allerdings schwierig anzukommen. Die von Präsident Obama ins Auge gefassten gesetzlichen Maßnahmen stellen jedenfalls einen wirksamen Versuch dar. Auch die Abschaffung der vor allem für die Börsianer interessanten Quartalsberichte wäre zu überlegen. Ob man aber nicht noch radikaler ansetzen und genau nachfragen müsste: Verdienen die *Banker*, was sie verdienen?

Unverantwortliches Spiel mit fremdem Geld

Selbstverständlich gibt es auch an der Wallstreet hochanständige Banker, und bei meinem New Yorker Gastsemester 1968 habe ich mehr als einen von ihnen kennengelernt; ich erinnere mich an zwei sozial sehr engagierte Banker, der eine hatte die schöne Adresse »Nr. 1, Wallstreet«, und der andere lud mich in seine Loge in der Metropolitan Opera ein. Aber seit 1968 hat sich im US-Bankenwesen, wie ich bereits in meinen beiden späteren Gastsemestern an der Rice University in Houston/Texas (1987/89) feststellte, viel verändert. Nun war ständig die Rede von der »shareholder value« und vom »unfriendly overtaking«, der Übernahme ganzer Firmen gegen den Willen des Managements, der Belegschaft und des sozialen Umfelds (Stadt, Universität). Eine neue risikofreudige, ganz und gar gewinnorientierte Generation von Bankern war an die Macht gekommen, welche ihre Interessen härter, aggressiver, egoistischer vertreten, und dies nicht nur an der Wallstreet und in der City, sondern auch bei europäischen Banken, selbst bei den konservativen schweizerischen Banken UBS und Crédit Suisse.

Kenner der Geschichte von Wallstreet wie WILLIAM D. COHAN[8] zeigen auf, dass die schlimmsten Finanzkrisen der letzten Jahrzehnte – der Internet Bubble, der Kollaps von Enron oder der Börsencrash von 1987 – alle einen gemeinsamen Nenner hatten: Sie wurden möglich in einer Ära, die in den 1970er-Jahren begann, als die Wallstreet-Banker, Trader und Executives nicht länger *ihr eigenes Geld einsetzen* mussten für die Risiken, die sie eingingen. Als diese Firmen Aktiengesellschaften (»Public companies«) wurden, gingen Banker und Trader die Risiken mit dem *Geld ihrer Gläubiger und Aktionäre* ein, ohne dabei die geringste Verantwortlichkeit zu übernehmen für allfällige Verluste.

Von daher stellt Cohan die radikale Reformforderung auf: Die hundert Spitzenkräfte jeder Wallstreet-Firma sollen ihren ganzen Nettowert jeden Tag aufs Spiel setzen, wie dies der Fall war, als Wallstreet noch ein Verbund privater Partnerschaften war. Auf diese Weise würde das unverantwortliche Casinospiel mit fremdem Geld abgelöst von einem persönlich zu verantwortenden Einsatz. In Zukunft wäre damit ausgeschlossen, dass eine Bank wie zum Beispiel die Bank of America, die vom Staat 45 Milliarden Dollar erhalten hatte, 2010 mehr als 4 Milliarden Dollar an ihre Investmentbanker ausschütten kann (nachdem die Staatshilfen zurückbezahlt waren); ähnlich die weltgrößte Versicherung AIG, die vom Staat sogar 182 Milliarden an Krediten erhalten hatte.

»Banking« müsse wieder »boring«, »langweilig« werden, fordert der Ökonomie-Nobelpreisträger PAUL KRUGMAN; das heißt »das Ausmaß zu beschränken, in welchem Banken Risiken eingehen können«.[9] Also keine giftigen Derivate,

Spekulationen, Zweckgesellschaften. Dies ist selbstverständlich nicht an die Hunderttausende von soliden Bankangestellten in aller Welt gerichtet, die ja nicht täglich von Euphorie und Absturz, von Spekulationsfieber und Sofortgewinnen bestimmt sind, sondern das »langweilige« normale Einlagen-, Kredit- und Zahlungsgeschäft mit dem Durchschnittsbürger und kleineren Firmen abwickeln. Dies gilt vielmehr für die Banker, Trader und Executives einer Handvoll Mega-Geschäftsbanken in Wallstreet, die mit 25 bis 30 anderen international tätigen Megabanken konkurrieren und deren verantwortungsloses Spiel enorme Kosten an Arbeitsplätzen, verlorener Produktion und Milliarden von Steuergeldern rund um den Globus verursacht hat. Ihre vor allem für sie selber ertragreichen Aktivitäten sollten beschränkt werden auf das Risiko, das diese Banken selber tragen können. Doch es stellt sich die konkrete Frage:

Welcher Maßstab für Managervergütungen?

Die unermessliche Bereicherung einer kleinen internationalen Finanzelite auf Kosten der Bevölkerung – nach der angeblich überstandenen Krise möchte sie anscheinend so weitermachen wie vorher – muss unbedingt gestoppt werden. Den gerechten Volkszorn erregte in der Schweiz im Frühjahr 2010 die CS (Credit Suisse) mit ihrer »Osterbotschaft«: 71 Millionen Franken für den britischen Konzernchef Brady Dougan, 3 Milliarden Aktienboni für CS-Kader. Bei knapp 400 Anspruchsberechtigten ergibt dies im Schnitt rund 8 Millionen pro Person.[10] Es wird geschätzt, dass die großen US-Finanzinstitute für das Jahr 2009 etwa 145 Milliarden Dollar als Vergütung zahlten (Goldman allein 16,2 Milliarden).

Der Wirtschaftsrat der CDU hat im Januar 2009 Zehn Manager-Gebote in der Sozialen Marktwirtschaft vorgeschlagen, die inzwischen weithin Zustimmung finden dürften. Zwei davon möchte ich besonders hervorheben: dass langfristiger Unternehmenserfolg als Maßstab für Managervergütung zu gelten habe und dass es keine Toleranz gegen Gesetzesverstöße geben dürfe.[11]

– »*Langfristiger Unternehmenserfolg* als Maßstab für Managervergütung! Nur wer Leistung erbringt, kann Anspruch auf eine hohe Vergütung erheben. Versagen im Vorstand, im Aufsichtsrat und in der Bankenaufsicht muss mit persönlicher Haftung verbunden sein. Überhöhte Gehaltszahlungen sowie Abfindungen bei Misserfolg sind abzulehnen. Anreizsysteme sollten sich am langfristigen Erfolg des Unternehmens ausrichten. Die Festlegung von Vergütungshöhe und -struktur sollte im Rahmen eines eigenen Ausschusses dem Aufsichtsrat obliegen.

– *Null Toleranz gegen Gesetzesverstöße!* Die Einhaltung von Gesetzen, unternehmensinternen Richtlinien und ethischen Werten muss durch eindeutige Regeln eingefordert und ihre Befolgung wirksam kontrolliert werden. Verstöße sind zu sanktionieren, und zwar nicht nur im eigenen Unternehmen, sondern in der gesamten Wertschöpfungskette einschließlich Kunden, Zulieferer und Handelspartner. Bei Verstößen gegen Gesetze und unternehmensbezogene Selbstverpflichtungen darf es keine Toleranz geben. Abweichungen vom UN Global Compact müssen geächtet werden.«

Mit diesen Richtlinien in Übereinstimmung stehen die konkreten Vorschläge des Schweizer Publizisten ROGER DE WECK, die er in seinem Buch »Nach der Krise« zur Diskussion gestellt hat[12]:

– »Für die Unternehmen ein staatliches Verbot der Veröffentlichung von Quartalsberichten;

– für Bestverdiener die Begrenzung ihrer Einkünfte – großzügig genug – auf das Fünfzigfache des niedrigsten Gehalts im Unternehmen (statt des 720fachen beim Novartis-Präsidenten);

– für Manager Boni, die sich nach ihrer Durchschnittsleistung in den jeweils vergangenen fünf Jahren bemessen;
– für Aufsichtsräte und Controller ein Verbot jeglicher Gewinnbeteiligung, damit sie als Aufseher kein Interesse daran haben, um des Profits willen riskante Strategien und zweifelhafte Geschäfte zu billigen;
– für den Aktionär mehr Dividende und (wie in Frankreich) eine Verdoppelung der Stimmrechte, wenn er einem Unternehmen zwei Jahre treu bleibt;
– für die immer mächtiger werdenden Pensionskassen Vorschriften, ihre Milliarden nur in Unternehmen anzulegen, die alle Kriterien des Paktes zwischen den Vereinten Nationen und führenden Konzernen (Global Compact) erfüllen: Schutz der Menschenrechte, Schutz der Arbeitnehmer und ihrer Rechte, Umweltschutz und Entwicklung umweltfreundlicher Techniken, Kampf gegen Korruption.«

Aber über diese praktischen Vorschläge hinaus muss ganz grundsätzlich nach Bedeutung und Notwendigkeit ethischer Grundhaltungen für Wirtschaftsakteure gefragt werden.

3. Ethos – ein Mehrwert für Führungskräfte

Es gibt mehr Manager als man gemeinhin annimmt, die das Gegenteil des Hardliners sind, der nur Profit und »Shareholder value« im Kopf hat, Unternehmer, die vielmehr auch in der harten Realität des Geschäftsalltags ein hohes Ethos zu leben versuchen. Einer von ihnen trug immer einen bereits vergilbten Zettel mit der Mahnung Mahatma Gandhis bei sich, *»Die sieben sozialen Sünden in der heutigen Welt«*:

Reichtum ohne Arbeit,
Genuss ohne Gewissen,
Wissen ohne Charakter,

Geschäft ohne Moral,
Wissenschaft ohne Menschlichkeit,
Religion ohne Opfer und
Politik ohne Prinzipien.

Das war KARL KONRAD GRAF VON DER GROEBEN: In Ost-
preußen geboren und aufgewachsen – Cousin der früheren
Zeit-Herausgeberin Marion Gräfin Dönhoff – konnte Graf
Groeben nach Krieg und Enteignung durch die Flucht in
den Westen nur sein und seiner Frau nacktes Leben retten.
Mit unbändigem Fleiß, Innovationsgeist und Disziplin gelang ihm eine beispiellose unternehmerische Karriere, an
deren Ende er aus Dankbarkeit einen Teil des Erarbeiteten
an die Gesellschaft zurückgeben wollte. Inspiriert durch die
Lektüre meines Buches »Projekt Weltethos«, machte er 1995
die Errichtung der Stiftung Weltethos (www.weltethos.org)
finanziell möglich. Auch er war an der Frage interessiert:

Woher die Führungsstärke?

Ich denke an drei Fälle zurück:

Warum haben in einer bestimmten Branche zwei große
multinationale Konzerne nicht fusioniert, während zwei andere fusionierten? Antwort: Weil der Verantwortliche der
letztlich ethisch begründeten Überzeugung war, dass Expansion und Machtkonzentration des Unternehmens allein
eine Fusion nicht rechtfertigen würden: sie sei zur Zeit wirtschaftlich nicht notwendig und ginge auf Kosten der Menschen in ihren verschiedenen Positionen.

Warum wurde in einem deutschen Unternehmen von
Weltruf ein Finanzmann aus dem Vorstand in aller Stille
wegen Unregelmäßigkeiten verabschiedet? Antwort: Weil
ein einziges Vorstandsmitglied gegen alle übrigen aufgrund
seiner ethischen Überzeugung einer Verschleierung nicht

zugestimmt hatte. Noch lange danach wurde ihm für seine unnachgiebige – und nachträglich auch als politisch höchst weise erkannte – Haltung von seinen Kollegen gedankt.

Warum wurde ein weltbekannter Konzern in mehrere Bestechungsskandale verwickelt, und warum müssen sich mehrere seiner Vorstände und Mitarbeiter wegen Zahlung von Schmiergeldern verantworten, während ein Konkurrenzunternehmen bisher von allen solchen Anklagen frei blieb? Antwort: Weil es im zweiten Weltkonzern zur Unternehmensphilosophie gehört, dass jeder Mitarbeiter mit Leitungsfunktionen ein Papier mit dem Titel »Legalität« unterschreibt. Da ist zu lesen, dass das Unternehmen den Grundsatz strikter Legalität »für alle Handlungen, Maßnahmen, Verträge usw. dieser Gruppe und ihrer Mitarbeiter« vertritt, und zwar unabhängig von allen Opportunitätserwägungen. Wörtlich: »Jeder Mitarbeiter ist persönlich für die Einhaltung der Gesetze in seinem Arbeitsbereich verantwortlich.« Eine Legalität also, die in Moralität gründet – und dies gerade für Führungskräfte!

Es ist völlig klar, dass heute von *Führungskräften* in Wirtschaft, Verwaltung und Politik viel erwartet wird. Analytische Fähigkeit soll sie auszeichnen, aber zugleich auch Entscheidungskraft und Durchsetzungsvermögen. Gründliche Ausbildung ist ebenso Voraussetzung wie langjährige Erfahrung. In der globalisierten Wirtschaft ist heute auch interkulturelle Kompetenz gefordert. Klare Ziele sollen sie sich und anderen setzen, zielstrebig die Mitarbeiter und Ressourcen einsetzen und oft in kürzester Zeit komplexe Zusammenhänge durchschauen und die richtigen Entscheidungen treffen. Mit einem Wort: *Führungsstärke* ist verlangt.

Führungsschwäche dagegen – ob in privatwirtschaftlichen Unternehmen oder in der öffentlichen Verwaltung, in einem Betrieb oder in einem Ministerium – wirkt sich bis zum letzten Mitarbeiter deprimierend, demoralisierend und destabilisierend aus, während Führungsstärke umgekehrt motivierend und inspirierend wirkt. Was wird nicht alles an Weitsichtigkeit, Standfestigkeit und dynamischer Persönlichkeit gefordert! Ist Führung lernbar? Im Prinzip ja. Wie viele Bücher werden geschrieben und Zeitschriften veröffentlicht, wie viele Seminare abgehalten und Kurse durchgeführt, um erstklassige Führungskräfte heranzubilden und immer wieder zu trainieren! Statt informieren kommunizieren, statt delegieren kooperieren, statt kontrollieren führen – das fordern moderne Unternehmensberater zu Recht. Verlangt werden heutzutage ganzheitliche Ausbildung und Sichtweise, welche die eigenen Gefühle, die Intuition, die Kreativität einbeziehen. Menschlichkeit will gelernt sein; Kommunikation, partnerschaftliche Kooperation, soziale Kompetenz auch.

Es dürfte indes Konsens darüber bestehen, dass dies alles, dass Führungsstärke, Führungseffektivität nicht nur mit Aktionen und Strategien, sondern auch mit *Haltung, Charakter, Persönlichkeit* zu tun hat. Führen durch Persönlichkeit, mit Kopf *und* Herz. Deshalb meine Frage: Haben Haltung, Charakter, Persönlichkeit nicht zugleich mit *Integrität, Moralität, Ethos* zu tun? Nicht nur mit Ethik als Lehre, sondern mit *Ethos als innerer sittlicher Haltung.* Und hat Ethos nicht mit Wertorientierungen, Deutungsmustern und Handlungsmaßstäben zu tun und daher nicht selten – direkt oder indirekt – auch mit der Erziehung, oft auch mit religiösen Überzeugungen, positiven oder negativen religiösen Erfahrungen?

Keine Unternehmenskultur ohne Persönlichkeitskultur

Unternehmenskultur – schon immer wichtig, aber heutzutage von geradezu strategischer Relevanz – besteht ja schließlich in der Gesamtheit der ausschlaggebenden Einstellungen, der Werte, Maßstäbe, Normen und Verhaltensweisen der Führungskräfte und ihrer Mitarbeiter und Mitarbeiterinnen in einem Unternehmen.

Ein Unternehmen besteht primär aus Menschen, und die Unternehmenskultur setzt deshalb *Persönlichkeitskultur* voraus: Deshalb meine ganz direkten Fragen:

– Ist es, erstens, nicht für die *Führungskräfte selber* notwendig, sich der eigenen sittlichen Werteinstellung bewusst zu werden und so die ethischen Aspekte der Führungsrealität präziser zu erfassen? Die Frage, um die sich insgeheim auch jedes Bewerbungsgespräch dreht, ist also: *Wer, was, wie ist er, ist sie* – als Mensch, Person, Charakter?

– Ist es, zweitens, nicht auch für die *Mitarbeiter und Mitarbeiterinnen* von Wichtigkeit, dass sie ihre Vorgesetzten nicht nur äußerlich als Chef, Geschäftsführer, Bereichsleiter, Direktor, Manager sehen, sondern etwas von dem erfassen, was deren Kopf und Herz bewegt, was deren unsichtbares und doch sehr wirksames »Ethos« bestimmt? Die Frage ist also: *Woran ist man mit ihm, mit ihr?*

– Müsste es, drittens, in einer Zeit, in der die Glaubwürdigkeit öffentlicher Institutionen und Repräsentanten sehr gelitten hat (Stichwort Politikverdrossenheit), nicht auch für die *Öffentlichkeit* wieder deutlicher werden, welches die obersten Werte, allgemeinverbindlichen sittlichen Maßstäbe, normierenden Instanzen sind, denen sich unsere Führungskräfte in Wirtschaft, Verwaltung, Politik, aber auch in Bildung und Wissenschaft verpflichtet fühlen? Die Frage also an jede Führungskraft ganz persönlich: *Woran hält er oder sie sich in jedem Fall*, was gilt für ihn oder sie unbedingt, kategorisch, ohne Wenn und Aber?

Unternehmensberatung: Machiavelli für Manager?

Schon 1967 erschien in Großbritannien ein Buch mit dem Titel »Management and Machiavelli«, das der deutsche Verlag mit dem provozierenden Untertitel versehen hat: »Von der Kunst, in unserer organisierten Welt oben zu bleiben«.[13] Schaut man sich diesen Bestseller genauer an, erkennt man leicht, dass der Verfasser nicht etwa Argumentationen für Machiavellismus im Management liefern will, sondern nur die Methode Machiavellis, »ein gegenwärtiges Problem aufzugreifen und es dann auf praktische Weise unter Berücksichtigung der Erfahrungen anderer, die in der Vergangenheit vor einem ähnlichen Problem standen, zu untersuchen«.[14]

Aber immerhin: Die Beziehung zwischen Management und Machiavelli war hergestellt, und in manchen Kreisen wurde der *Machiavellismus im Management* salonfähig. Was der St. Galler Politologe und Machiavelli-Spezialist ALOIS RIKLIN dokumentiert, sei hier nur kurz skizziert:[15]

– Ein Testspiel an einer amerikanischen Eliteuniversität: Ein guter Machiavellist ist, wer Sätze wie diesen ablehnt: »Man soll nur handeln, wenn man sicher ist, dass dies auch moralisch einwandfrei ist«, und Sätze wie diesen annimmt: »Der wesentliche Unterschied zwischen Kriminellen und anderen Menschen ist, dass die Kriminellen dumm genug sind, sich erwischen zu lassen.«

– Ein Machiavelli-Kurs für angehende Manager an einer bekannten amerikanischen Graduate School of Business and Public Administration mit dem Ziel, Machiavellismus bei anderen erkennen und ihn auch selber praktizieren zu können.

– Kursankündigung in einem deutschen Manager-Magazin: »Managers Machiavelli, Erfolgsseminar für Verantwortliche, Theorie und Praxis der Macht im Wirtschaftsleben«. Werbeslogan: »Garantiert wirksam. Fast moralfrei. Gebrauch auf eigene Gefahr. Reklamation ausgeschlossen«. Und Regeln wie: Lügen sind gelegentlich notwendig, bisweilen praktisch. Aber lüge nur, wenn sich's lohnt.

– An der Cornell University als Gegenbewegung eine interdisziplinäre Untersuchung über die egoistischen und solidarischen Einstellungen der Studenten mit dem Ergebnis: Gerade die Ökonomen schnitten bei Tests zu Fairness und Sozialverhalten um vieles schlechter ab als die Studierenden aller anderen Disziplinen.

– Deshalb Alois Riklins Kommentar: »Welch himmelweiter Unterschied zwischen dem patriotischen Gemeinsinn Machiavellis und der egoistischen Karrieremanie der Machiavelli-Kurse für Manager!«[16]

Wichtiger als diese gewiss symptomatischen, aber doch vereinzelten Machiavelli-Kurse ist jedoch der Effekt der von Machiavellismus infizierten Veranstaltungen mancher Unternehmensberater, die zweifellos in der Bevölkerung die Meinung verstärken, dass *viele Unternehmen ein Defizit an ethischer Verantwortung* aufweisen: dass die meisten Firmen skrupellos auf Kosten der Umwelt, der Sicherheit und der Gesundheit von Konsumenten, unbekümmert um die Gesamtgesellschaft, ihrem Profit nachgingen. Kenner der Szene bestätigen ja auch, ein neuer Menschenschlag von gewinnorientierten, rührigen und nicht immer moralisch handelnden jungen Männern (»Yuppies«: »young urban professionals«) – in diesem Fall erfreulicherweise wenige Frauen! – habe bereits seit der Zeit von Reaganomics und Thatcherismus die Führungsetagen der amerikanischen und europäischen Wirtschaft und besonders der Banken erklommen. Eine Haltung des *Opportunismus* sei überhaupt weit verbreitet: einerseits eine Ausrichtung am materiellen Erfolg, andererseits die Bereitschaft, zur Erreichung des Erfolgs auch unredliche Mittel einzusetzen und Lebensregeln zu bejahen, die in eine ähnliche Richtung weisen. In der Tat: Oft ist eine Tendenz zur opportunistischen Trennung von Legalität und Moralität zu beobachten, ein hoher Grad an individualistischen Orientierungen und eine unterdurchschnittliche Bereitschaft zum praktischen Engagement für Dritte. Die Existenz allgemeingültiger Maßstäbe wird von solchen Opportunisten verneint, die ethische Unterscheidung von Gut und Böse vielfach als »reine Gefühlssache« bezeichnet.

Leider findet sich diese Tendenz gerade bei gewissen (wahrhaftig nicht allen!) hinter den Kulissen so einflussreichen *Unternehmensberatern,* welche freilich oft nur Ideen von Wissenschaftlern und Publizisten auf den Führungsebenen popularisieren und ihre Ansichten je nach Trend auch ändern. Einzelne bringen so die ganze Zunft in Verruf. Es stimmt bedenklich, wenn ein »Berater für Personalentwicklung und Managertraining« namens REINHARD K. SPRENGER den berühmten Buchtitel des deutsch-amerikanischen Philosophen Hans Jonas »Das Prinzip Verantwortung« verkaufsträchtig in »Das Prinzip Selbstverantwortung« ummünzt.[17] Bedenklich ist dabei, dass er sich für seine »Philosophie« der Selbstverantwortung (»commitment«) auf ein Wort Martin Heideggers beruft, das dieser angeblich am »Ende der 20er-Jahre seinen Studenten zurief«: »Wir müssen klar sehen: in heutiger Zeit fehlt uns jeder Halt an einer objektiven, allgemein verbindlichen Erkenntnis oder Macht; die einzige Haltgewinnung, die uns heute bleibt, ist die Haltung.«[18] Dem Verfasser scheint nicht bewusst zu sein, dass Sätze wie diese – in Wirklichkeit aus der berühmt-berüchtigten Rektoratsrede Heideggers im Jahr 1933 unmittelbar nach Hitlers Machtergreifung – dem objektiv haltlosen Heidegger und seinen Studenten eine »Haltgewinnung« in der »Haltung« eben des Nationalsozialismus ermöglicht haben. Doch wer »Haltung« als reine Form propagiert, muss sich nicht wundern, dass sie eines Tages inhaltlich mit Ideologie gefüllt wird.

Am allerbedenklichsten aber ist es, wenn derselbe Unternehmensberater – nachdem er dem Leser zweifellos viele hilfreiche Ratschläge gegeben hat – seine Ausführungen zum »Prinzip Selbstverantwortung« (der »zentralen Gestaltungsidee im Unternehmen«) kulminieren lässt in einer nicht weniger fatalen Umschreibung der *»Glaubwürdigkeit«*

der Führungskraft: In einem Unternehmen mit Selbstverantwortung »sind Sie als Führungskraft nur unter einer Bedingung glaubwürdig: nicht weil das moralisch gut ist oder von anderen anerkannt wird. Sondern weil Sie es *gewählt* haben. Aus keinem anderen Grunde.«[19] Zynismus oder Dummheit? Nach solch subjektiv-eigenmächtiger Bestimmung der Glaubwürdigkeit jenseits von Gut und Böse, scheint es, kann auch jeder Gesetzesbrecher, Finanzbetrüger, Drogenhändler oder Mafiaboss Glaubwürdigkeit beanspruchen: weil er es eben *»gewählt«* hat, »aus keinem anderen Grunde«! Ob der Meisterbetrüger Madoff hier nicht Argumente zu seiner Verteidigung gefunden hätte?

Bei all dem ein Trost: Es macht sich auch immer wieder innerhalb der Zunft der »Supermänner« und »Heilsbringer« der Wirtschaft in unheilvoller Zeit eine erfreuliche Selbstkritik bemerkbar: Der Unternehmensberater JÖRG STAUTE analysierte in seinem »Consulting-Report«[20] die vielen arroganten Unternehmensberater, die mit verquaster Sprache und manipulierten Statistiken zwar die Kunst der eigenen Präsentation beherrschen, aber, ständig auf den Modewellen der Management-Literatur surfend, trotz saftiger Honorare praktisch wenig Hilfreiches produzieren. Dieses Buch endet mit dem Satz: »Hinter dem großen Consulting-Bluff steckt weniger Substanz, als vielfach angenommen wird.«[21] Hier handelt es sich offenkundig häufig um ethische Fragen, aber auch in diesem selbstkritischen Buch wird das Ethos des Unternehmensberaters nirgendwo thematisiert, ja, in dem (miserabel gemachten) Register fehlen Stichworte wie Moral, Ethos, Ethik … Doch nochmals: es gibt selbstverständlich auch viele seriöse Unternehmensberater, die von dieser Kritik nicht betroffen sind.

Machthungrige, Vaterfiguren und Institutionsorientierte

Auch in Italien gibt es ganz andere Stimmen als die Machia-
vellis. Schon im 14. Jahrhundert forderte der Florentiner
Tuchhändler und Mitglied der Stadtregierung, DINO COMPA-
GNI, von den Kaufleuten die Werte Wahrheit, Ehrlichkeit und
Integrität. 1495 prägte LUCA PACIOLI, Erfinder der doppelten
Buchführung, den Begriff des *ehrbaren Kaufmanns*. Von Italien, aber auch vom norddeutschen Städtebund der Hanse
aus verbreitete sich dieses Ideal des ehrbaren Kaufmanns
über ganz Europa. Heute wird es nach all den negativen
Erfahrungen wieder neu als Leitbild für verantwortungsbewusste Wirtschaftsakteure beschworen. Als seine Merkmale
werden genannt: fundiertes Fachwissen, Intelligenz, Organi-
sationstalent, politischer Weitblick und zugleich Ehrlichkeit,
Nachhaltigkeit, Bescheidenheit und Einsatz für Bedürftige.

Die moderne empirisch fundierte Typologie des Top-
managers von D. C. MCCLELLAND unterscheidet drei Typen:
Machthungrige, bei denen das Streben nach persönlicher
Macht dominiert; Vaterfiguren, bei denen das Bedürfnis
nach Harmonie und Anerkennung stärker ausgeprägt ist;
und Institutionsorientierte, die einen hohen Drang nach
institutioneller, mit den Zielen des Unternehmens verbun-
dener Macht haben.[22] Ökonomisch am *erfolgreichsten* sind
»aufgrund ihrer Fähigkeit, ein produktives Klima im Unternehmen zu schaffen« die institutionsorientierten Manager:
»Die Mitarbeiter institutionsorientierter Topmanager haben
kontinuierlich das Gefühl, Verantwortung zu tragen. Durch
die klare Vermittlung von Organisationsstrukturen schaffen
institutionsorientierte Topmanager eine hohe Arbeitsmoral,
fördern den Teamgeist und unterstützen die allgemeine
Loyalität zum Unternehmen. Neben ihrem ökonomischen
Erfolg werden institutionsorientierte Topmanager in hohem
Maße ihrer gesellschaftlichen Verantwortung gerecht. Sie

wirtschaften nachhaltig im Sinne der Organisation, agieren gerecht und berechenbar.«[23]

Topmanager des 21. Jahrhunderts »stehen in der Verantwortung, sowohl ethisch legitim als auch ökonomisch effizient zu handeln«.[24] Doch gerade deshalb stellt sich die Frage:

4. Hat das Ethos in der Wirtschaft eine Chance?

Angesichts der vielen Krisen und Skandale kann man sich des Eindrucks nicht erwehren: Der Gott, dem immer wieder in verschiedensten Formen und Gestalten Tribut gezollt wird, ist der große Gott der Moderne schlechthin: der Gott Fortschritt, der Gott *Erfolg*! Das bedeutet: statt Transzendenz *Effizienz*, statt Offenheit auf eine andere Dimension hin *Gewinn, Karriere, Prestige* und *Erfolg um jeden Preis*!

Jenseits von Gut und Böse?

Bei all den bekannten Skandalen von Deutschland und Italien bis Amerika und Japan war offensichtliche Voraussetzung: Der *Erfolg* heiligt, *rechtfertigt alle Mittel*. Um des Erfolges willen darf man lügen, stehlen, bestechen, veruntreuen. Wenn dann die Sache ungewollt doch ruchbar wird, dann streitet man zunächst einmal grundsätzlich alles ab und geht womöglich zum Gegenangriff über: Am Skandal seien die Medien schuld, die ihn aufdecken (wobei leider auch die Medien allzu oft allein dem Erfolgsprinzip in Form von Auflagen- und Quotensteigerung frönen). Von den Schuldigen zugegeben wird dann Stück um Stück nur das, was sozusagen juristisch einwandfrei nachgewiesen wird. Dabei offenbart sich ein erschreckendes Ausmaß an Realitätsblindheit, ein extremer Vertrauensverlust und ein völliger Mangel an Kultur öffentlicher Scham und Reue. Sollten schließlich alle Ehrenerklärungen und Ehrenworte sich als falsch erweisen, kann es passieren, dass sich der Schuldige in letzter Not noch durch Suizid verabschiedet oder auch, wie der Fall des zwielichtigen Kirchen- und Vatikanbankiers Roberto Calvi zeigte, beseitigt wird; er wurde 1982 in der Nähe der Londoner Opus-Dei-Bank unter einer Themsebrücke gefunden – erhängt. Nein, so trivial hat sich selbst der frühe Prophet des zeitgenössischen Nihilismus FRIEDRICH NIETZSCHE das »Jenseits von Gut und Böse« und den neuen »Übermenschen« ohne Religion und Moral, allein dem »Willen zur Macht« verpflichtet, nicht vorgestellt.

Aber halt – erfreulicherweise ist dies alles nicht das ganze Bild! Umfragen unter Führungskräften der Wirtschaft zeigen auch überraschend *gegenläufige Trends*: Viele berufen sich auf ihr Gewissen, eine Instanz, die freilich im Konkreten vage bleibt. Von vielen Führungskräften wird die Offenheit auf Transzendenz als ein wichtiges Element sittlicher Entscheidungen angesehen.

Ja, man muss wählen, zweifellos immer wieder, und Führungskräfte empfinden ihre Entscheidungen oft als schwierige *Wahl zwischen* dem, was *betriebswirtschaftlich* innerhalb des Zeitraums der Erfolgsrechnung erforderlich ist, und dem, was ihnen ihr *Gewissen* vorschreibt. Verschiedene empirische Untersuchungen zum Thema Unternehmensethik brachten dabei immer wieder die folgenden Denkweisen zum Vorschein:
– Die Befragten betrachten ihre eigenen ethischen Standards positiver als diejenigen ihrer Kollegen.
– Ethische Verhaltenskodizes werden begrüßt, jedoch für sich allein als wenig wirksam angesehen; aber auch
– Verantwortlichkeit gegenüber dem Kunden ist der Verantwortlichkeit gegenüber dem Aktionär übergeordnet.

Wenn es darum geht, ethische Standards im Unternehmen geltend zu machen, sucht ein erheblicher Teil der befragten Unternehmer *Hilfe von außen*: verbesserte Gesetzgebung, härtere Bestrafung, unternehmensexterne Überprüfungen, erhöhte Konsumenten- und Medienwachsamkeit. Doch noch mehr Unternehmer haben Vertrauen in *Lösungen von innen*: eine verbesserte Ethik-Ausbildung und vor allem eine verbesserte Unternehmenskultur.

Negative wie positive Aspekte zusammen gesehen lassen bei vielen Führungskräften eine *Spannung im Verhältnis zur Religion* sichtbar werden: Viele sind davon überzeugt, dass »die Menschen« Religion bräuchten, das Christentum zumindest »für die anderen«, »fürs Volk« erhalten werden sollte. Selber aber glaubt man vielfach, ohne solche religiöse Bindung auskommen zu können. *Ethische Konflikte* zwischen Beruf und Religion, Kommerz und christlichem Glauben, Profit und Bekenntnis, Politik und Ethik werden so kaum wahrgenommen. Am ehesten noch dann, wenn konkrete Menschen, mit denen man konfrontiert ist, von den betrieblichen Entscheidungen betroffen sind: etwa im harten Wettbewerbskampf, bei Massenentlassungen, bei Konkurs. Oder wenn wegen des beruflichen Engagements die eigene Ehe zerstört wird und die Familie auseinanderbricht: eine persönliche Katastrophe. Schwierig dagegen wird die Konfliktwahrnehmung, wenn weitläufigere, unpersönlichere, komplexere und abstraktere Zusammenhänge zu bedenken sind: in den Wirtschaftsbeziehungen zu den Entwicklungsländern etwa oder in Umweltfragen.

Doch dies alles zeigt, dass die Frage der Ethik auch im Raum von wirtschaftlichen Führungskräften nicht einfach erledigt ist. Sie scheint in vielfacher Weise *latent und diffus vorhanden*. Rechenschaft aber gibt man sich selber darüber allzu wenig – weder über den öffentlichen Stellenwert noch über die private Einstellung. Es dürfte aber helfen, die ethische Frage bewusst zu reflektieren.

Aber kann man eingeschliffene Verhaltensweisen ändern? Ja, ich habe das bereits aufgezeigt: ein Bewusstseinswandel ist mittel- und langfristig möglich. Und als Einzelne sollten wir nach reiflicher Überlegung in unserer kleinen oder größeren Welt entschlossen Taten setzen. Ethische Entscheidungen sind ja zunächst einmal Angelegenheit des Einzelnen. Es ist zum Beispiel eine ganz persönliche ethische Entscheidung des betreffenden Bankers oder Politikers, der schon durch seine bisherigen Aufsichtsratsmandate (keine reinen »Ehrenämter«!) überlastet ist, ob er auf ein weiteres Mandat verzichtet oder ob er sich angesichts vieler Skandale und mangelhafter Kontrollstrukturen gegen Kritik durch standardisierte Ausreden schützt, ob er sich also nur für seine Interessen oder auch für die anderer einsetzt.

Angesichts der sich krebsartig ausbreitenden *Korruption* auch in Ländern mit einer früher weithin integren Beamten-, Richter-, Ärzteschaft und Wissenschaft und andererseits der Zunahme des organisierten Verbrechens und der Jugendkriminalität stellt sich noch deutlicher als zuvor die Frage nach der Begründung der Grundwerte und Grundhaltungen und die Frage nach Gut und Böse.

Woher das Gute? Biologische und soziokulturelle Faktoren

Viele Wissenschaftler sind mehr daran interessiert zu erklären, woher das Böse in die Welt kommt. Und bedeutet es nicht eine Entlastung für den Menschen, wenn man aufzeigen kann, dass »die Natur« für alles Schlechte in der Welt verantwortlich ist?

Die *biologischen Daten* sind von grundlegender Bedeutung: Der Mensch ist nun einmal, so manche Biologen, auf maximalen Fortpflanzungserfolg programmiert. Er zielt in allem, so Entwicklungspsychologen, auf das Erringen von Status (»Macht«). Er strebt in allem, so manche Ökonomen, nach Gewinn und Wohlstand. Ja, so Evolutionsbiologen (Richard Dawkins), schon des Menschen Gene seien »egoistisch«: im Konkurrenzkampf des Lebens herrsche schon unter den Genen das Darwinsche Prinzip vom Überleben des Geeignetsten. Insofern sei es genetisch begründet, wenn jeder Mensch sich egoistisch verhält, sich selber der Nächste sein will und jeglicher Altruismus eine Illusion ist.

Nun ist das ethische Verhalten des Menschen zweifellos in seiner biologischen Natur verankert, aber es ist nicht genetisch vorprogrammiert. Dass der Mensch – in Grenzen – *selbstbestimmt* ist, kann jeder Mensch selber erfahren. Und neuere Forschungen haben gezeigt, dass die Lehre von der zutiefst eigennützigen Natur des Menschen eine ideologisch voreingenommene Auffassung ist. Nach Soziobiologen wie dem langjährigen Direktor des Tübinger Max-Planck-Instituts für Evolutionsbiologie, ALFRED GIERER, verlief die Entwicklung differenziert[25]: Der Mensch, aus dem Tierreich stammend, war in der Tat zunächst vor allem *egoistisch* orientiert und musste es sein. Gerade in den frühen Phasen der Menschwerdung war der Mensch um seines Überlebens willen stark an die biologischen Grund- und Rahmenbedingungen gebunden. Doch schon bei höheren Tieren findet sich ein genetisch angelegtes kooperatives Verhalten vor allem unter Verwandten oder sozial Vertrauten. Vielleicht kann man hier schon eine Art »*reziproken*« *Altruismus* feststellen, verstanden als eine Disposition, anderen auf eigene Kosten spontan zu helfen: »Wie du mir, so ich dir.« Eine Leistung wird gegeben für erwartete Gegenleistung.

Mit ebensoviel Recht weisen deshalb Sozialforscher auch auf die *soziokulturellen Faktoren* hin, die für ethisches Verhalten in den verschiedenen Gesellschaften eine Rolle spielen. Eine biologisch-mechanistische Interpretation reicht in der Tat nicht aus, um die Herkunft der ethischen Werte und Maßstäbe zu erklären. Es ist keine Frage, dass sich beim Menschen mit der *Sprachfähigkeit* auch eine einzigartige *Kooperationsfähigkeit* ausbildete, die bei allem genetisch angelegten

Lernvermögen sozial gelernt sein wollte. Mit der Evolution des strategischen Denkens entwickelte sich auch die Fähigkeit zur *Empathie*, zum Mitempfinden mit anderen in ihren Befürchtungen, Erwartungen und Hoffnungen, ein Mitempfinden, das für menschliches Sozialverhalten grundlegend wurde.

Auf den biologischen Grundbedingungen konnte nach der Zeit der Jäger- und Sammlerhorden die höhere kulturelle Entwicklung aufbauen. Die *konkreten ethischen Normen, Werte und Einsichten* haben sich allmählich – in einem höchst komplizierten soziodynamischen Prozess – herausgebildet; in diesem Sinn wird eine »autonome Moral« heute auch von aufgeschlossenen theologischen Ethikern vertreten.[26] Je nachdem, wo sich Bedürfnisse des Lebens anmeldeten, wo sich zwischenmenschliche Dringlichkeiten und Notwendigkeiten zeigten, da drängten sich von Anfang an Handlungsorientierungen und -regulative für menschliches Verhalten auf: bestimmte Konventionen, Weisungen, Sitten, kurz: bestimmte ethische Maßstäbe, Regeln, Normen. Sie wurden im Lauf der Jahrhunderte, ja Jahrtausende überall in der Menschheit erprobt. Sie mussten sich sozusagen einschleifen.

Die fünf C der wahren und der falschen Religion

Das Ethos soll nicht nur hypothetisch (wenn es mit meinem Interesse übereinstimmt) gelten, sondern kategorisch (Kant), unbedingt. Woher aber die *unbedingte Geltung* bestimmter ethischer Grundwerte und Grundhaltungen begründen? Eine rein säkulare Argumentation für ethische Werte und Haltungen gerät leicht in einen Begründungsnotstand.

Da sagt manch einer: Ich muss nun einmal selber schauen, wie ich in Beruf, Karriere, Geschäft vorankomme und mich durchsetze; da hilft mir keiner als ich selbst. Jedoch: So wird leicht jedes Verantwortungsbewusstsein und auf Dauer auch jedes Rechtsbewusstsein untergraben. Aber wiederum der Einwand: Warum soll ich meine Karriere und meine Geschäfte nicht rücksichtslos betreiben und meine Ellenbogen nutzen? Freie Bahn dem Tüchtigen! Aber: Wenn *das Maximum* auch immer schon *das Optimum* sein soll und das Geldverdienen (Kapitalismus) und der reine Lebensgenuss (Hedonismus) zum höchsten Wert geworden sind, dann sind – das ist bisher deutlich geworden – die Harmonie und Stabilität einer Gemeinschaft bedroht, aber auch der Lebenssinn und die Identität des Individuums. Ja, dann ist die Demokratie überhaupt gefährdet durch einen Libertinismus, der die moderne »déformation« jener »liberté« ist, welche der Demokratie ursprünglich zum Durchbruch verholfen hat.

Dass jedoch eine Gesellschaft ohne Spielregeln, Verhaltensnormen, moralische Maximen, ja, ohne ein Minimum verbindender Werte, innerer Haltungen und verpflichtender Maßstäbe nicht überleben kann, findet heute zunehmend Zustimmung. Langsam merken auch säkulare Zeitgenossen, dass sich mit der Modernisierung nicht nur eine unumgängliche Säkularisierung durchsetzte, sondern weithin auch ein keineswegs unumgänglicher ideologischer Säkularismus, in dem alles Transzendente, Transempirische, Autoritative, ja, *unbedingt Maßgebende aus dem Leben verbannt* scheint und sich in der Folge oft Ratlosigkeit und eine beklemmende geistige Leere einstellen. Jeder ist sich selbst das Maß!?

Wie aber – hier kommt die schon im Zusammenhang der Sozialen Marktwirtschaft aufgebrochene Frage radikalisiert zurück – sollen die einzelnen Menschen oder Gruppen zum *Maßhalten* motiviert werden, wenn *der Mensch selber »das Maß aller Dinge« zu sein beansprucht*? Und wenn dies nicht im ursprünglich griechischen Sinn des Wortes ethisch eingebunden verstanden wird, sondern im modernen libertinistischen oder nihilistischen Sinn ungebunden? Das schon von Nietzsche prognostizierte geistige Vakuum wird, da es der Mensch nicht aushält (»horror vacui«), aufgefüllt durch Ersatzwerte: durch etwas Relatives, sei es Geld, Macht, Position, Sex, Alkohol, Drogen, was nun anstelle des wahren Absoluten zum *Pseudo-Absoluten*, zum Götzen wird. Ihm wird freiwillig – oft mit sinnloser Protzerei und Luxus zur Befriedigung persönlicher Eitelkeit – alles geopfert, oft auch die eigene Integrität und Identität, vor allem aber die Solidarität. Eine Freiheit ohne Gleichheit und Brüderlichkeit.

Ist also ein Maßhalten des Menschen letztlich unabweisbar zu begründen, wenn der Mensch sich ganz und gar selber Maß sein will und er keinen für ihn Maßgebenden anerkennt: *keine maßgebliche übermenschliche Instanz*? Und macht es den Menschen glücklicher, wenn er weder Maß noch Ziel kennt und dann, weil er sich mit seinem Herzen doch gerne an etwas hängt, sich statt einer wahren Religion einer modernen Pseudoreligion verschreibt, wie sie sich etwa in dem »Yuppie-Dream« Ausdruck verschafft: Statt der uralten *fünf C der wahren Religion*: Creed, Cult, Code, Conduct, Community, die mondänen *fünf C der Pseudo-Religion*: Cash, Creditcard, Car, Condominium, Country Club? Wird solch unverhüllter Materialismus und Egoismus nicht zu einer unfairen, polarisierten, gespaltenen Gesellschaft von Bevorteilten und Benachteiligten führen? – Doch Frage:

Wer ist eine große Unternehmerpersönlichkeit?

Unanständige Unternehmer, die dem Leitbild des »ehrbaren Kaufmanns« zuwiderleben, scheiden bei der Beantwortung dieser Frage von vornherein aus. Um eine große Unternehmerpersönlichkeit zu sein, genügt es aber auch nicht, über ein Kapital von Millionen oder Milliarden zu verfügen oder über Hunderte von Beziehungen oder Dutzende von Aufsichtsratsmandaten.

Nein, um eine große Unternehmerpersönlichkeit zu sein, braucht man – neben aller Intelligenz, analytischen Fähigkeit, Entscheidungskraft und Durchsetzungswillen – einen über Branchenkenntnis und Fachkompetenz hinausgehenden Blick auf die Gesamtwirklichkeit, ein Verständnis der großen Zusammenhänge, einen Sinn für die Grundfragen des Menschen und tief verwurzelte und gut reflektierte ethische Überzeugungen. Ein Beispiel:

Eine große Unternehmerpersönlichkeit, die weit über sein bis heute florierendes Unternehmen hinaus ein leuchtendes Vorbild blieb, war der Stuttgarter Industrielle ROBERT BOSCH (1861–1942). Er trat ausdrücklich für eine *anständige* Geschäftsführung ein, die auch wirtschaftlich erfolgreich sei: »Eine anständige Art der Geschäftsführung ist auf Dauer das Einträglichste, und die Geschäftswelt schätzt eine solche viel höher ein, als man glauben sollte.« Verlässlichkeit, Langfristigkeit, Vertrauen, das sind Begriffe, mit denen bereits Robert Bosch unternehmerische Verantwortung verknüpfte. Von ihm stammt auch das geflügelte Wort: »Lieber Geld verlieren als Vertrauen.« Dabei war er sich durchaus bewusst, wie schwierig dies in der Wirklichkeit des Konkurrenzkampfes zu realisieren war: »Es war nicht immer einfach, die richtige Mitte zu halten zwischen dem Unternehmer, der sich behaupten muss, und dem sozial denkenden Geschäftsmann.« So hat er sein Unternehmen verantwortungsvoll und auf legitime Weise innerhalb ethisch reflektierter Leitplanken gelenkt.

Die heutige Geschäftsführung der Robert Bosch GmbH bekennt sich ausdrücklich zur unternehmerischen Verantwortung, wie das ihr Vorsitzender FRANZ FEHRENBACH in seiner Rede beim Neujahrsempfang der IHK Reutlingen am 27. Januar 2010 bekräftigte. Als Verhaltensgründe, welche die verhängnisvolle Krisenmaschinerie in Gang setzten, zählte er auf: mangelndes Risikobewusstsein, Konzentration auf kurzfristige Gewinne mit entsprechendem Entlohnungssystem, das Fehlen nachhaltiger Werte. Besonderen Beifall fand seine in diesem Zusammenhang geübte Kritik an Großbanken: »Es ist für mich unfassbar, wie einige internationale Spitzenbanker mehr für ihre üppigen Bonuszahlungen kämpfen als für die überfällige Neuausrichtung ihres Geschäfts. Es ist verantwortungslos, wenn einige Großbanken trotz der gemachten Erfahrungen mehr oder weniger zu ihren Verhaltensweisen von vor der Krise zurückkehren. So kann kein neues belastbares Vertrauensverhältnis entstehen!«[27] Hier fehlt es offensichtlich an ethischer Kompetenz.

Ethische Kompetenz

Vom Führungspersonal in der Wirtschaft – ob in Bankwesen, Industrie, Handel oder Handwerk – wird heutzutage eine dreifache Kompetenz gefordert, die natürlich je nach Unternehmen verschieden groß sein kann:
– die *ökonomische* Kompetenz im Hinblick auf den Markt, die Unternehmen und den Einzelnen;
– die *politische* Kompetenz im Hinblick auf die Institutionen: lokale, regionale, nationale Regierungen und internationale Organisationen;
– die *ethische* Kompetenz im Hinblick auf Persönlichkeit und Charakter. Ein Unternehmer muss nicht nur strategisch denken, sondern auch vorleben, was er von anderen verlangt. Durch sein Vorbild wird er auch darauf hinwirken können, dass die Frage des Ethos, die bei vielen Führungskräften oft nur latent und diffus vorhanden ist, bewusst reflektiert wird. Und zwar im Bewusstsein, dass es auch in der heutigen Unternehmensführung noch immer stark vom Einzelnen und natürlich vom Topmanagement abhängt, welcher *Geist* in einem Unternehmen herrscht.

Wer heutzutage ein *Unternehmen*, ob groß oder klein, angesichts einer erheblich unsicheren Zukunft durch die

Stürme der Globalisierung zu steuern hat oder bei der Navigation mithilft, verfügt selbstverständlich über eine Fülle *technischer, finanzieller und organisatorischer Informationen und Hilfen,* um immer wieder eine richtige Positions- und Kursbestimmung vorzunehmen. Doch braucht er dazu eine *Navigationskarte*: ein Orientierungswissen (nicht nur ein Informationswissen), das durch eine ganzheitliche Weltsicht den Überblick bewahren hilft und eine realistische Kursbestimmung ermöglicht. Und er braucht ein *Koordinatensystem*: unveränderliche ethische Standards, die global gelten. Schließlich braucht er einen zuverlässigen *Kompass*, ein auch bei Fusionen, Übernahmen, Verschlankungen, Auslagerungen, Missmanagement unbestechlich funktionierendes *Gewissen*, das bei den gewichtigen Entscheidungen in der harten Realität des Geschäftsalltags den Ausschlag gibt.

Orientierungswissen, ethische Maßstäbe, innerer Kompass: Dies alles sind Strukturelemente des Ethos als innerer sittlicher Haltung. Mit solchen Werkzeugen ausgerüstet, steuert eine Führungskraft nicht nur im Beruf den richtigen Kurs, sondern im ganzen Leben. Und dies stets im Bewusstsein, dass kein Mensch vollkommen ist und uns allen immer wieder Fehler unterlaufen, manchmal kleine, vielleicht auch einmal ein großer. Eine ethische Grundhaltung kann zu dem verhelfen, was nach Max Weber die drei Eigenschaften von Führungspersönlichkeiten sein sollten: Leidenschaft im Dienst der Sache, Verantwortungsempfinden für die Folgen und Augenmaß aus der notwendigen Distanz.[28]

In dieser Grundhaltung dürfte ein Unternehmer fähig sein, die »Checkliste« positiv zu beantworten, die C. K. PRAHALAD schon 1977 in der Harvard Business Revue veröffentlichte und seither seinen MBA-Studenten vorträgt:

»– Bescheidenheit im Erfolg und Mut im Misserfolg sind Markenzeichen eines guten Unternehmensführers;

- Gute Unternehmensführer schließen andere mit ein, obwohl dies nicht leicht ist;
- Nehmen Sie Ihre Verantwortung für die Ergebnisse ebenso wahr wie für die Prozesse und für die Menschen, mit denen Sie arbeiten;
- Rechnen Sie damit, nach dem beurteilt zu werden, was Sie machen und wie gut Sie es machen – nicht danach, wovon Sie sagen, Sie wollten es machen. Jedoch muss die Neigung zum Handeln ausgeglichen werden durch Empathie und Sorge für andere Menschen;
- Lassen Sie sich betreffen von den Problemen der Armen und Behinderten, akzeptieren Sie menschliche Schwächen, lachen Sie über sich selbst – und vermeiden Sie die Versuchung, Gott zu spielen.«

5. Anständiges Wirtschaften

Der renommierte britische Journalist CLIFFORD LONGLEY (»The Times«, »The Tablet«), ein langjähriger Beobachter der Londoner City, nimmt Bezug auf den Beginn der Finanzkrise in den 1980er-Jahren, der Zeit von Reaganomics und Thatcherismus, als der »Big Bang« der Deregulierung auch die bisherige moralische Basis der Wirtschaft von Treu und Glauben erschütterte.[29] Als einziges zählte in diesen modernen Wirtschaftszeiten, angeführt von den Banken, so viel Geld wie möglich zu raffen. Alles andere galt als unmodern. Man sollte nur einige äußerliche Regeln beachten, um zu wissen, wie weit man sich beim Risiko vorwagen konnte. Ähnlich auch ROGER DE WECK: »Der Anstand verbietet vieles, was das Gesetz zulässt, doch sie fanden es honorig, bis an die Grenze des Legalen zu gehen, das (ohnehin verhasste) Recht auszureizen und Steuergesetze zu umgehen.«[30] Clifford Longley ist allerdings deutlicher in seinen ethischen

Forderungen: »Es gibt keinen Platz in dieser gnadenlosen (cut-throat) Welt für Mäßigung, Klugheit, Gerechtigkeit und Mut.« Diese Mentalität steht auch im Hintergrund der zahllosen Skandale und besonders der Spesenskandale britischer Parlamentarier. Aber die öffentliche Meinung hat sich nicht verführen lassen von dieser Mentalität von »How far can you go?« Die einzig effektive Alternative ist freilich eine Mentalität, die wieder die Tugend als eine Basis für das ethische Urteil betrachtet, und zwar nicht nur auf die Verbesserung des Einzelnen, sondern auf das Gemeinwohl ausgerichtet: »Tugenden sind lernbar und lehrbar, und sie sind transkulturell, insofern die Prinzipien der Tugend in den meisten ethischen Systemen, ob religiös oder säkular, existieren.«

»The Tablet« fordert in seinem Editorial »The Financiers we need – die Financiers, die wir brauchen«: »Man muss sich auf einen anderen Grundzweck einigen, und das kann heißen, dass ein Financier eine andere Art von Mensch werden muss: mit weniger Eigeninteresse, offener für die Bedürfnisse der Gemeinschaft. Es gibt viele, sogar in Wall Street und in der City, die dies als Geschenk des Himmels betrachten würden.«[31] Sollte man nicht lieber dafür als für neue Kriege eine »Allianz der Willigen« bilden? Die Krise gibt zu denken:

Die Krise – ein Warnschuss

Schon 1971 hatte der damals 33jährige, eben aus den USA zurückgekehrte Professor für Wirtschaftspolitik KLAUS SCHWAB das erste Jahrestreffen von Wirtschaftsführern in Davos, das spätere World Economic Forum (WEF), durchgeführt mit dem hochgesteckten Ziel »The World Economic Forum – A Partner in Shaping History«. Gleichzeitig formulierte er ein »Leitbild des Unternehmens«. Für Schwab ist entscheidend, dass »alle hier in alphabetischer Reihenfolge genannten Gruppen ein unmittelbares Interesse am Unternehmenserfolg haben:

– *Die Anteilseigner und Kreditgeber* erwarten neben einer sicheren Geldanlage eine angemessene Verzinsung des eingesetzten Kapitals.

– *Die Kunden* erwarten ein gutes Produkt zu einem günstigen Preis. Daneben ist im Maschinenbau der Service besonders wichtig. Er setzt nicht erst mit der Auslieferung der Maschine ein, sondern bereits mit der ersten Projektbesprechung, weil sich der Produzent bereits hier mit den Problemen des Abnehmers befassen muss.

– *Die Lieferanten* erwarten vom Unternehmen Zahlungsfähigkeit. Darüber hinaus sind sie daran interessiert, dass die Leistungskraft ihres Abnehmers langfristig erhalten bleibt und weiter wächst.

– *Die Mitarbeiter* erwarten für ihren Einsatz neben angemessenen materiellen Gegenleistungen Anerkennung und Förderung. Bestleistungen sind erst dann zu erzielen, wenn die Mitarbeiter vom Sinn ihrer Arbeit überzeugt sind und ihnen individuelle Entfaltungsmöglichkeiten geboten werden.

– *Volkswirtschaft, Staat und Gesellschaft* erwarten, dass das Unternehmen in vielfältiger Weise zur Verbesserung des Gemeinwohls beiträgt (Arbeitsplätze, Steuern etc.). Diesen Erwartungen, Bedürfnissen und Interessen muss das Leitbild Rechnung tragen.«[32]

Dieses im Grunde ethische Leitbild war in den Shareholder-Boom-Jahren leider selbst auf dem Weltwirtschaftsforum, wo man die Krise ebenfalls nicht kommen sah, sehr in den Hintergrund getreten. Das stieß auf Kritik: »Der springende Punkt aber ist, dass Davos in seiner eigentlichen Kernkompetenz, der Wirtschaft, in den vergangenen Jahren deutliche Schwächen gezeigt hat. Das Forum schwieg oder ahnte nichts von den kommenden Stürmen, im Gegenteil: Es feierte Wall-Street-Banker noch als Meisterdenker, als diese schon längst auf ihren faulen Milliarden saßen«, so der Spiegel-Wirtschaftsredakteur ULLRICH FICHTNER 2009.[33]

Ich verdanke KLAUS SCHWAB und seinem Weltwirtschaftsforum sehr viel: Herausforderungen und Einsichten, span-
nende Diskussionen und persönliche Kontakte. Meinen
ersten Vortrag »Warum brauchen wir globale ethische Standards um zu überleben?« hielt ich, wie in meinem Eingangs-
plädoyer zu diesem Buch vermerkt, 1990 in Davos. Aber
meine Bemühungen um ein globales Ethos erschienen Klaus
Schwab dann doch »zu ambitiös«. Freilich, mit dieser Einschätzung des Weltethos nahm er in Kauf, was er später auch
selbst als eine »Pervertierung des unternehmerischen Systems« bezeichnete, dass das Unternehmen statt als »Sinn«-
Einheit nur als eine »Zweck«-Einheit verstanden wird:
»Der Sinn, gemeinsam Güter und Dienstleistungen zum
Wohle der Gesellschaft zu erzeugen, wurde ersetzt durch
den Zweck, kurzfristig möglichst hohen Gewinn und damit
steigende Aktienkurse zu erzielen.«[34] Klaus Schwab erkennt
heute klar die noch lang anhaltenden negativen Folgen dieser
Krise: Arbeitslosigkeit, Tausende Milliarden Staatsschulden,
deshalb höhere Steuern, Einschränkungen im Sozial- und
Gesundheitssystem, reduzierte Ausgaben für Infrastruktur
in Erziehung und Verkehr. »Die Gefahr besteht, dass die
Finanzkrise und die darauf folgende Wirtschaftskrise sich
zu einer sozialen Krise entwickeln werden. Es sind also sehr
schwierige Zeiten, die auf unsere Gesellschaft zukommen.
Wenn wir ein völliges Auseinanderbrechen unserer Gemeinschaften verhindern wollen, dann sind gerade jetzt Gemein-
schaftssinn und Solidarität gefragt. Dieser Gemeinschafts-
sinn ist die Grundlage des Stakeholder-Konzepts.«

Aber dies gilt nicht nur für die Makroebene der Moralität
ökonomischer Systeme an sich, auch nicht nur für die Mesoebene der Moral der Unternehmen und Organisationen,
sondern auch – was auf dem Weltwirtschaftsforum, wo viele
CEOs präsent sind, wichtig ist – für die *Mikroebene der Personen* und hier vor allem für die Moral der *Führungskräfte*. Ich

sehe noch deutlich vor mir den Schweden PERCY BARNEVIK, Chef des schwedisch-schweizerischen Technologiekonzerns ABB: auf dem Weltwirtschaftsforum der Vorzeigemanager, der dann aber wegen »unrechtmäßiger« Aneignung von Bonuszahlungen von 148 Millionen Schweizer Franken seinen Posten in der Firma und auch seine angesehene Position im Weltwirtschaftsforum verlor. Ein klassischer Fall von Hybris, Hochmut, worauf nach Auffassung der alten Griechen die Nemesis folgt, Rache und Fall. Bei all dem ist zu bedenken:

Menschen, nicht Institutionen sind moralische Akteure

Das ist ein Leitgedanke, der, mehr noch als für Klaus Schwab, für KLAUS LEISINGER, den Präsidenten und CEO der Novartis Stiftung für Nachhaltige Entwicklung und Soziologieprofessor an der Universität Basel, im Vordergrund steht. Natürlich ist auch für ihn klar, dass *Unternehmen* als »juristische Personen« Träger von Rechten und Pflichten sind, auch von moralischen. Unternehmer haben »alle nur denkbaren institutionellen Voraussetzungen dafür zu schaffen, dass neben den Variablen für den wirtschaftlichen Erfolg auch jene für soziale Verträglichkeit, ökologische Zukunftsfähigkeit und den Respekt für Menschenrechte in das unternehmerische Entscheidungsraster eingehen«.[35]

Aber gleichzeitig darf die Rolle des *individuellen Menschen* nicht unterbewertet werden, denn: »Moralität – oder der Mangel daran – wird von den Menschen, ihren Werteorientierungen, ihrer moralischen Integrität und ihrem konsistenten und kohärenten Verhalten in soziale Systeme hineingebracht.« Hiermit will Leisinger natürlich nicht nur die Mitglieder des Topmanagements ansprechen, sondern die Mitarbeiter auf allen Ebenen eines Unternehmens: sie alle haben »die Pflicht, für sich, für die von ihren Entscheidungen betroffenen Menschen und für das Erreichen der Unternehmenziele Verantwortung zu übernehmen. Sie haben auch die Pflicht, für ihre moralischen Überzeugungen einzutreten.«

Selbstverständlich aber haben in allen Institutionen die *Führungseliten* eine besondere Verantwortung: »Vor allem die Mitglieder des Topmanagements haben kraft ihrer Autorität großen Einfluss auf die im Unternehmen gelebte Wertestruktur und Ethikkultur, denn sie haben sowohl die nicht delegierbare Verantwortung für die strategische Ausrichtung des Unternehmens als auch für die Charakteristiken der Unternehmenskultur im Sinne der organisatorischen DNA: Die Mitglieder des Topmanagements setzen und kommunizieren den richtigen ›Ton‹, setzen ein gutes Beispiel für das im Unternehmen erwartete Handeln und inspirieren als ›Rollen-Modell‹ für das im Unternehmen als anstrebenswert empfundene Handlungs- und Verhaltensmuster andere.«

Die Führungseliten haben die Verantwortung für die ganzheitliche Definition von Unternehmenszwecken und Mission, für Verhaltens- und Handlungskodizes, für Unternehmensrichtlinien für das Handeln in sensiblen Bereichen, für Zielsetzungs- und Mitarbeiterbeurteilungsprozesse und schließlich für das Compliance Management, damit das, was als legitimes Handeln definiert ist, im Geschäftsalltag auch durchgesetzt wird. Doch erscheint mir – und sicher auch Leisinger – ein Punkt von besonderer Bedeutung:

»Integrity«, nicht nur »Compliance«

Notwendig ist in jedem Fall eine *Verhaltensänderung* zu einer vernünftigen Salärpolitik im Management, die unterstützt werden muss durch den Druck der Öffentlichkeit und der Medien. Verhaltensänderung lässt sich, wie Psychologen unterscheiden, durch extrinsische oder intrinsische Motivation erreichen.[36] Bei der *extrinsischen*, durch äußere Zwänge bewirkten Motivation geht man aus von einem opportunistischen

Verhalten der Mitarbeiter, das sich nur durch Überwachung, Fremdkontrolle und Sanktionsmaßnahmen steuern lässt. Ein solches Steuerungsmodell der »Compliance«, der Konformität mit Gesetzen und Vorschriften, ist selbstverständlich notwendig, reicht aber nicht aus und kann, einseitig betont, zu einer Unternehmenskultur des *Misstrauens* führen.

Für eine gute Unternehmenskultur unverzichtbar ist eine Kultur des *Vertrauens*, die durch *intrinsische*, also von innen gesteuerte, aus eigenem Antrieb erfolgende Motivation erreicht werden kann: Statt auf äußere Konformität ist sie auf innere »Integrity« ausgerichtet. Dieses Steuerungsmodell setzt auf die Selbstbestimmung des Mitarbeiters, von dem man ein von eigenen und sozialen Interessen geprägtes *verantwortungsbewusstes Verhalten* erwartet: eine Eigenverantwortung mit bestimmten Freiräumen.

Es ist klar, dass dieses Integrity-Konzept überall dort ein funktionierendes Steuerungsmodell ist, wo die Integrität von der Spitze des Unternehmens her gelebt wird. Nicht auf Worte, »talking«, sondern auf Taten, »walking«, kommt es an. »Integrity« ist übrigens das Wort, welches 2006 im Online Merriam-Webster-Dictionary am meisten (250.000 mal) abgerufen wurde. Manager, die diesem Integrity-Konzept folgen, finden in der Führungsaufgabe ein Eigeninteresse und eine Herausforderung und benötigen für ihre Motivation nicht noch ein übergroßes Zugeld, das von ihrer Belegschaft und von der Öffentlichkeit als »unanständige Abzockerei« angesehen wird. Wenn man die »Angemessenheit« oder gar »Notwendigkeit« exorbitanter Gehälter begründen will mit dem Argument, die »Besten« würden sonst abwandern, so kann man getrost antworten: Diese sogenannten »Besten« sind es, die uns die weltweite Finanzmisere eingebrockt haben! Und wer sind überhaupt die wirklich Besten? Sicher auf Dauer nicht jene Banker, die mit einer »Söldnermentalität« keine andere Loyalität kennen als die zum Geld. Diese

»Besten« ohne moralische Integrität sollte man ruhig ziehen lassen. Die wirklich Besten haben Charakter und wollen dem gemeinsamen Unternehmen dienen.

Bei diesem Bemühen um Integrität sind kreative Schritte nötig. Ein Beispiel: Mehr als die Hälfte der insgesamt 900 MBA (Master of Business Administration)-Absolventen der Harvard Business School 2009 schworen einen von ihnen selbstverfassten Eid. Da heißt es beispielsweise: »Als Manager ist es meine Aufgabe, der Gesellschaft zu dienen.« Und: »Ich werde stets mit der größtmöglichen Integrität handeln und meiner Arbeit in einer ethischen Weise nachgehen.«[37]

Mit all dem ist auch schon aufgezeigt, wie wichtig das Ethos ist: je höher auf der Karriereleiter, um so wichtiger. Ich rede also nicht dem Karrierismus das Wort, dem rücksichtslosen Streben nach Erfolg, wohl aber einem durchaus legitimen verantwortungsbewussten Aufstieg in Integrität. Worin aber liegen im Zeitalter des verschärften globalen Wettbewerbs die Chancen einer ethischen Geschäftsführung? Diese Frage möchte ich zunächst negativ beantworten:

Risiken unanständiger Geschäftsführung

Was sind die *Risiken* einer *unanständigen Geschäftsführung*? Eine Kurzantwort voraus: dass man damit leicht den *Kredit* verspielt! Gerade das Kreditgewerbe gibt ungern einem Unternehmen Kredit, das nicht kreditwürdig ist. Ein Bankier alter Schule (die »Banker« der neueren haben vielfach den eigenen Kredit verspielt) antwortete mir auf die Frage, nach welchen Kriterien er die Kreditwürdigkeit entscheide: Nach den fünf C! Er kläre ab Capacity (Finanzkraft), Collaterals (Sicherheiten), Capital und Conditions – aber an erster Stelle entscheide er nach *Charakter*!

Doch man beachte ein Zweites: Auch jede Firma ist auf mehr Kredit angewiesen als nur auf den finanziellen. Sie benötigt *Kredit* im Sinn von *Glaubwürdigkeit*, und dies in vielfacher Hinsicht:

– für die *Betriebsangehörigen* und die Auszubildenden, die gerne in einer angesehenen Firma arbeiten;

– für die Anwohner und die *Ortsgemeinde*, auf deren Wohlwollen jede Firma angewiesen ist;

– für die *Financiers*, die Zulieferer und die Kunden, welche allesamt ungern Menschen trauen, die über keinen moralischen Kredit verfügen;

– für die *breite Öffentlichkeit*, die auf die Problematik von Ökonomie und Moral aufmerksam geworden ist und oft beinahe allergisch auf ethisch zweifelhaftes Verhalten reagiert, weshalb sich keine Firma und selbst kein großer Ölkonzern (früher Shell, jetzt BP) auf die Dauer ein schlechtes Image leisten kann.

Und drittens bedenke man die stets drohenden Konflikte:

– Früher oder später droht der Konflikt mit dem Strafgesetz auch denen, die meinen, immer ungeschoren durchzukommen. Beispiele habe ich bereits angeführt.

– Bei sich wiederholenden Verstößen wird, wie in der Weltfinanz- und Wirtschaftskrise, der Ruf nach gesetzlicher Regulierung laut, was dann von der Wirtschaft und von den Banken beklagt wird.

Und schließlich gilt: Schlimmer als die äußeren Sanktionen sind vielleicht doch die inneren des *Gewissens*. Gesetze bedeuten nur äußere Sanktionen, Ethos aber auch innere: »Der Gerichtshof ist im Inneren des Menschen aufgeschlagen!« (I. Kant). Das schlechte Gewissen lässt sich nur vorübergehend wegstecken oder unterdrücken. Es macht sich immer wieder bemerkbar – und sei es auch nur in Albträumen, durch schlechten Schlaf oder Neurosen.

Neurotiker, hörte ich von kompetenter Seite, gibt es auf den Chefetagen mehr als man gemeinhin annimmt. Und Broker – in New York reden Psychiater von einem Wallstreet-Syndrom – werden leicht krank beim tagtäglichen Spiel, alles wie der goldgierige König Midas zu Gold machen zu müssen. Wer viel besitze, könne wahnsinnig werden im Nachdenken darüber, was er noch alles besitzen könnte. Und die meisten seiner Klienten, meint ein Psychiater, könnten die Frage nicht beantworten, wie viel Geld ihnen genug sein könnte. Daher enden solche total dem Geld verschriebenen Leben oft genug tragisch: berufliches Fiasko, seelischer Zusammenbruch, ja Suizid. Doch wenden wir uns schöneren Seiten des Unternehmertums zu.

Chancen anständiger Geschäftsführung

Jetzt direkt gefragt: Welche *Chancen* bietet angesichts mancher skrupelloser Wettbewerber eine ethische Geschäftsführung? Auch hier zuerst eine Kurzantwort: dass *Anstand* ein erfolgreiches Wirtschaften unterstützt! Mehr als ein erfolgreicher Unternehmer antwortete mir auf die Frage nach dem Geheimnis seines Erfolgs: *Integrität!* Und Integrität heißt, den anderen nicht über den Tisch ziehen, heißt Ehrlichkeit und Verlässlichkeit.

Daher bin ich überzeugt, dass die *Formulierung und Durchsetzung von ethischen Standards* (oder Leitlinien, Codes of Conduct) *vorteilhaft* ist. Dies sind die konkreten Nutzeffekte, welche die Wettbewerbsstellung eines Unternehmens positiv beeinflussen können: [38]

Zuerst für Zielsetzung und Fundament eines Unternehmens:
– Die Umsetzung ethischer Standards betont *langfristig ausgerichtete Ziele.* Damit konzentriert sich das Management stärker an fundamentalen und strategischen Interessen des Unternehmens. Dies bringt eine gewisse Abkehr von hektischer Tagesaktualität und eine erfolgreiche langfristige Performance des Unternehmens.

– Eine ethische Geschäftsführung schafft eine Grundlage für die *Stabilität und Konstanz* eines Unternehmens. Dies führt zu einem Klima von Vertrauen und Zuverlässigkeit.

Des weiteren für das Umfeld:
– Das Unternehmen gewinnt gute *Mitarbeiter* und ist für qualifiziertes Personal mit fachlicher wie sozialer Kompetenz attraktiv und kann auch Geschäftsbeziehungen zu Lieferanten und Abnehmern entwickeln, die nach ähnlichen Prinzipien arbeiten.
– Man vermeidet eine negative *öffentliche Meinung*, die Risiken von Erpressbarkeit und Abhängigkeit und erhöht die Chancen gesellschaftspolitischer Akzeptanz und eines positiven Image.
– Bei gutem Image des Unternehmens und glaubwürdigem, längerfristigem Bekenntnis zu ethischen Standards ist ein verbesserter *Umgang mit ökologisch und politisch heiklen Projekten* zu erwarten.

Schließlich für die »corporate identity« des Unternehmens:
– Es verbessern sich die Voraussetzungen für koordiniertes, berechenbares Verhalten in der kulturellen und sozialen Vielfalt, welche für die Arbeit eines globalen Unternehmens typisch ist.
– In der Zeit der Globalisierung wird die Stabilität und Konsistenz von komplexen Einheiten erhöht, die – bedingt durch Größe und Vielfalt – meistens dezentral organisiert und geführt werden. Man verfügt damit über eine ethische Grundlage für den so wichtigen Zusammenhalt und die Loyalität (»corporate identity«).

Wirtschaftsprüfung und Selbstprüfung

Erst in der Wirtschaftskrise stellte man fest: Bei vielen Wirtschaftsskandalen hatte in verhängnisvoller Weise auch die *Wirtschaftsprüfung der Unternehmen* versagt. Deshalb ist auf die Bedeutung der Wirtschaftsethik für Wirtschaftsprüfung und Bekämpfung der Wirtschaftskriminalität eigens hinzuweisen. Ich tue es wieder im Anschluss an den bereits erwähnten Professor André Zünd, der als Präsident der European Accounting Association das volle Vertrauen seiner Kollegen genießt. Er vertritt die These: »Die Revisoren sollen sich selber ethisch verhalten; sie sollen aber auch ethisch fragliches Verhalten der Geprüften analog zu Gesetzesverstößen behandeln«.[39]

Zur Begründung führt er aus: »Unethisches Verhalten stellt für das Unternehmen einen Risikofaktor dar. Die Berufsordnungen verlangen implizit vom Prüfer, dass er vor unethischem Verhalten, auf das er bei seinen Abschlussprüfungen stößt, nicht beide Augen schließt, sondern solche Sachverhalte kritisch analysiert und darüber Bericht erstattet. Sonst bleiben Postulate wie Integrität, Objektivität, Glaubwürdigkeit, Qualitätsleistung, Sorgfalt und Vertrauenswürdigkeit leere Worte. Vor allem ist das Nichtbeachten unethischen Verhaltens ein Verstoß gegen das Gebot der Fairness.«[40] Will man jedoch weitere staatliche Gesetze und Sanktionen vermeiden, so muss man die Wirtschaftsethik zur Wirkung kommen lassen: »Die Stärkung der Wirtschaftsethik liegt somit im Interesse einer liberalen Staatsauffassung, die ›weniger Staat‹ wünscht.«[41]

Aber es geht nicht nur um die Wirtschaftsprüfung des Unternehmens, sondern auch um die *Selbstprüfung des Unternehmers*. Denn ein Wirtschaftsführer sollte sich immer wieder selber überprüfen: ob es ihm in seiner ganzen Tätigkeit nur um »Profit« im pekuniären Sinn, nur um Bankkonto und Status geht, oder aber um Profit in einem umfassenderen Sinn; das Wort meint ja darüber hinaus jedweden Nutzen, Gewinn und Vorteil.

Der Tübinger Philosoph OTFRIED HÖFFE gibt den guten Rat: »Wer mehr will, nämlich ein halbwegs gelungenes Leben, sucht Anerkennung – sowohl durch die Familie, Freunde und Mitbürger als auch durch sich selbst. Er sucht jene Fremd- und Selbstachtung, die ihm erlaubt, seinem Spiegelbild zu sagen: ›Du bist einer der wenigen anständigen Menschen, die ich kenne.‹ Eine glückliche Folge: Zuversicht und Selbstvertrauen stellen sich fast von allein ein.«

Und was gewinnt, wer nur den pekuniären Profit sucht? »Wer dagegen ausschließlich den pekuniären Profit sucht, überschätzt dessen lebenspraktischen Rang. Er erliegt sogar einer strukturellen Täuschung. Denn er hält für ein Endziel, was in Wahrheit nur zu einem Zwischenziel taugt, zuvorderst als Mittel zur Lebenssicherung, sodann als Mittel zu einem angenehmen Leben, schließlich auch als Ausweis von Erfolg. Die für ein gelungenes Leben entscheidenden Dinge jedenfalls, Dinge wie Vertrauen, Treue und Freundschaft, lassen sich nicht bezahlen.«[42]

Für ein gelungenes, wahrhaft menschliches Leben zählt mehr als der rein materielle Erfolg. Diese Überzeugung findet sich in den ethischen Traditionen aller Kulturen unseres Globus.

VII. Für die Menschheit ein Ethos der Menschlichkeit

Ist das globale Ethos ein Kind der Globalisierung? Beim zweiten Kolloquium der Stiftung Weltethos über »Traditionelle chinesische Ethik und Weltethos« mit chinesischen Gelehrten in Peking vom 10.–14. Oktober 2001[1] wurde ich mit der Frage konfrontiert, ob die Rede von einem globalen Ethos nicht eine notwendige Folge der *Globalisierung* sei. Wobei »Globalisierung« in China (wie früher das Wort »Kapitalismus«) mitunter ein negativ besetzter Terminus ist und mit Amerikanisierung und westlicher Dominanz identifiziert wird, welche die eigene Kultur und Tradition bedrohen. Ich konnte indes leicht deutlich machen, dass ich die Bezeichnung »Globales Ethos« schon viele Jahre verwendet und das »Projekt Weltethos« (1990) entwickelt hatte, bevor das Wort »Globalisierung« überhaupt in allgemeinen Gebrauch kam. Statt von einem »Weltethos« kann man auch von einem »Menschheitsethos« reden.

1. Kulturübergreifende Normen

Freilich hat die Globalisierung von Ökonomie, Technologie und Kommunikation der Rede von einem globalen Ethos, einem Ethos für alle Regionen, Nationen, Religionen und Kulturen, zu einer neuen *Dringlichkeit* verholfen. Denn diese Globalisierung brachte mehr denn je neue Formen einer *Globalisierung der Probleme* hervor und ruft so förmlich nach einer *Globalisierung des Ethos*. Insofern gründet das globale Ethos zwar nicht in der Globalisierung, wird aber durch die Globalisierung zu einer hochdringlichen Aufgabe. Aber welches Ethos braucht die Menschheit? Was jeder Mensch braucht, ist ein Ethos, das für alle Menschen gilt, ein Ethos der Menschlichkeit. Aber gibt es überhaupt allgemein-menschliche, universale Werte?

»Asiatische« Werte gegen »westliche« Werte?

Ein »Wert« ist, was einem Menschen wert, lieb, teuer ist, was Bedeutung, ja seinen Preis hat. Das sind selbstverständlich nicht nur materielle Werte, die man mit Geld bezahlen kann. Es geht im Menschenleben und in der Gesellschaft auch um unbezahlbare kulturelle, historische, politische, ethische, ästhetische, religiöse Werte. Wenn eine Gesellschaft – und erst recht ein so riesiges und vielgestaltiges Land wie China – nicht zerfallen soll, braucht sie einen Kernbestand nicht nur von ökonomischen, sondern von gesellschaftlichen und damit auch sittlichen, geistigen Werten. Solche können nicht einfach verordnet werden, sie müssen bewusst gemacht, gepflegt, lebendig erhalten werden. Gerade für eine pluralistische Gesellschaft, in der es verschiedene Wertepräferenzen gibt, aber auch für jede Gemeinschaft und jedes Unternehmen, ist eine Verständigung über grundlegende Werte von größter Bedeutung. Die Sicherung eines menschenwürdigen Zusammenlebens und der natürlichen Lebensbedingungen hängt entscheidend von allgemein akzeptierten Grundwerten ab. Und hinter Krisen von Finanz, Wirtschaft, Politik, Medien wird eben auch eine Wertekrise sichtbar.

Man kann es durchaus verstehen, dass heutzutage nicht nur Muslime, sondern auch Asiaten, selbst solche, die dem Westen offen gegenüberstehen, zwar die Modernisierung bejahen, jedoch das *westliche Wertesystem skeptisch betrachten*. Es geht hier um die grundsätzliche Frage, ob die asiatischen Völker den *schrankenlosen Individualismus* (ohne Rücksicht auf die Gemeinschaft) und die *zügellose Freiheit* (mit den damit verbundenen Erscheinungen westlicher Dekadenz) übernehmen. Oder ob sie, wie der kluge Diplomat und Direktor des Institute of Policy Studies in Singapur, TOMMY KOH, ausführte, »die zehn Werte, die ostasiatische Stärke und Erfolg stützen« nicht doch beibehalten und fördern sollten, indem man wie eh und je Gewicht legt auf starke Familien, intensive Erziehung, strenge Arbeit, auf Sparsamkeit, Anspruchslosigkeit und auf nationales Teamwork.[2]

Und da stellt man nun fest: Die Übernahme des amerikanisierten Way of Life durch die Mittelklassen in Ost- und Südostasien hat nicht dazu geführt, dass die Asiaten amerikanischer wurden, sondern dass sie sich ihrer chinesischen, koreanischen, japanischen, indischen, indonesischen, malayischen Identität mehr bewusst wurden: dass sie stolz sein können auf ihre eigene Kultur, Geschichte, Werte und Erfolge. Unter ihrer westlichen Kleidung schlägt nach wie vor ein asiatisches Herz.

Manches hilft da mit. Ich habe selber schon in den 1980er-Jahren in meinem Dialog mit der chinesischen Religionswissenschaftlerin JULIA CHING (University of Toronto)[3] auf die Forschungen des französischen Sinologen LÉON VANDERMEERSCH aufmerksam gemacht. In seiner Studie über die »neue sinisierte Welt«[4] hat dieser die ökonomische, politische und kulturelle Dimension der Völker untersucht. Diese sind unter sich verbunden durch jene überall gleichen (wenn auch völlig verschieden gelesenen) chinesischen Schriftzeichen oder Ideogramme, die Sinngehalte, Wertvorstellungen und

Grundhaltungen der mehr als 2000jährigen konfuzianischen Tradition wiedergeben. Dass dies mit ein Grund ist, warum die ost- und südostasiatischen Kulturen sich im Vergleich gerade zu den ölreichen islamischen Ländern in den letzten Jahrzehnten so erstaunlich nach vorne arbeiten konnten, wird von vielen Fachleuten auf beiden Seiten angenommen.

Damit die Modernisierung nicht zu totaler *Verwestlichung* mit extremem Individualismus und moralischer Permissivität führe, beschloss Singapur 1984, den *Konfuzianismus* in den Lehrstoff der Schulen aufzunehmen. Doch dieses Experiment wurde mit dem Argument gestoppt, dass damit zum einen der Autoritarismus sanktioniert und zum anderen die Nicht-Chinesen benachteiligt würden; den christlichen charismatischen Gruppen mit ihren Missionsansprüchen müsste zudem gleiches Recht zugestanden werden.

Diese Kritik wurde ernst genommen, und so verabschiedete das Parlament Singapurs 1991 ein »White Paper« über »shared values«: über *»gemeinsame Werte«*, die nicht von vornherein als konfuzianische Werte betrachtet werden dürften. Man kritisiert sogar bestimmte Gefahren des Konfuzianismus wie Nepotismus oder hierarchische Familienbeziehungen. Doch andererseits betont man, dass bestimmte konfuzianische Ideale für Singapur durchaus relevant seien: der Begriff etwa einer Regierung durch »ehrenwerte Männer« (*junzi*), welche die Pflicht hätten, das für das Volk Richtige zu tun, und die Vertrauen und Respekt des Volkes genießen müssten.

Menschenrechte – Menschenpflichten

Heißt dies, dass man die »asiatischen Werte« *gegen die Menschenrechte* ausspielen darf, die sich ja zuerst – und man kann sich auch in Asien fragen, warum – in der aufgeklärt-christlichen philosophisch-religiösen Tradition des Westens herausgebildet haben? Es hat mit Religion als der »fehlenden Dimension der Staatskunst« zu tun, dass westliche Diplomaten und Politiker ihre chinesischen Gesprächspartner kaum je darauf aufmerksam machen, dass etwa der Begriff »ren«, das »Humanum«, ein ganz und gar zentraler Begriff der chinesischen Tradition ist. Vom Humanum her lassen sich für die heutige Situation sehr wohl jene Menschenrechte begründen, die überall in Asien und in Afrika eine gewaltige Resonanz haben und die auf Dauer nicht gewaltsam unterdrückt werden können. Wie wirkungsvoll wäre es, wenn ein westlicher Diplomat einmal darauf hinwiese, dass schon Konfuzius der Überzeugung war, eine Regierung könne am ehesten auf das Militär, zur Not auch auf Nahrung, am wenigsten aber auf jenes Vertrauen verzichten, das ihr das Volk entgegenbringt.[5]

Natürlich sind in Asien und anderswo die Herrschenden oft weniger als die Beherrschten an den Menschenrechten interessiert. Aber im Zeitalter der heutigen Massenkommunikation lässt sich nicht mehr übersehen: Die Menschenrechte bringen – von China, Tibet, Burma und Thailand über Malaysia, Indonesien und die Philippinen bis Iran und Kongo – eine tiefe Sehnsucht der Regierten gegenüber den Regierenden zum Ausdruck. Und die »Dissidenten« sind gerade keine winzige Minderheit, wie man manchmal auch in westlichen Publikationen lesen kann. Sie sind für viele Diktatoren eine furchterregende, wenn auch unterdrückte Macht. Ist es doch keine Frage, dass solche Millionen, wie sie die tapfere Friedensnobelpreisträgerin Aung San Suu Kyi in Burma durch freie Wahlen mobilisieren konnte, bei Meinungsfreiheit auch von Menschenrechtsaktivisten in China aktiviert werden könnten.[6]

Das »Projekt Weltethos« freilich unterscheidet sich insofern von der westlichen Menschenrechtsbewegung, als dabei nicht versucht wird, die Menschenrechte einfach vom westlichen Naturrechtsdenken her über die Welt zu verbreiten. Doch unterstützt das »Projekt Weltethos« die Menschenrechtsbewegung, indem es die Werte, Maßstäbe und Haltungen der jedem Volk eigenen ethisch-religiösen Traditionen aufnimmt, um sie für die Menschenpflichten und Menschenrechte fruchtbar zu machen.

Auch in China, das eine rasante und zugleich ungleichmäßige ökonomische Entwicklung durchmacht, haben die sozialen Spannungen gewaltig zugenommen und machen auch den Regierenden Sorge: Symptomatisch die zahlreichen tödlichen Attacken auf Kinder in ländlichen Grundschulen, aber auch zunehmende Massenproteste gegen die politische Autorität durch Anzünden von Polizeifahrzeugen und Regierungsgebäuden, außerdem verzweifelte Suizide aus Protest gegen Zwangsumsiedlungen oder fehlenden Rechtsweg, sowie die um sich greifende Korruption von Beamten – alles täglich im Internet online zu sehen. Eine bessere Beachtung der Menschenpflichten und Menschenrechte durch die Autoritäten hätte auch eine größere Loyalität von Seiten der Einzelnen zur Folge.[7]

Immer mehr Menschen erkennen heute, dass es möglich, hilfreich, ja notwendig ist, aus den je eigenen religiösen und humanistischen Traditionen das herauszuschälen, was ihnen gemeinsam ist. Durch das gemeinsame Fundament von Menschenpflichten und Menschenrechten in der jeweiligen Tradition relativiert sich die Frontstellung asiatische Werte – westliche Werte. Doch tut sich hier nicht eine neue Front auf, ja eine Konfrontation?

Säkulare Werte gegen religiöse Werte?

Da der Konfuzianismus nicht sehr dogmatisch, sondern mehr ethisch und praktisch ausgerichtet war, hat sich in China keine ähnliche Frontstellung herausgebildet wie im

Christentum. In Europa aber gibt es seit der Französischen Revolution 1789 immer wieder einen Streit zwischen Säkularisten, welche für die menschlichen Werte der Aufklärung kämpfen, und religiösen Traditionalisten, welche leidenschaftlich die christlichen Werte verteidigen.

Sicher ist, dass zur Zeit Johannes' XXIII., der als erster Papst Religionsfreiheit und Menschenrechte bejahte, und des Zweiten Vatikanischen Konzils (1962–65) die Fronten des 19. Jahrhunderts zwischen Klerikalen und Antiklerikalen, Traditionalisten und Säkularisten weithin überwunden schienen. Aber die nachkonziliare Restauration des vormodernen autoritären römischen Systems, die Proklamation einer neuen »Evangelisierung« Europas (der Wert des »Lebens« gegen Pille, Ehescheidung, Abtreibung und Stammzellenforschung) durch den polnischen Papst sowie die auch unter seinem deutschen Nachfolger medial gesteuerte vormoderne Papstfolklore, in der selbst Politiker fast jeder Partei sich gerne sonnen, hat auch bei vielen Katholiken Anstoß erregt. Sie hat besonders in Frankreich laizistische Gegenkräfte geweckt, welche die Werte der Aufklärung wie Gewissens- und Religionsfreiheit, Toleranz und Menschenrechte ins Feld führen. Islamistische Fundamentalisten und Terroristen haben das Ihre zur Verschärfung der Fronten beigetragen. Genauer besehen bilden freilich weder der klerikale Traditionalismus noch der antiklerikale Säkularismus undurchlässige weltanschauliche Blöcke mit völlig unterschiedlichen Wertsystemen.

Im Prinzip unterscheidet man *drei mögliche Modelle des Verhältnisses von Kirche und Staat*:

(1) Die größtmögliche *Einheit* von Kirche und Staat, im Sinne einer Staatsreligion (noch immer in England und in einzelnen skandinavischen Staaten und im nichtchristlichen Kontext in einigen muslimischen und wenigen buddhistischen Staaten).

(2) Andererseits die totale *Trennung* von Kirche und Staat, die verschiedene Glaubensformen, aber auch Glaubenslosigkeit zulässt und schützt (exemplarisch in der Französischen Republik seit 1905).

(3) Schließlich das in den meisten europäischen Ländern geltende *Kooperationsmodell*, das unterschiedliche Gestalt haben kann.

Kritische Punkte: Das Einheitsmodell missachtet leicht die Religionsfreiheit des einzelnen Bürgers. Das Trennungsmodell aber fördert oft Ersatzformen der Religion wie etwa Glaube an die eigene Nation. Das Kooperationsmodell gefährdet oft die weltanschauliche Neutralität des Staates.

Selbst in der *Französischen Republik*, seit der totalen *Trennung* von Kirche und Staat 1905 prononciert laizistisch, hat man im Lauf des 20. Jahrhunderts der Kirche viele Konzessionen gemacht: schon bald Gottesdienste ohne Anmeldung, die Aufrechterhaltung der Sonderstellung der drei Departements des 1905 zu Deutschland gehörenden Elsaß-Lothringen, weiter die Zulassung von Orden, Etablierung der Militärseelsorge und das heutige Nebeneinander von republikanischen Staatsschulen und katholischen Privatschulen, schließlich die staatliche Subventionierung von Kirchen- und Kultbauten.[8]

Auch in der *Bundesrepublik Deutschland* gilt grundsätzlich die Trennung von Kirche und Staat: »Es besteht keine Staatskirche« (Weimarer Reichsverfassung und Grundgesetz). Aber dieser Verfassungsartikel begründet keine absolute Trennung von Staat und Kirche, sondern ein *Kooperationsverhältnis*. Konkret: Einziehung der Kirchensteuer durch staatliche Finanzbehörden, staatlich finanzierte theologische Fakultäten an den staatlichen Universitäten, konfessioneller Religionsunterricht an staatlichen Schulen und die Rechtsform der »Körperschaft des öffentlichen Rechts« für »Religionsgemeinschaften« unter bestimmten Bedingungen. Allerdings verdecken sowohl in Frankreich wie in Deutschland diese religionsfreundlichen staatlichen Strukturen oder Konzessionen den faktischen Zerfall vieler kirchlicher Gemeinden. Und alle päpstlichen Manifestationen und Jugendtreffen haben den unter Priestermangel und Gläubigenschwund leidenden Gemeinden nicht geholfen. Die Zahl aktiver Priester und betreuter Pfarreien nimmt kontinuierlich ab.

Doch auch der *dogmatische Laizismus* lässt selbst in Frankreich, außer bei einem Teil der Lehrerschaft, kaum mehr große Begeisterung hochkommen. Der moderne Kult der Vernunft, des Fortschritts und der Nation hat auch in Frankreich seinen Höhepunkt überschritten. Jedenfalls vermag er das sittlich-religiöse Vakuum nicht aufzufüllen, das unter Jugendlichen (besonders auch muslimischen) sich einstellt, da sie an den staatlichen Schulen ohne jeglichen Religions- und Ethikunterricht aufwachsen – mit entsprechenden Folgen besonders in den »Banlieues« der großen Städte.

Selbst Staatspräsident Nicolas Sarkozy fordert statt einer negativ definierten »laïcité«, die auf einer völligen Verbannung der Religion aus der Öffentlichkeit beruht, eine »laïcité positive«, die auf eine stärkere Annäherung zwischen Religionsgemeinschaften und laizistischem Staat zielt. Doch statt stets neuer Provokationen ist für eine solche kritisch-konstruktive Neueinstellung von beiden Seiten Selbstkritik erforderlich, und die fehlt besonders auf römischer Seite.

Das Problem ist nicht nur ein deutsches oder französisches, sondern ein gesamteuropäisches. Im Vatikan und anderswo hoffen offensichtlich noch immer manche auf die vom polnischen Papst angestrebte Wiederbelebung der christlich geprägten Kultur Europas, auf »Re-Christianisierung«, faktisch »Re-Katholisierung«, genauer »*Re-Romanisierung*«. Aber weder die neuen konservativen katholischen Movimenti noch das Opus Dei noch politische Interventionen hatten in den letzten 25 Jahren den gewünschten

Erfolg. Und der sexuelle Missbrauch zahlloser Kinder und Jugendlicher durch katholische Priester, für deren Vertuschung die beiden Restaurationspäpste Johannes Paul II. und Benedikt XVI. die oberste Verantwortung tragen, haben die Autorität der katholischen Kirche in der Öffentlichkeit ebenso erschüttert wie die römische Protektion pädophiler Bischöfe (Kardinal Groer, Wien) und des Gründers der Legionäre Christi, Marcial Maciel, der das Doppelleben eines Bigamisten führte.

Die sogenannte »Rückkehr der Religion« – sichtbar nicht nur in den Papstmanifestationen, sondern vor allem im Wiedererwachen des Islam und im gewaltigen Wachstum pfingstlerischer Kirchen oder Sekten in Afrika und Südamerika – vermochte die Säkularisierung und den Rückgang des Einflusses der christlichen Großkirchen in den europäischen Ländern nicht aufzuhalten. Im Europäischen Parlament meldeten sich gegen die römische »Re-Evangelisierung« starke laizistische Kräfte zu Wort. In der Präambel der einstmals geplanten europäischen Verfassung verhinderten sie die Erwähnung nicht nur des Gottesnamens (in einem säkularen Europa verständlich), sondern auch die des Christentums (aus der Geschichte Europas nicht wegzudenken).

Aber auch die Erwartung der *Säkularisten*, das Christentum würde in der wohlhabenden und technisch hochentwickelten Gesellschaft unweigerlich verschwinden, hat sich nicht erfüllt. Vielmehr werden religiöse Fragen auch in der europäischen Öffentlichkeit wieder mehr wahrgenommen. Und Philosophen wie Jürgen Habermas erkennen die »Relativität der eigenen säkularen Bewusstseinslage im Weltmaßstab«. Nirgendwo hat die Vernünftigkeit die Religiosität einfach ersetzt.

Nach all den Religionskriegen bedeutete die von der Aufklärung geforderte gegenseitige *Toleranz* der Konfessionen und Religionen einen gewaltigen Fortschritt. Die Französische Revolution hatte schließlich doch die Entwicklung des freiheitlich-demokratischen Staates zur Folge, der heute auch von den Konfessionen und Religionen zumindest in Europa nicht mehr in Frage gestellt wird. Bietet er doch allen Religionen und besonders dem Christentum die Garantie einer friedlichen Entfaltung und Entwicklung ihrer je eigenen Werte.

Wertschätzung auch der Werte anderer

Angesichts der hochgefährlichen weltpolitischen Lage, im Nahen und Mittleren Osten vor allem, und angesichts der immensen Integrationsprobleme im eigenen Land wird oft ein unausweichlicher »Zusammenprall der Kulturen« beschworen. Bildung und Schule, Wirtschaft und Politik müssen ihre Verantwortung dafür wahrnehmen, diesen vermeiden zu helfen und einen »Dialog der Kulturen« zu fördern. Kenntnis der verschiedenen Religionen, ja Verständnis und Wertschätzung füreinander sind wesentliche Bedingungen. Zu dieser Wertschätzung der anderen gehört, die Werte der anderen – ihre religiösen, ethischen, kulturellen, ästhetischen und natürlich auch individuellen – zu schätzen und sich der Gemeinsamkeiten gerade auf der Wertebene, der ethischen Ebene bewusst zu werden.

Worauf ist bei der Frage nach einer Wertebasis für die Gesellschaft besonders zu achten? Gerade als überzeugter christlicher Theologe, der sich seit eh und je für ein authentisches »Christ sein« (1974) einsetzt, muss ich betonen:

(1) Es ist weder realistisch noch legitim, in der heutigen pluralistischen Situation alle Menschen der Bundesrepublik Deutschland oder gar Europas von Staats wegen einfach auf christliche Werte festzulegen, wie dies aus römischer und protestantisch-fundamentalistischer Sicht immer wieder versucht wird. Die Positionen nicht nur anderer Religionen,

sondern auch unterschiedlicher politischer und weltanschaulicher Gruppierungen, selbst von Agnostikern und Religionslosen, müssen auch christliche Theologen und Kirchenführer ernstnehmen. Es müssen also die *christlichen Werte* auf dem Hintergrund und *im Kontext der allgemeinen menschlichen Werte* gesehen und gemeinsam verwirklicht werden.

(2) Andererseits reicht es aber auch nicht aus, alle Menschen nur auf die *modernen Grundwerte* Demokratie, Toleranz, Rechtsstaatlichkeit und Menschenrechte zu verpflichten. Dies wird von seiten französischer und belgischer Laizisten propagiert, die sich weigern, außer der Antike und der modernen Aufklärung auch die Bedeutung von anderthalbtausend Jahren Christentum in Europa ernstzunehmen. Doch es gilt das immer wieder zitierte Wort des früheren Bundesverfassungsrichters ERNST-WOLFGANG BÖCKENFÖRDE: »Der freiheitliche, säkularisierte Staat lebt von Voraussetzungen, die er selbst nicht garantieren kann.«[9] Gerade die *Werte der Moderne* – Demokratie, Toleranz, Rechtsstaatlichkeit und Menschenrechte – brauchen, wenn sie realisiert werden sollen, *als Basis ein gemeinsames Ethos*, ein Ethos, das von den Gläubigen der verschiedenen Religionen und von nicht-religiösen Menschen gemeinsam getragen werden kann und soll.

Wir brauchen also keinen neuen »Kulturkampf«, weder von der einen noch von der anderen Seite. Entschieden plädiere ich mit vielen anderen für die Überwindung der alten Fronten, die aus dem 19. Jahrhundert stammen, auch die zwischen säkular Orientierten und religiös Motivierten. Dringend erschien mir deshalb die Antwort auf die Frage, die der belesene Ministerpräsident von Baden-Württemberg, ERWIN TEUFEL, im April 1995 einem hochkarätig pluralistisch besetzten Kongress in Karlsruhe gestellt hat[10]:

Was hält die moderne Gesellschaft zusammen?

Faktum ist: Wir leben in einer Zeit der *beschleunigten Säkularisierung*, die zwar nicht unbedingt einen Säkularismus (Gottlosigkeit) bedeuten muss, aber doch eine Säkularität (Weltlichkeit) beinhaltet, in der für viele die weltanschaulich-religiöse Bindung lockerer geworden oder abgerissen ist. Und wir leben in einer Zeit der *radikalisierten Individualisierung*, in der jeder »mündige« Einzelne beansprucht, eine eigene Meinung zu haben, eigene Entscheidungen zu fällen und sich der Bevormundung durch gesellschaftliche Institutionen – Staat, Kirche, Gewerkschaften, andere Interessenverbände – zu widersetzen. Und schließlich leben wir in einer Zeit des wachsenden *weltanschaulichen Pluralismus*, in der sich auch die Weltreligionen zunehmend aufsplittern in Tendenzen, Gruppen, kleine Glaubensgemeinschaften und autonome Institutionen, in der ein bunter Markt religiöser Angebote herrscht und von Millionen Menschen eine *Patchwork-Religion,* eine individuell »zusammengebastelte« Religiosität, praktiziert wird. Offenkundig konnten moderne »Entzauberung«, Säkularisierung, Rationalität die Tradition, die Religiosität, das Mysterium nicht so einfach ersetzen.

Ist es unter diesen Umständen möglich, in unserer Gesellschaft wieder mehr geistige Zusammengehörigkeit zu realisieren? Anders als viele Dokumente aus dem Vatikan sehen die meisten ernsthaften Zeitkritiker diesen Prozess der Säkularisierung, Individualisierung und Pluralisierung als eine nicht nur negative, sondern als eine *ambivalente Entwicklung*. Sie bietet zwar viele Risiken und Gefahren, aber doch auch manche Chancen und Vorteile: Der Mensch soll in *Freiheit* als verantwortliche Person handeln, doch dabei wird er zugleich auf sein eigenes individuelles Schicksal zurückgeworfen. In dieser spannungsreichen Situation ist das Bedürfnis der Menschen nach *Geborgenheit*, nach ideellen

Perspektiven, nach Wertmaßstäben, nach Orientierungspunkten, die ihnen Halt bieten, eher gewachsen als zurückgegangen.

Ich fühlte mich in meiner Position bestätigt durch die Worte, die, nach beiden Seiten deutlich, MARION GRÄFIN DÖNHOFF, lange Jahre Herausgeberin der Wochenzeitung »Die Zeit«, formuliert hat: »Natürlich ist die pluralistische Demokratie ohne das autonome Individuum nicht denkbar. Es kann sich deshalb nicht darum handeln, wieder von der Emanzipation und der Säkularisation abzurücken – dies wäre im übrigen auch gar nicht möglich –, sondern es handelt sich darum, den Bürger zu größerer Verantwortung zu erziehen und ihm das Gefühl für Solidarität wieder näher zu bringen. In unserer heutigen Welt mit ihren vielfältigen Versuchungen und Reizangeboten ist das Verlangen nach einer moralischen Grundorientierung, nach Normen und einem verbindlichen Wertesystem sehr groß. Wenn wir dem nicht Rechnung tragen, dann wird diese Gesellschaft nicht zusammenhalten.«[11]

Was also hält die moderne Gesellschaft zusammen?

- Die moderne Gesellschaft kann in ihrer Tiefe nicht durch Fundamentalismus, Moralismus oder Beliebigkeitspluralismus, sondern nur durch ein *verbindliches und verbindendes Ethos* zusammengehalten werden: einen *Grundkonsens über gemeinsame Werte, Maßstäbe und Haltungen*, der autonome Selbstverwirklichung und solidarische Verantwortung verbindet.

- Dieses Ethos ist für die *Glaubenden* im Glauben an Gott als der ersten-letzten Wirklichkeit verwurzelt. Es kann aber auch von *Nichtglaubenden* aus humanen Gründen mitgetragen werden. So vermag es ganz unterschiedliche gesellschaftliche Gruppen und politische Parteien, Nationen und Religionen zu umgreifen.

Ein solches Ethos wird die Gesellschaft freilich nur dann zusammenhalten und eine Wende zu mehr Nachdenklichkeit, Verbindlichkeit und Verantwortlichkeit nur dann bewirken, wenn die Menschen das Gefühl haben: Die *ethischen Normen und Maßstäbe*, gerade auch wenn sie von Religionen oder Kirchen mitvertreten werden,

– sollen nicht Ketten oder Fesseln sein, sondern Hilfen und Stützen, um Lebensrichtung und Lebenswerte, Lebenshaltung und Lebenssinn immer wieder neu zu finden und zu verwirklichen: ein *lebensfreundliches* Ethos;

– sollen nicht Ausdruck einer egoistischen Interessenvertretung durch einen kirchlichen Apparat oder ein religiöses Establishment sein, sondern Ausdruck einer für alle Menschen verbindlichen Grundüberzeugung: ein *verbindendes* Ethos;

– sollen nicht ausgrenzen und verurteilen, sondern einladen, auffordern und in die Pflicht rufen: ein *tolerantes* Ethos.

Genau dies – und nicht eine einzige »Weltreligion« oder eine »Weltethik« (im Sinn eines philosophischen oder theologischen Systems) – ist gemeint mit einem *Weltethos*, das alle Religionen und auch säkularen humanistischen Weltanschauungen umgreift: einem *Menschheitsethos*.

2. Ein Menschheitsethos

Selbstverständlich sind auch alle Normen eines Menschheitsethos an die jeweils geltende Kultur gebunden, und es ist klar, dass zum Beispiel ein Wirtschaftsunternehmen gegenüber unterschiedlichen Sitten und Gebräuchen vielfach Toleranz zeigen muss. Aber zugleich lässt sich nicht übersehen, dass bestimmte elementare ethische Standards, Maßstäbe des Verhaltens, überall gelten und öffentliche Lügen von Staatsmännern, Ermordung von Mitmenschen, offenkundige

Korruption von Regierungsbeamten oder Missbrauch von Kindern und Vergewaltigung von Frauen überall auf Ablehnung, gar Abscheu stoßen. Es gibt also *kulturübergreifende Normen*, die in der heutigen multikulturellen Situation nicht nur für Deutsche, Schweizer und Franzosen gelten, sondern auch für Italiener, Türken, Amerikaner und Japaner, nicht nur für Christen, sondern auch für Juden, Muslime, Hindus und Buddhisten, für religiöse wie nichtreligiöse Menschen. Normen im weitesten Sinn verstanden:

Werte, Maßstäbe und Haltungen

Das Ethos umfasst mehr als nur Werte. Die Weltethos-Erklärung des Parlaments der Weltreligionen in Chicago vom 4. September 1993 (www.weltethos.org) spricht denn auch von einem *Grundkonsens* bezüglich »*bestehender verbindender Werte, unverrückbarer Maßstäbe und persönlicher Grundhaltungen*«. Dass ethische Werte, Maßstäbe und Haltungen zusammenhängen, soll hier kurz verdeutlicht werden.

Ethische *Werte* wie Gewaltlosigkeit, Gerechtigkeit, Wahrhaftigkeit ... sind zwar in sich schon Normen, aber sie können rein theoretisch und allgemein verstanden werden: In einer Firma, Gemeinschaft, Kirche und auch im Staat können sie graue Theorie, hehre Parolen bleiben, die proklamiert, gepredigt, reflektiert, aber nicht auf die Praxis bezogen und deshalb auch nicht gelebt werden.

Allgemeine ethische Werte müssen in praktische *Maßstäbe, Standards* umgesetzt werden: nicht töten, stehlen, lügen ... Diese fordern ein bestimmtes Tun oder Lassen. Je nach Dringlichkeit und Umständen haben sie den Charakter von Konventionen, Anweisungen, Imperativen, Geboten, Grundweisungen. Schon jede Erziehung und Bildung, aber auch jede Unternehmenskultur wird darauf achten, dass bestimmte Werte und Standards haften bleiben, zur Haltung werden.

Ethische *Haltungen*: Als »Haltung« (griech.: »hexis«; lat.: »habitus«) beschreibt schon Aristoteles die Tugend (griech.: »areté«). Im Deutschen meint der Begriff Tugend ursprünglich Tauglichkeit, Tüchtigkeit und wird insbesondere auch ethisch verstanden. In neuerer Zeit aber ist der Begriff Tugend vielfach in Verruf geraten: Er wurde moralistisch, statisch und zeitbetont verstanden. Aber damit ist der Tugendbegriff nicht erledigt.

Zu bedenken ist: Auch die Tugenden sind ständig im Wandel; so hatte ich es von meinem Tübinger Kollegen, dem Philosophen OTTO FRIEDRICH BOLLNOW, gelernt[12]. In jeder Zeit stehen andere Tugenden im Vordergrund: bei Platon die vier späteren Kardinal- oder »Angeltugenden« (lat.: »cardo = Türangel«): Weisheit, Tapferkeit, Mäßigung und Gerechtigkeit – nicht zu verwechseln mit Tugenden von Kardinälen! Bei Thomas von Aquin, der nicht Kardinal werden wollte, sind es die aus dem Neuen Testament stammenden »theologalen Tugenden« Glaube, Hoffnung und Liebe. In der Neuzeit treten standesgemäß die »bürgerlichen« Tugenden hervor: Ordnung, Fleiß, Sparsamkeit. In unserer Zeit aber sind wichtiger Toleranz, Wahrhaftigkeit und Solidarität.

Aber auch die einzelnen Tugenden selbst sind nichts Zeitloses, sondern dem Wandel des sittlichen Bewusstseins ausgesetzt. Unablässig müssen sie, der wechselnden Situation entsprechend, begrifflich bestimmt und praktisch realisiert werden. Keine Tugend hat man als festen Besitz. Man muss sie in jeder sittlichen Handlung neu produzieren.

In einer neuen Zeit werden viele Tugendbezeichnungen anders verstanden und damit auch anders gewertet. Bestimmte Tugenden mögen ihre formende Kraft verloren haben, sie spielen im sittlichen Bewusstsein einer neuen Generation keine nennenswerte Rolle mehr, ohne dass man behaupten kann, die Menschen seien deshalb schlechter geworden. Aber auch umgekehrt, neue Tugenden tauchen auf:

Aus neuen Bedürfnissen des sich wandelnden menschlichen Lebens werden sie sichtbar und werden vielleicht zunächst gar nicht als Tugenden erkannt. Ihr Name ist entliehen, und in der Ethik werden sie noch nicht als Tugenden aufgeführt. Und doch bilden sie für die neue Generation bereits sittliche Grundhaltungen, die den Platz früherer Tugenden eingenommen haben. So heute zum Beispiel die Fairness, die Sachlichkeit, die Offenheit, die *Anständigkeit*. Hier überall geht es um sittliche Lebenshaltungen, die der Mensch in Freiheit, durch permanente Übung erworben hat.

Vier Imperative der Menschlichkeit

In allen großen religiösen und ethischen Traditionen finden sich, wie bereits dargelegt, seit eh und je einige ganz elementare ethische Standards. Diese uralten Maßstäbe wurden in der erwähnten »*Erklärung zum Weltethos*« des Parlaments der Weltreligionen in Chicago 1993 (www.weltethos.org), einem ausführlichen Konsensdokument, modern formuliert, präzise erläutert und auf konkrete gesellschaftliche Probleme angewandt. Sie können auch der globalisierten Marktwirtschaft ein humanes und soziales Gesicht verleihen. Worum geht es? Zunächst um jene vier Imperative der Menschlichkeit, die sich schon bei Patañjali, dem Begründer des Yoga, und im buddhistischen Kanon, in der Hebräischen Bibel, im Neuen Testament und im Koran finden. Man könnte sie in Anlehnung an Thomas Mann als »*Grundweisungen des Menschenanstandes*« bezeichnen:

1. Imperativ: *nicht töten*! Angesichts der Kriegsopfer in Afghanistan und im Irak, all des Mordens in Israel und in den von Israel seit 1967 besetzten arabischen Gebieten, aber auch angesichts der Morde von Schülern an Mitschülern und Lehrern in amerikanischen und europäischen Schulen: Sollte es da nicht richtig und wichtig sein, an die in allen großen

Traditionen der Menschheit vorliegende uralte Weisung zu erinnern? Sie heißt: *Nicht töten* (biblisch: »nicht morden«), nicht verletzen, foltern, quälen, physisch oder psychisch. Vielmehr *Ehrfurcht haben vor allem Leben*: mit dem Ziel einer *Kultur der Gewaltlosigkeit und der Ehrfurcht vor allem Leben.*

2. Imperativ: *nicht stehlen*! Angesichts des in Wirtschaft und Parteien, aber auch in Wissenschaft und Medizin sich krebsartig ausweitenden Übels der Korruption und der hemmungslosen »Selbstbedienung«, angesichts von Insider-Delikten und weit überhöhten Gehältern auf Chefetagen: Sollte es da nicht dringend sein, die in allen ethischen und religiösen Traditionen vorliegende Regel anzumahnen? *Nicht stehlen*, nicht »Unrecht tun«, berauben, korrumpieren, bestechen, ausbeuten, abzocken. Vielmehr *gerecht und fair handeln*: mit dem Ziel einer *Kultur der Solidarität und einer gerechten Wirtschaftsordnung.*

3. Imperativ: *nicht lügen*! Angesichts der Bilanzfälschungen von Managern, all der Lügen von Politikern und geradezu orwellschen Verfälschungen und publizistischen Manipulationen der Medien im Kontext des Irak-Kriegs: Sollte es da nicht notwendig sein, die uralte Weisung der Religionen und Philosophien ins Gedächtnis zu rufen? *Nicht lügen*, nicht »falsches Zeugnis geben«, täuschen, fälschen, manipulieren. Sondern *wahrhaftig reden und handeln*: mit dem Ziel einer *Kultur der Toleranz und eines Lebens in Wahrhaftigkeit.*

4. Imperativ: *nicht Sexualität missbrauchen*! Angesichts all des sexuellen Kinder- und Jugendlichenmissbrauchs, selbst durch Kirchenmänner und Reformpädagogen, und all der sexuellen Ausbeutung von Frauen und Mädchen: Sollte es da nicht unerlässlich sein, die in allen ethischen und religiösen Traditionen vorliegende uralte Weisung in Erinnerung zu rufen? *Sexualität nicht missbrauchen*, nicht »Unzucht treiben«, Menschen entwürdigen, erniedrigen, schänden,

betrügen. Vielmehr *einander achten und lieben*: mit dem Ziel einer *Kultur der Gleichberechtigung und der Partnerschaft von Mann und Frau.*

Die vier alle Kulturen und Religionen übergreifenden Normen sind elementar und allgemein, aber in der Chicago-Erklärung so umschrieben, dass sie nicht mit einem Gestrüpp von kasuistischen Regelungen zugedeckt werden. Sie stellen Konkretisierungen von zwei Grundprinzipien eines Menschheitsethos dar:

Weltethische Kernnormen: Humanität und Gegenseitigkeit

Diese zwei weltethischen Kernnormen sollen das ethische Fundament auch jeder Wirtschaftsordnung, wie auch immer gestaltet, bilden.

Zum einen das *Prinzip der Humanität*, dessen konkrete Anwendung das Klima in jeder Familie und Schulklasse, in jedem Büro, Fabrikraum, Unternehmen verändert: »*Jeder Mensch* (ob Mann oder Frau, weiß oder farbig, reich oder arm, alt oder jung) *soll menschlich* (und nicht unmenschlich, gar bestialisch) *behandelt werden.*« Der Mensch – und nicht das Kapital (wie im reinen Kapitalismus) und nicht der Staat (wie im realen Sozialismus) – soll in der Mitte der Wirtschaftsordnung stehen.

Zum anderen das *Prinzip der Gegenseitigkeit*, die *Goldene Regel*, wie sie sich schon fünf Jahrhunderte vor Christus beim chinesischen Weisen Konfuzius und dann auch in allen anderen Traditionen findet: »*Was du nicht willst, das man dir tu, das füg auch keinem anderen zu.*« Dieses Prinzip der Reziprozität schreibt dem Individuum die Selbstverantwortung zu. Doch ist es nicht nur auf das Verhältnis von Einzelpersonen anzuwenden, sondern auch von Gruppen, Firmen, Organisationen, Nationen. Eine wahrhaft »Goldene« Regel, die gerade auch im heutigen scharfen Konkurrenzkampf jedem Wettbewerber, ob im Sport (Fußball!) oder in der Wirtschaft (Preisgestaltung!), Fairness auferlegt.

Ein solches Minimum an elementaren ethischen Standards ist kein ethischer Minimalismus, sondern die Grundvoraussetzung für ein gutes, menschliches Zusammenleben. Dies ist mit dem gemeinsamen *Menschheitsethos*, mit dem *Weltethos* gemeint, das in den großen Traditionen aller Kulturen zu finden ist. Der Philosoph THOMAS HOBBES, einer der Begründer der modernen Staatslehre, sieht in der Goldenen Regel den Kerngedanken der natürlichen Gesetze. Doch will er sie nicht als unbedingte Pflicht anerkennen, sondern lediglich als utilitaristische Regel des Zusammenlebens, die auf den eigenen Vorteil bedacht ist; sie gilt nur, wenn sich die anderen daran halten.[13] IMMANUEL KANT hat die Humanitäts- und Goldene Regel als *Kategorischen Imperativ* der praktischen Vernunft formuliert: »Handle so, dass die Maxime deines Willens jederzeit zugleich als Prinzip einer allgemeinen Gesetzgebung gelten könne.«[14] Also: nicht eine neue Ideologie, sondern neu gefasste uralte Maßstäbe der Moral, mit deren Vernachlässigung wir uns selbst schaden. Nicht ein Religionsersatz, sondern das von allen großen Religionen und Philosophien getragene und auch von Nichtreligiösen mitzutragende *ethische Erbe der Menschheit*.

Solche für menschliches Zusammenleben hilfreiche Wegweiser, Leitplanken, Markierungen kann ein Unternehmen natürlich nur bedingt vertraglich festlegen, es muss sie voraussetzen. Sie sind ja auch nur beschränkt gesetzlich formulierbar, man muss sich aus innerer Überzeugung auf sie einlassen. Ob ein Mitarbeiter in einem ganz bestimmten Fall ehrlich ist, entscheidet sich im Herzen des Einzelnen, das kann ein Chef meist gar nicht kontrollieren. Es hängt davon ab, was dieser Einzelne nun einmal für eine Grundeinstellung hat. Und nicht nur der Chef, auch der Kollege, die Kollegin, ja schließlich auch die Kunden und Lieferanten

– alle Stakeholder – müssen sich auf diese Grundeinstellung verlassen können.

Erst mit der Zeit, so stellten wir bereits fest, wurden ethische Normen schriftlich niedergelegt und finden sich in der Folge in zahllosen Schriften der verschiedenen Religionen. In der »Erklärung zum Weltethos« haben sie für unsere Zeit eine autoritative Ausformung, Zusammenfassung und Konkretisierung erfahren. Doch liegt mir daran deutlich zu machen, dass die Grundnormen eines Weltethos nicht nur religiös, sondern auch philosophisch begründet werden können.

Ethische Normen – philosophisch begründet

Die Zeiten sind längst vorbei, als die Theologie (im Mittelalter) und später die Philosophie (im 19. Jahrhundert) den Anspruch erheben durfte, jeweils die Königsdisziplin der Wissenschaften zu sein, gar die Gesellschaft zusammenhalten zu können. Längst hat sich die Philosophie in viele Philosophien, mit einer Vielzahl von Disziplinen und Problemstellungen, Ansätzen, Denkhorizonten und Terminologien ausdifferenziert. Umso mehr ist man Philosophen dankbar, die sich in heutiger babylonischer Sprachverwirrung um einen gesellschaftlichen Konsens, besonders auch durch eine rationale Begründung der Ethik, bemühen. So KARL-OTTO APEL, von der analytischen Philosophie her kommend, und JÜRGEN HABERMAS, von der Kritischen Theorie der Frankfurter Schule aus. Religion, für die Frankfurter Schule ohne gesellschaftliche Relevanz, gewinnt für Habermas immer größere Bedeutung: für eine Aufklärung über uns selbst bezüglich der Bedingungen, die unser Leben menschenwürdig und nicht trostlos machen. Das Projekt Weltethos ist offen für diese Philosophie, die auf einen Konsens auf argumentativem Weg in einem herrschaftsfreien Diskurs hinarbeitet. Die Vernunft als Prinzip einer gewaltfreien Kommunikation.

Am nächsten kommen dem Projekt Weltethos die beiden amerikanischen politischen Philosophen JOHN RAWLS (Harvard University), der den Begriff eines übergreifenden Konsenses (»overlapping consensus«) entwickelte, und MICHAEL WALZER (Princeton University), der mit einer minimalistischen Ethik eine Brücke zwischen den verschiedenen Kulturen und Religionen bauen möchte. Aber weder der eine noch der andere bezieht die Religionen konstruktiv ein, beide stützen sich vielmehr ausschließlich auf die philosophische Vernunft als Vermittlungsinstanz zwischen miteinander im Konflikt stehenden Weltbildern und Religionen.

Dagegen habe ich nichts einzuwenden. Allerdings hatte ich schon 1990 in »Projekt Weltethos« ausgeführt, dass sich Philosophen sehr oft schwer tun mit der Begründung einer für breitere Bevölkerungsschichten praktikablen und vor allem *unbedingt geltenden und allgemein verbindlichen Ethik.* Dies bestätigt HANS-MARTIN SCHÖNHERR-MANN, Professor für Politische Philosophie an der Universität München und exzellenter Kenner der Philosophie des 20. Jahrhunderts, in seinem Buch »Miteinander leben lernen. Die Philosophie und der Kampf der Kulturen«: »In der Tat muss die Philosophie in den letzten Jahrhunderten erleben, dass der Rückgriff auf die mathematische Logik und das wissenschaftstheoretische Modell der Naturwissenschaften – beispielhaft sei hier auf Kant Bezug genommen – zu einer Begründung theoretischer oder praktischer Normen nicht hinreicht.« Philosophie betreibe unter einer neuzeitlich modernen Perspektive von Kant, Marx, Nietzsche und Rawls ein »innerweltliches Geschäft«. Innerweltlich aber lasse sich »kein Ende des Begründens absehen«. Schönherr-Manns Fazit: »Die Philosophie tut sich also nicht nur schwer mit der Letztbegründung von unbedingten ethischen Normen. Sie kann es nicht. Philosophen, die das trotzdem probieren, weichen zumeist auf die Religionen aus …«[15] Ein bemerkenswertes Fazit eines Philosophen!

Dabei möchte ich zur Vermeidung von Missverständnissen gerade als Theologe nochmals ein Zweifaches betonen: Auch ein *Mensch ohne Religion* kann ein echt menschliches, also humanes und in diesem Sinn moralisches Leben führen; eben dies ist der Ausdruck der innerweltlichen Autonomie des Menschen. Doch zugleich möchte ich festhalten: Eines kann der Mensch ohne Religion nicht, selbst wenn er sich selber auf gültige sittliche Normen verpflichtet: die *Unbedingtheit* und *Universalität* ethischer Verpflichtung *begründen*. Philosophie kann selbstverständlich für universelle Normen plädieren und argumentieren, sie aber zweifelsfrei letztbegründen, scheint auch mir, kann sie nicht. Denn ungewiss bleibt: Warum soll ein Mensch *unbedingt*, das heißt in *jedem* Fall und *überall*, solche Normen befolgen – selbst da, wo sie den eigenen Interessen völlig zuwiderlaufen?

Nun aber hat HANS-MARTIN SCHÖNHERR-MANN, der auch ein hervorragender Systematiker ist, in einem weiteren Buch »Globale Normen und individuelles Handeln. Die Idee des Weltethos aus emanzipatorischer Perspektive« (2010) eine sehr beeindruckende Synthese vorgelegt.[16] Positiv hebt er hervor, dass im Zeitalter der Globalisierung gemeinsame ethische Kernnormen dem Konflikt der Kulturen begegnen können. Wie die Philosophie so könnten die Menschen überhaupt die in der Weltethos-Erklärung aufgestellten Normen sicherlich problemlos anerkennen, obwohl sie sich philosophisch nicht definitiv begründen ließen. Die Philosophie verstünde die weltethischen Normen konstruktiv, nicht wie die Theologie als religiöse Überlieferung.

Daraus ergibt sich die philosophische Frage, was Menschen befähigt, weltethische Kernnormen in ihrer konkreten lebensweltlichen Situation wirklich umzusetzen, wenn sie sich mit zahlreichen Widerständen und Schwierigkeiten konfrontiert sehen. Um sich beispielsweise nicht von vorherrschenden Ideologien, schwerfälligen Institutionen, einer anders lebenden Mitwelt oder auch von persönlichen Umständen von einer weltethischen Orientierung des eigenen Lebens abbringen zu lassen, brauchen die Menschen *Kompetenzen und Tugenden.* Dazu gehören beispielsweise die Kompetenzen, Zusammenhänge zu erkennen, die richtigen Fragen zu stellen und das Gespräch zu suchen. Vor allem aber müssen sich die Menschen dabei auf ethische Tugenden stützen wie Kants erweiterte Denkungsart, also die Fähigkeit, sich in andere hineinzuversetzen, die Wahrhaftigkeit, sich nichts vorzumachen, und vor allem die Bereitschaft, für das eigene Handeln und für die Mitmenschen gleichermaßen Verantwortung zu übernehmen. Ohne solche Kompetenzen und Tugenden wird man die Widerstände kaum überwinden, die sich der Orientierung an den weltethischen Normen immer wieder in den Weg stellen. Es geht Schönherr-Mann also darum, wie man die Idee des Weltethos in das eigene Leben integriert, und zwar als selbständige Entscheidung des Einzelnen – daher »aus emanzipatorischer Perspektive«. Von solcher Philosophie können auch religiöse Menschen viel lernen, und Führungskräfte auch. Doch Weltethos betrifft nicht nur die Einstellung und das Verhalten des einzelnen Menschen, sondern sollte auch das politische Handeln, ja die Weltpolitik motivieren.

3. Eine ethisch fundierte Weltordnungspolitik

Als ich im Jahr 1990 das Buch »Projekt Weltethos« veröffentlichte, konnte ich kaum auf Dokumente von Weltorganisationen zu einer globalen Ethik verweisen. Zwar gab es Erklärungen der Menschenrechte, vor allem die der Vereinten Nationen von 1948, aber kaum Erklärungen zu Menschenpflichten. Schon drei Jahre nach Erscheinen von »Projekt Weltethos« aber kam es 1993 zur Proklamation der Weltethos-Erklärung des Parlaments der Weltreligionen in

Chicago. Und sechs Jahre später existierten bereits drei weitere wichtige internationale Dokumente, die sich nicht nur zu den Menschenrechten bekennen, sondern ausdrücklich von Menschenpflichten reden, ja, die programmatisch ein globales Ethos fordern und es sogar schon zu konkretisieren versuchen. Darauf aufbauend sind Forderungen für eine Weltordnungspolitik zu formulieren.

Eine Finanzordnung der Völkergemeinschaft müsste selbstverständlich im Rahmen einer umfassenden *Weltwirtschaftsordnung* gesehen werden, soll sie effizient sein und Bestand haben. Also eine verantwortungsbewusste und nachhaltige Wirtschaftsordnung. Dass dafür moralische Appelle bestenfalls beschränkte Wirkung haben, wenn sie nicht mit politischen Aktionen verbunden sind, habe ich bereits deutlich zum Ausdruck gebracht. Tatsächlich müssten die globalen sozialen und ökologischen Verpflichtungen der Wirtschaft neu definiert und entsprechendes Verhalten eingefordert werden. Andererseits aber können politische Aktionen im Blick auf eine Weltwirtschaftsordnung – gegen alle Sonderinteressen und Kollektivegoismen der betreffenden Nationen und der nationalen wie internationalen Unternehmen und Organisationen – kaum ohne ethische Motivationen durchgesetzt werden. In diesem Zusammenhang kann die Bedeutung von internationalen Kommissionen, Deklarationen und Proklamationen leicht unterschätzt werden. Sie können wichtige Veränderungen zur Folge haben.

Ansätze zu einem internationalen Ethos

Natürlich gibt es zahllose Deklarationen, die nutzlos, einseitig, parteiisch oder gar verschroben sind. Und man braucht wahrhaftig nicht alles unterschreiben, was einem zur Unterschrift vorgelegt oder zugeschickt wird. Aber es gibt selbstverständlich einige wichtige, die ganze Menschheit betreffende Deklarationen und Proklamationen, welche die Unterstützung aller verdienen und deren Nicht-Unterstützung eine Desavouierung all derer bedeutet, die sich an den Fronten der Welt unter oft großen Opfern für Freiheit und Gerechtigkeit, Solidarität, Frieden und Menschenwürde einsetzen. Man bedenke:

– Wäre es je zur *Genfer Konvention* von 1864 und zur Gründung des *Roten Kreuzes* gekommen, das heute in 186 Ländern der Erde (auch als Roter Halbmond) segensreich tätig ist, ohne den uneigennützigen *ethischen Willen* eines Henry Dunant (1901 mit dem allerersten Friedensnobelpreis geehrt) und des kleinen Genfer Komitees, das die Leiden des Krieges mildern, die menschliche Behandlung und den Austausch der Gefangenen fördern und Sicherheitszonen schaffen wollte? »Der in der Genfer Konvention verkörperte Gedanke der unterschiedslosen Hilfe für Verwundete und Kranke … und der Ausbau dieses Prinzips zu einem von der Weltorganisation des Roten Kreuzes getragenen System moralischer Werte kann wohl als der erste praktische Versuch eines internationalen Ethos betrachtet werden«, sagte schon der berühmte Zürcher Völkerrechtler MAX HUBER, Präsident des Ständigen Internationalen Gerichtshofs in Den Haag 1925–1928 und 1928–1945 Präsident des Internationalen Roten Kreuzes.[17]

– Wäre es je zur Gründung des *Völkerbundes* nach dem Ersten Weltkrieg gekommen, der bekanntlich zu seiner Zeit nicht erfolgreich war, aber als Urmodell weiter wirkte, ohne den *ethischen Willen* bestimmter Staatsmänner, einen neuen großen Krieg unbedingt zu verhindern und einen friedlichen Austrag der Interessenkonflikte durch Schlichtung der Streitigkeiten zu ermöglichen? »Erst der Erste Weltkrieg mit seinen furchtbaren Folgen hat die Welt aufgeschreckt aus ihrem materialistischen Fortschrittsglauben und hat es möglich gemacht, dass ein scheinbar so utopisches Projekt wie Wilsons Völkerbundsplan in die praktische Politik eingeführt werden konnte. Unter der Devise ›Nie wieder Krieg!‹ erhob sich ein moralischer Aufstand gegen den Krieg.« So erneut Max Huber[18], der schon 1910 »Beiträge zur Kenntnis der soziologischen Grundlagen des Völkerrechts und der Staatengesellschaft« veröffentlicht hatte.

– Wäre es nach dem zweiten großen Völkermorden, dem des Zweiten Weltkriegs, je zur Gründung der *Vereinten Nationen* gekommen ohne den erneuerten *ethischen Willen*, endlich zu einer friedlichen Verständigung unter den Völkern und vor allem zwischen Deutschland und Frankreich zu gelangen? Zugleich gelang es durch Wiederaufrichtung des Internationalen Gerichtshofes und der Internationalen Arbeitsorganisation (ILO), die Zusammenarbeit unter den Nationen zum Wohl der Menschheit zu vertiefen und zu verbessern. Vor allem auf ethische Impulse geht auch die Neuerrichtung der Spezialorgane der UNO zurück: das Weltkinderhilfswerk UNICEF, der Hohe Flüchtlingskommissar (UNHCR) und andere Unterorgane, erst recht die mit der UNO verbundenen internationalen Sonderorganisationen: die Organisation für Erziehung, Wissenschaft und Kultur UNESCO, die Ernährungs- und Landwirtschaftsorganisation FAO, die Weltgesundheitsorganisation WHO und andere internationale Institutionen. »Die Entwicklung der UNO, namentlich die Schaffung der UNESCO und anderer Organisationen, außerhalb und innerhalb der UNO, sind weitere Zeichen der Lebendigkeit ethischer humaner Ideen in der Völkerwelt.« So nochmals der Völkerrechtler Huber.[19]

– Wäre es je zur Proklamation der *Allgemeinen Erklärung der Menschenrechte* der Vereinten Nationen gekommen ohne den *ethischen Willen* so vieler Kämpfer und Kämpferinnen für die Menschenrechte, die nach den Greueln des Naziregimes unbedingt für mehr Menschlichkeit, Freiheit und Gerechtigkeit sorgen wollten? »Durch die Deklaration der Menschenrechte … haben die Vereinten Nationen dem richtigen Gedanken Ausdruck gegeben, dass erst durch eine geistig-sittliche Homogenität der in einem Bund für Erhaltung von Frieden und Recht vereinigten Staaten wirkliche, innere Festigkeit gegeben werden kann. Die von der UNO proklamierten *Menschenrechte* bilden ein System politischer und sozialer Ordnung. Was für eine politische Organisation richtig ist, ist für ein ethisches System, wie ein internationales Ethos ein solches darstellt, von grundlegender Bedeutung.« So ein letztes Mal Max Huber[20], der 1960 in Zürich verstarb. Ich muss gestehen, dass mir dieser Artikel leider unbekannt war, als ich 30 Jahre später das Buch »Projekt Weltethos« verfasste.[21] Doch Huber stimmen nicht alle zu:

Einwürfe der Skeptiker und Schwarzseher

Oft hörte ich Einwände wie die folgenden:
– die Aktionen des Roten Kreuzes seien doch nur wie ein Tropfen auf dem heißen Stein;
– der Völkerbund sei offensichtlich gescheitert und habe den Zweiten Weltkrieg nicht verhindern können;
– die Vereinten Nationen hätten in zahlreichen Fällen versagt: sie hätten Somalia nicht befriedet, sondern im Stich gelassen; hätten in Ruanda dem Völkermord nicht Einhalt geboten; hätten den Balkan gespalten und zerrissen zurückgelassen; seien im Kongo unfähig, den Krieg zu beenden;
– die Menschenrechtserklärung verhindere bis heute nicht die ständige Verletzung der Menschenrechte in China, Tibet und Burma, in Iran und den von Israel besetzten Gebieten (von anderen Staaten ganz zu schweigen).

Ich gebe zu: Das alles ist wahr und lässt Pessimismus manchmal begründet erscheinen. Wer fühlt nicht oft Verzweiflung über den Zustand der Welt, den Gang der Geschichte, die Niederlage der Anständigen und den Sieg der

Opportunisten, Demagogen, Kriegstreiber, Verbrecher ...
Aber muss man sich nicht gerade in dunklen Stunden daran erinnern – und in dieser Frage darf sich ruhig politische
Analyse mit Leidenschaft paaren –, dass es auch *die andere
Seite* der Wirklichkeit gibt:
– Was wäre die Welt ohne den ungeheuren Einsatz der zahllosen oft heroischen Helfer und Helferinnen des *Roten Kreuzes* in allen möglichen Krisengebieten dieser Erde von Kigali
bis Port-au-Prince und Kabul?
– Was wäre die Welt ohne die (trotz der friedensfeindli-
chen Ideologien des Faschismus, Nazismus, Kommunismus)
durchgehaltene ethische Idee des *Völkerbundes*, die schon in
der Atlantik-Charta (August 1941) und dann eben in der
Schaffung der UNO ihre Lebenskraft von neuem manifestierte?
– Was wäre die Welt (trotz vieler Enttäuschungen) ohne die
Vereinten Nationen, diese Staatenverbindung zur Sicherung
des Weltfriedens und zur Förderung der internationalen
Zusammenarbeit? Auf deren Tribüne in New York schon
so manche Aggression größerer oder kleinerer Mächte sich
entladen, blutige Konflikte von vornherein vermieden und
andere schließlich geschlichtet werden konnten?
– Was wäre die Welt (trotz aller Frustrationen) ohne die *Erklärung der Menschenrechte*, auf die sich die Bürgerrechtsbe-
wegungen in aller Welt berufen können? Was wäre die Welt
ohne die auf der Menschenrechtserklärung aufbauende Hel-
sinki-Erklärung der KSZE (Konferenz über Sicherheit und
Zusammenarbeit in Europa) von 1975? Auf ihrer Grundlage bildete sich 1976 die sowjetische Bürgerrechtsbewegung
mit ihren bekannten Vertretern A. Amalrik, W. Bukowskij,
A. Ginsburg, L. Kopelew, A. Sacharow und A. Solschenizyn.
Aber auch das tapfere polnische Komitee zur Verteidigung
der Arbeiter (KOR) und Lech Walesas Gewerkschaftsorgani-
sation Solidarnosc sowie all die anderen Bürgerrechtsbewe-

gungen im kommunistischen Bereich. Von den vielen Skeptikern und Schwarzsehern ganz und gar nicht erwartet: Sie konnten schließlich den moralischen und politischen Sieg über die totalitären Diktaturen der kommunistischen Staaten feiern!

Dokumentation – Proklamation – Realisation

Zu denken gibt ja auch die Wirkungsgeschichte der *Charta* (lat.: »Pergament«, »Urkunde«) – von der Magna Charta Libertatum von 1215 in England bis zur Charta der Vereinten Nationen 1945 und zur Charta 77 der tschechoslowakischen Bürgerrechtsbewegung. Dies zeigt überdeutlich:

- Der ethisch-politische Wille drängt zur schriftlichen *Dokumentation* und öffentlichen *Proklamation*; das proklamierte Dokument bildet die öffentliche Beurkundung und Besiegelung des ethisch-politischen Willens.
- Schriftliche Dokumentation und öffentliche Proklamation helfen dann der *Realisation des ethisch-politischen Willens*; dieser bildet die Voraussetzung für die Entstehung und wirkt als Triebkraft für die Verwirklichung des proklamierten Dokuments.

Gewiss, Papier ist geduldig, sagt der Volksmund, und proklamierte Werte und Prinzipien sind es auch. »Sie wollen gelebt werden«, darauf legt der Konstanzer Philosoph JÜRGEN MITTELSTRASS besonderes Gewicht: »Auf das Tun und das richtige Bewusstsein, das richtige Ethos kommt es an … Und doch betreten wir mit der Formulierung von Prinzipien und Regeln der genannten Art und der Betonung ethisch und moralisch bestimmter Haltungen auch im wirtschaftlichen Prozess den richtigen Weg.«[22]

Dies sollte nach Mittelstraß unbedingt auch in der *Wirtschaftswissenschaft* Bedeutung finden: »Ethik muss wieder ein integraler Bestandteil der ökonomischen Bildung und Ausbildung werden, sozusagen gegen den Strich der institutionellen Wirklichkeit gebürstet. Schließlich ist, was heute in vielen Business Schools in MBA-Studiengängen gelehrt wird, Handwerk ohne Wissenschaft und Ethik. Und wenn dabei doch ethisches Territorium betreten wird, dann mit dem Hohenlied auf den einzigen Wert Geld und der vermeintlichen Einsicht, alle Tugenden ließen sich auf die Herrschaft des Egoismus reduzieren. Welch ein – auch anthropologisches – Missverständnis! Gewiss, Moral, und das Gleiche gilt für das Ethos, ist nicht lehrbar – dies wäre wohl so, als wollte man mit dem Lehrbuch in der Hand das Skifahren lernen –, sehr wohl aber die Einsicht in den konstitutiven Zusammenhang von ethisch begründeten Orientierungen und erfolgreichem Tun.« Dieses Wort von Jürgen Mittelstraß würde es verdienen, in das Stammbuch der »ökonomischen Ethik« geschrieben zu werden!

Und was bedeutet das für die Soziale Marktwirtschaft? »Konkret bedeutet das, die Soziale Marktwirtschaft aus den üblichen politischen Beschwörungsritualen zu befreien und sie wieder als ein wirtschaftliches Modell zu begreifen, das auf einer als ethisch begriffenen Grundlage die Tugenden der Freiheit und der Gleichheit, das heißt der Verpflichtung gegenüber dem allgemeinen Wohl, miteinander verbindet.«

Die häufig zu hörende Behauptung, Deklarationen und Proklamationen nützten ohnehin nichts, ist also kaum zu rechtfertigen. Zur Verdeutlichung will ich im folgenden auf jene drei wichtigen internationalen Dokumente eingehen, die sich alle bereits in den 1990er-Jahren für die Notwendigkeit und Dringlichkeit einer globalen Ethik in diesem Zeitalter der Globalisierung ausgesprochen haben. Sie sind deutliche Anzeichen für einen Bewusstseinswandel in Richtung auf ein Weltethos und zeigen, dass in unserer zunehmend globalisierten Welt verbindliche ethische Standards in allen Bereichen der Zivilgesellschaft, auch in der Wirtschaft, vonnöten sind.

Globale Werte – das Kernstück einer Weltordnungspolitik

Das erste Dokument, der Bericht der von der UNO einge-setzten *Kommission für Weltordnungspolitik* (The Commis-sion on Global Governance) von 1995, trägt den Titel »Nach-barn in Einer Welt« (»Our Global Neighbourhood«).[23] Das Wort »Global Governance« (= Weltordnungspolitik) kann missverstanden werden, als ob es hier um ein »Global Go-vernment«, eine »Weltregierung«, ginge; eine solche ist weder realistisch noch erstrebenswert. Sie wäre allzuweit entfernt von der Welt-Bürgergesellschaft und demokratisch auch kaum legitimierbar.

Abgelehnt wird eine Weltregierung schon in der Einlei-tung von den beiden Vorsitzenden der 25köpfigen hochka-rätigen Kommission, dem ehemaligen schwedischen Mini-sterpräsidenten INGVAR CARLSSON (später Mitglied des InterAction Council) und dem früheren Generalsekretär des Commonwealth SHRIDATH RAMPHAL: »Wir schlagen *keine* Maßnahmen zur Schaffung einer *Weltregierung* vor«; dies könnte zu »einer noch weniger demokratischen Welt«, ja zu einer »Welt der verstärkten Machtorientierung« füh-ren. Aber andererseits: *keine* »*Welt ohne System oder Regeln*«; diese wäre eine »chaotische Welt«, und sie würde gleiche oder noch größere Gefahren bedeuten.[24]

Die Herausforderung bestünde also darin, »ein Gleich-gewicht zu finden, das dem Interesse aller Menschen an einer auf Nachhaltigkeit angelegten Zukunft entspricht, von menschlichen Grundwerten geleitet wird und die weltweite Organisation mit der bestehenden globalen Vielfalt in Ein-klang bringt«.[25] Fürwahr, die wachsende Zahl der Menschen, die sich für ein Weltethos einsetzen, kann sich bestätigt sehen durch diesen Bericht, der seit 1995 nichts an Aktualität verloren hat: »Wir leben in einer Zeit, da die Weltgemeinschaft des Mutes bedarf, neue Ideen zu erkunden, neue Visionen zu entwickeln und ein deutliches Engagement für gemeinsame Werte beim Erdenken neuer Gestaltungsregeln zu zeigen.«[26]

Das Phänomen der *Globalisierung* in ihrer Vielschichtigkeit bildet den Ausgang dieser vielhundertseitigen Analyse der »Einen Neuen Welt«: »Nie zuvor kam der Wandel derart rasant, in derart globalem Maßstab und weltweit so deutlich erkennbar.«[27] Dies gilt erstens für die *militärischen* Transformationen und die totale Veränderung des strategischen Umfelds: neues Wettrüsten, Waffenhandel großen Stils, Zunahme der Bürgerkriege, Ausbreitung der Gewalt. Das gilt zweitens für die *wirtschaftlichen* Trends, wo der wirtschaftliche Aufstieg mehrerer Entwicklungsländer den Blick auf die unvermindert steigende Zahl der Allerärmsten verstellt. Und das gilt drittens für die Veränderungen in *Gesellschaft* und *Umwelt*, wo die Menschen beginnen, ihr Recht auf Teilhabe an der Gestaltung der eigenen Ordnung einzufordern. Dies verlange dringend nach einer aufgeklärten Führung, die alle Länder und Menschen und nicht nur die Mächtigsten vertrete.

Nach einer solchen Lageanalyse folgen im Kommissionsbericht eine Fülle von Analysen, Überlegungen und Vorschlägen zu den heutigen großen *Problemfeldern* einer Weltordnungspolitik: die Förderung der globalen Sicherheit (Krisen vorbeugen, erkennen, beilegen), das Management der wirtschaftlichen Interdependenz, die Stärkung der weltweiten Rechtsstaatlichkeit (des Völkerrechts), die Reform der Vereinten Nationen.[28]

Überraschend ist dabei unter dem Gesichtspunkt eines Weltethos: *Vor* den genannten Problemfeldern wird unmittelbar nach der Lageanalyse zuerst in einem ganzen Kapitel die Frage der »Werte für die Nachbarschaft in der Einen Welt« aufgeworfen und angesichts der gestiegenen nachbarschaftlichen Spannungen in allen Bereichen ein »*Ethos der Nachbarschaft*« gefordert! Warum? Ohne ein globales Ethos würden sich die Reibungen und Spannungen beim Zusammenleben in der einen Welt vervielfältigen: »Ohne Führung (eine mutige, von diesem Ethos durchdrungene Führung auf allen gesellschaftlichen Ebenen) werden selbst noch so gut ersonnene Institutionen und Strategien scheitern.«[29] Und so wird denn lapidar festgestellt, dass »*globale Werte das Kernstück einer Weltordnungspolitik* sein müssen«.[30] Und wer dann zweifelnd fragt, ob denn heute genügend politische Führer von diesem Ethos durchdrungen seien, dem wird Hoffnung gemacht mit dem Hinweis, dass »weltweit viele Menschen, insbesondere die jungen, diesen Fragen aufgeschlossener gegenüberstehen als ihre Regierungen, für die im allgemeinen kurzfristige Überlegungen der politischen Zweckmäßigkeit Vorrang haben«.[31]

Doch lassen wir das Spekulieren darüber, welche Politiker im einzelnen sich durch die Beachtung der »*ethischen Dimension der Weltordnungspolitik*«[32] auszeichnen. Wichtiger, auch im Hinblick auf die Wirtschaft, ist die Frage, wie sich eine Weltordnungspolitik konkretisieren lässt.

Ein globales Bürgerethos mit Rechten und Pflichten

Es ist erstaunlich: Als ethisches Grundprinzip wird in diesem Dokument vor allem die *Goldene Regel* angegeben: »Die Menschen sollten einander so behandeln, wie sie selbst behandelt werden möchten.«[33] Auf dieser Grundlage werden dann die Grundwerte entwickelt, die in vielem an die Chicago-Erklärung zum Weltethos von 1993 erinnern: Achtung vor dem Leben, Freiheit, Gerechtigkeit, gegenseitige Achtung, Hilfsbereitschaft und Integrität. »Alle diese Werte beruhen letztendlich auf dem weltweit von allen Religionen anerkannten Prinzip, dass die Menschen einander so behandeln sollten, wie sie selbst behandelt werden möchten.«[34]

Aber der Bericht geht noch viel weiter, indem er fordert, dass »diese Werte in Form eines *globalen Bürgerethos* mit spezifischen Rechten und Pflichten« auszudrücken seien, »die von allen Akteuren, öffentlichen und privaten, kollektiven und individuellen, gemeinsam getragen werden«. Dieses Ethos sei »in das entstehende System internationaler Normen einzubeziehen«.[35] Denn ein solches globales Ethos »würde dazu beitragen, die unpersönliche Funktionsweise von Bürokratien und Märkten zu humanisieren, und der Konkurrenz und dem Egoismus von Einzelpersonen und Gruppen Grenzen setzen«.[36] Ja, ohne die aus einem globalen Ethos sich ergebenden Ziele und Rahmensetzung könnte die neue, im Entstehen begriffene, größere »globale Zivilgesellschaft allerdings orientierungslos und sogar unregierbar werden«.[37]

Eine schönere Bestätigung von »Projekt Weltethos« lässt sich kaum denken als diese Aussagen der Global Governance-Kommission. Schließlich nimmt sie sogar ausdrücklich ein Desiderat auf, von dem sie möglicherweise nicht wusste, dass es schon in der Menschenrechtsdiskussion des Pariser Revolutionsparlaments von 1789 zur Sprache kam, aber damals nicht erfüllt wurde: Es »müssen Rechte mit Pflichten verknüpft werden«.[38] Denn: Die »Tendenz, auf Rechten zu beharren und dabei die Pflichten zu vergessen«, habe »verheerende Folgen«.[39] Und man höre: »Wir fordern daher die internationale Gemeinschaft nachdrücklich auf, geschlossen *für ein globales Ethos mit gemeinsamen Rechten und Pflichten* einzutreten. Unserer Ansicht nach würde ein solches Ethos die bereits zum Gebäude der internationalen Normen gehörenden Grundrechte weiter stärken und das *moralische Fundament für die Schaffung eines wirksameren Systems der Weltordnungspolitik* bilden.«[40]

Man kann es nicht oft genug wiederholen, dass alle Menschen Rechte, *Menschenrechte*, haben: das Recht auf ein sicheres Leben und gerechte Behandlung; die Möglichkeit, einen angemessenen Lebensunterhalt zu verdienen und für das eigene Wohlergehen zu sorgen; die Bestimmung und Erhaltung von Unterschieden mit friedlichen Mitteln; die Beteiligung an der Ordnungspolitik auf allen Ebenen; freie und angemessene Beschwerdemöglichkeiten bei grober Ungerechtigkeit; gleichberechtigten Zugang zu Informationen und zu globalen Gemeingütern. Diese Rechte, darin haben die Menschenrechtsaktivisten Recht, sind unverlierbar mit der Person jedes Menschen gegeben – unabhängig davon, ob er ein Heiliger oder Verbrecher ist.

Aber die Menschenrechte haben eine oft nicht beachtete Rückseite, ohne die sie gar nicht adäquat verwirklicht werden können. Kaum einmal wurde in einem offiziellen internationalen Dokument wie diesem zum Ausdruck gebracht, dass mit den Rechten auch konkrete Pflichten, *Menschenpflichten*, verbunden sind: »Gleichzeitig haben alle Menschen die gemeinsame Pflicht,

– zum Gemeinwohl beizutragen,

– die Auswirkungen ihrer Handlungen auf die Sicherheit und das Wohlergehen anderer zu berücksichtigen,

– die Gleichberechtigung, einschließlich die der Geschlechter, zu fördern,

– die Interessen künftiger Generationen zu wahren, indem eine nachhaltige Entwicklung verfolgt wird und die globalen Gemeingüter geschützt werden,

– das kulturelle und geistige Erbe der Menschheit zu wahren,

– sich aktiv an der Ordnungspolitik zu beteiligen und

– sich für die Beseitigung der Korruption einzusetzen.«[41]

Und so ist es denn bemerkenswert, dass der grundlegende Abschnitt des UN-Kommissionsberichts über ein »Bürgerethos« mit einer ganz konkreten Hoffnung endet: dass »im Laufe der Zeit diese Prinzipien in einem verbindlicheren internationalen Dokument verankert werden können, – einer *globalen Charta der Zivilgesellschaft* – als Grundlage allgemein akzeptierter Regeln für die Eine Welt«.[42]

4. Eine globale Charta der Zivilgesellschaft

Aufgrund des Kommissionsberichts zur Global Governance kann auch deutlicher die Frage beantwortet werden, *wer* denn *eine Weltordnungspolitik verwirklichen könne*.[43] Natürlich bleiben die *Nationalstaaten* und ihre regionalen Zusammenschlüsse (EU!) die Hauptakteure der internationalen Politik, aber sie sind nicht mehr die einzigen Akteure. Bereits heute bestehen mehrere *globale Wirtschaftsorganisationen*, die Ordnungsfunktionen für die Weltwirtschaft wahrnehmen: die Welthandelsorganisation WTO (in Nachfolge des GATT) und – trotz vieler Misserfolge unersetzlich – der Internationale Währungsfonds IWF und die Weltbank, an deren notwendigen Reformen zur Zeit gearbeitet wird. Erfreulicherweise setzte die WTO erstmals global verbindliche Rahmenbedingungen durch zur Regelung von Auslandsinvestitionen, internationalen Dienstleistungen und der handelsrelevanten Aspekte des Schutzes geistigen Eigentums, auch die Aufhebung der Handelsbeschränkungen für Computer- und Kommunikationstechnologien. Bezüglich der Korruption freilich konnte man sich nur auf weitere Studien einigen.

Was hier im Ansatz bereits geleistet wird, müsste mit der Zeit koordiniert werden zu einer umfassenden Weltwirtschaftsordnung mit Sozialstandards, die ihrerseits ein Teil der angestrebten umfassenden Weltordnung (»global governance«) sein sollte.[44] Eine solche aber – und dies ist die Sicht der Kommission – kommt nur zustande durch »einen breit angelegten dynamischen und komplexen Prozess interaktiver Entscheidungsfindung«. An diesem Prozess sind heutzutage viel mehr Akteure beteiligt als früher: neben den Nationalstaaten als den Hauptakteuren auch die handlungsmächtige *Wirtschaftswelt* global operierender transnationaler Unternehmen, die global vernetzte *Medienwelt* und auch die zunehmend international vernetzte Bewegung der *Nichtregierungsorganisationen* (NGO). Diese bilden die Keimzellen einer noch schwach entwickelten, global orientierten »internationalen Zivilgesellschaft« mit der Vision einer Welt-Bürgerschaft.[45]

Entwicklung, nicht nur ökonomisches Wachstum

Genauso wichtig wie der Bericht für Weltordnungspolitik von 1995 ist der ebenso umfangreiche Bericht der *Weltkommission für Kultur und Entwicklung* (World Commission on Culture and Development) aus demselben Jahr, der in Zusammenarbeit mit UNO und UNESCO unter dem Titel »Unsere kreative Verschiedenheit« (»Our Creative Diversity«) veröffentlicht wurde.[46]

Was versteht die Kommission unter *Entwicklung*? Nicht nur, wie früher verstanden, ökonomisches Wachstum, gelegentlich qualifiziert durch breite Streuung der Wachstumsgewinne. Nein, Entwicklung in einer umfassenderen Sicht (auf der Linie der UNESCO und vieler Vordenker) ist der Prozess, der die tatsächliche Freiheit der Menschen fördert, die sie zum Streben nach dem brauchen, dem sie Wert beimessen. *Armut* entsteht in dieser Sichtweise nicht nur durch den Mangel an Grundgütern und notwendigen Dienstleistungen, sondern auch durch den Mangel an Chancen, ein zufriedenstellenderes, wertvolleres Leben zu wählen.

Und was ist für die Kommission *Kultur*? Kultur wird ganz allgemein verstanden als »Wege des Zusammenlebens«, was je nach dem Verständnis von Entwicklung verschiedene

Konsequenzen hat: Wird Entwicklung einfach mit ökonomischem Wachstum gleichgesetzt, so hat Kultur keinen Wert in sich selbst, sondern ist einfach Mittel zur Förderung und Erhaltung des ökonomischen Wachstums. Doch: Ist das ökonomische Wachstum, so sehr es erwünscht ist, nicht doch nur Mittel und nicht Ziel und Zweck des Menschenlebens? Die kulturellen Dimensionen des Menschenlebens sind möglicherweise wesentlicher als das ökonomische Wachstum. Erziehung als wesentliche Dimension kultureller Entwicklung beispielsweise fördert sicher auch ökonomisches Wachstum, sie hat aber durchaus einen Wert in sich selbst. Das heißt: Die Kultur kann keinesfalls auf Hilfsfunktionen zur Förderung des ökonomischen Wachstums reduziert werden, sondern soll darüber hinaus Sinn in unser Leben bringen.

Der Kultur kommt somit eine *Doppelrolle* zu: Sie steht in Beziehung zu den jeweiligen Werten und Zielen der verschiedenen Lebensbereiche (unter anderem eben auch zum ökonomischen Sektor). Aber ihre Rolle reduziert sich keinesfalls auf eine instrumentelle Funktion, vielmehr bildet sie selbst das gemeinschaftliche Fundament, auf dem die verschiedenen Werte und Ziele gründen. In dieser Perspektive umfasst Entwicklung also auch kulturelles Wachstum, die Förderung des Respekts für alle Kulturen und das Prinzip der kulturellen Freiheit.

Die »Verpflichtung auf Pluralismus« ist diesem Bericht zufolge einerseits selbstverständliche Voraussetzung, aber andererseits auch ständige Aufgabe: Es geht eben um eine immer wieder neu zu entwickelnde kreative Verschiedenheit. Aber neu an diesem Dokument ist nun jenes Kapitel, das – noch vor den Ausführungen über den Pluralismus – statt der Verschiedenheit die Gemeinsamkeit der Menschen betont: »*A New Global Ethics*«, ein neues *globales Ethos*, also ein *Menschheitsethos*, ein *Weltethos*. Wichtige Fragen werden in diesem Zusammenhang beantwortet:

Ein globales Ethos: warum und woher?

(1) *Warum* ein globales Ethos? Antwort des UN-Berichts: Die *Zusammenarbeit* zwischen Menschen verschiedener Kulturen und Interessen kann *erleichtert* und ihre *Konflikte können vermindert und begrenzt* werden, wenn *alle Menschen* und Gruppen »sich selber gebunden und motiviert sehen durch *gemeinsame Verpflichtungen*«.[47] Daher die Forderung eines Weltethos: »Es ist deshalb geboten, nach einem Kern gemeinsamer ethischer Werte und Prinzipien zu suchen.«[48] Die Kommission für Kultur und Entwicklung betont die Übereinstimmung ihres Bemühens mit den Bestrebungen der UN-Kommission für Weltordnungspolitik und stellt fest: »Die Idee ist, dass die Werte und Prinzipien einer globalen Ethik gemeinsame Bezugspunkte sein sollen, die eine minimale *moralische Anleitung* bieten, welche die Welt in ihren mannigfachen Anstrengungen zur *Bewältigung* der genannten *globalen Probleme* beachten muss.«[49] Insofern befindet sich heute die ganze »Kultur auf der Suche nach einem globalen Ethos« (»Culture in search of a global ethics«[50]). Solch eine Suche ist schon aus sich selbst eine kulturelle Aktivität par excellence. Fragen wie: Wer sind wir? Wie beziehen wir uns aufeinander und zur Menschheit? Wie verhalten wir uns zueinander und zur Menschheit als solcher? Was ist unser Sinn? Solche Fragen stehen im Zentrum dessen, was Kultur ist.

(2) Woher ein globales Ethos, was sind seine *Quellen*? Antwort des UN-Berichts: Jeder Versuch der Formulierung einer globalen Ethik muss »von den kulturellen Ressourcen, den Einsichten, emotionalen Erfahrungen, historischen Erinnerungen und spirituellen Orientierungen der Völker«[51] seinen Inhalt beziehen. Bei allen Unterschieden der Kulturen gibt es einige Themen, die in beinahe allen kulturellen Traditionen aufscheinen und die als Inspiration für ein globales Ethos dienen können.

Die erste dieser Quellen sind die *großen kulturellen Traditionen*, insbesondere »die Idee einer menschlichen Verletzbarkeit und der damit verbundene ethische Impuls, das Leiden zu lindern, wo dies möglich ist, und jedem Individuum Sicherheit zu gewähren«.[52] Dies scheint eine eher buddhistische Formulierung der Ausgangslage zu sein, aber auch in anderen Religionen steht der leidende Mensch im Mittelpunkt. Und auch in diesem Bericht beruft man sich zugleich auf die Goldene Regel, die in den Traditionen des Konfuzianismus, Daoismus, Hinduismus, Buddhismus und Zoroastrismus, des Judentums, Christentums und Islams Ausdruck gefunden hat und die auch in den Praktiken anderer Religionen implizit enthalten ist. Sie weist auf eine gleiche moralische Würde aller Menschen hin.

Neben den Elementen aus den großen kulturellen Traditionen führt diese Kommission auch Elemente eines Ethos an, die aus der *globalen Bürgerkultur* (»global civic culture«) stammen und die ebenfalls in ein neues Ethos inkorporiert werden sollen. Es geht um folgende fünf ethische »Säulen«[53]:

– Menschenrechte und Verantwortlichkeiten;
– Demokratie und die Elemente einer Zivilgesellschaft;
– Schutz der Minderheiten;
– Verpflichtung auf friedliche Konfliktlösung und faire Verhandlungen;
– Gleichbehandlung der Generationen (»intergenerational equity«).

Auch dieser Bericht der Weltkommission für Kultur und Entwicklung ist ein zukunftsweisendes Dokument, für das man den Mitgliedern nicht genug dankbar sein kann. Wenn ich hier Anfragen äußere, so nicht aus Kritik am Geleisteten, sondern zur Weiterführung in die Zukunft.

Rückfragen bezüglich der Religionen

Erfreulicherweise ist auch in diesem Dokument von Menschenrechten und von Menschenpflichten (»responsibilities«, »duties«) die Rede. In den anderen Punkten (Demokratie) handelt es sich mehr um staatspolitische Postulate als um ethische Prinzipien. Jedenfalls bestätigt sich in diesem Dokument meine frühe Erfahrung, dass ein gemeinsames Menschheitsethos *nur zum Teil aus den proklamierten Menschenrechten ableitbar* ist. Denn auch die Kommission kommt um die Erkenntnis nicht herum, dass in manchen nichtwestlichen Gesellschaften die Menschenrechte sehr verschieden wahrgenommen werden. In Südasien etwa hätten viele Menschenrechtsaktivisten feststellen müssen: 1. viele Rechte würden nur im Kontext der Religion, der Familie oder anderer Institutionen gesehen, 2. die Menschen würden auf die Frage nach ihren Menschenrechten immer zuerst von ihren Pflichten reden, 3. die Menschenrechte, wie sie in der UN-Deklaration formuliert sind, seien entweder unbekannt oder sehr weit weg von der eigenen Erfahrung.

Wäre es da nicht gut gewesen, wenn die Weltkommission mit ihrem erfreulichen Plädoyer für ein globales Ethos noch etwas energischer und substantieller von den großen religiösen und ethischen Traditionen der Menschheit gesprochen hätte? Verhinderte dies die Scheu schon vor dem *Wort »Religion«* oder *vor der Wirklichkeit der Religionen*? Ich kenne einen bekannten französischen Soziologen, der (anders als etwa sein Kollege, mein Freund Alfred Grosser, der sich selbst einen Agnostiker nennt) schon das Wort »Religion« in internationalen Dokumenten vermieden haben möchte. Dogmatische Laizisten und dogmatische Klerikale – les extrêmes se touchent – bestätigen sich da leicht gegenseitig ihre Vorurteile.

Verständlich freilich ist diese Zurückhaltung gegenüber der Wirklichkeit Religion, wenn sie nicht dogmatisch, sondern empirisch begründet ist, im Wissen um die *fatale Rolle*, welche Vertreter von Religionen im Laufe der neueren Geschichte in bezug auf Menschenrechte, Demokratie und Weltfrieden spielten und gerade in den 1990er-Jahren auf wichtigen UN-Konferenzen gespielt haben, etwa auf der Internationalen Konferenz über Bevölkerung und Entwicklung (ICPD) in Kairo 1994.

Aber müsste man – ob religiös oder agnostisch – nicht auch die *konstruktive Rolle* der Religion sehen? Hat nicht gerade die jüngste, »nach-moderne« Epoche der Menschheitsgeschichte von Osteuropa bis Lateinamerika und von Südafrika bis zu den Philippinen gezeigt, dass Religionen nicht nur destruktiv, sondern auch befreiend und befriedend wirken können? Ja, dass sie eine ungeheure Dynamik auszulösen vermögen zur Befreiung der Menschen von totalitären Systemen, zum Schutz der Menschenwürde, zur Durchsetzung der Menschenrechte und zur Erhaltung des Weltfriedens?[54]

Koalition von Glaubenden und Nichtglaubenden

Deshalb sollten ganz im Sinn von »Projekt Weltethos« und der Erklärung von Chicago bei der Begründung und Durchsetzung eines Weltethos die *unvergleichlichen Ressourcen der Weltreligionen* konstruktiv miteinbezogen werden. Und dies vor allem aus folgenden drei Gründen:

1. Die Religionen haben trotz aller Dekadenzerscheinungen durch die Jahrtausende immer wieder ihre unzerstörbare, unerschöpfliche geistige Kraft bewiesen.

2. Religionen können viel konkreter (etwa mit Parabeln, Bildern, Leitgestalten, Vorbildern) und verbindlicher (im Namen einer transzendenten Autorität) von den elementaren Pflichten der Menschen reden als manche neueren ethischen Doktrinen.

3. Die großen religiösen Leitgestalten der Menschheit haben ein Ethos exemplarisch vorgelebt: Kein Staatsmann, kein General und kein Philosoph behielt durch die Jahrtausende die geistige Autorität, Strahlkraft und Gefolgschaft eines Buddha oder Konfuzius, eines Jesus Christus oder Muhammad und ihrer Botschaft. Sie verdienen – auch in den Medien – Ehrfurcht und Respekt.

Dies sei kurz illustriert anhand der *biblischen Botschaft*: Was trägt diese zu einem Weltethos bei?

– Das *Humanitätsprinzip* wird verstärkt durch das Verständnis des Menschen als Ebenbild Gottes und das biblische Gebot: »Liebe deinen Nächsten wie dich selbst« (Lev 19,11; Mk 12,33).

– Das Prinzip der *Gegenseitigkeit* wird verstärkt durch die positive Fassung der Goldenen Regel in der Bergpredigt: »Was ihr wollt, das euch die Menschen tun sollen, das tut ihnen auch« (Mt 7,12).

– Das Jesus-Wort: »Der Mensch ist nicht um des Sabbats willen da, sondern der Sabbat um des Menschen willen« (Mk 2,27) regt an zu der Einsicht »Der Mensch ist nicht um des Staates und um der Wirtschaft willen da, sondern Staat und Wirtschaft um des Menschen willen«.

– Gelassenheit auch im Wirtschaften lehrt das Jesus-Wort: »Macht Euch nicht Sorgen um den morgigen Tag, jeder Tag hat an seiner Mühe genug« (Mt 6,34).

– Feindesliebe ist die radikale Gestalt der universalen Menschenliebe: statt Vernichtungswille zumindest Toleranz, vielleicht Wohlwollen.

Doch bei aller Hochschätzung der religiösen Quellen: nichts gegen philosophische und politische Argumente für ein globales Ethos! Mit dem bereits erwähnten Philosophen JÜRGEN MITTELSTRASS bin ich der Meinung, dass den heutzutage leider auch in den Reihen der Wissenschaftler zu findenden Fällen von »Anmaßung und Maßlosigkeit, ja selbst von Lug und Trug« nicht in erster Linie mit der »Ausarbeitung einer Wissenschaftsethik zu begegnen« ist, sondern durch eine Besinnung auf die »Vorstellungen einer *allgemeinen Bürgerethik*«[55]. Was Mittelstraß von der Wissenschaft sagt, lässt sich analog auf die Wirtschaft anwenden, und sicher wird mir der Philosoph gestatten, »ad experimentum« für ein »anständiges Wirtschaften« in seinen folgenden Zitaten überall das Wort »Wissenschaft« durch »Wirtschaft« zu ersetzen: »Alle Regeln, alle Normen, die man für eine Wirtschaftspraxis in Geltung setzen wollte, um deren Verantwortlichkeiten zu stärken und deren Vernunft zu sichern, wären vergeblich, wenn es ein solches Wirtschaftlerethos nicht gäbe. Dass es faktisch korrupt ist, wovon immer wieder Fälle von Lug und Trug in der Wirtschaft zeugen, trifft zu, bedeutet aber nicht, dass eine Wirtschaftsethik versagt hat oder besser ausgearbeitet werden müsste, sondern dass die Normen einer allgemeinen Ethik, der Bürgerethik, verletzt und ein Wirtschaftlerethos aus individuellen Motiven außer Kraft gesetzt wurde«. So käme es zum Beispiel darauf an, »das für alles Wirtschaften gültige Grundprinzip der Ehrlichkeit gegenüber sich selbst und anderen« anzuerkennen und zu beachten. »Die diagnostizierte Glaubwürdigkeitskrise« sei ja auch eine »Ethoskrise«: »Es dürfte zunächst einmal darauf ankommen, ein wirtschaftliches Ethos überhaupt erst wieder in das wirtschaftliche Bewusstsein zu bringen.« Es handelt sich dabei um »ein implizites Orientierungs- oder Regelwissen, das weniger theoretisch beherrscht als praktisch befolgt sein will«.

Die »Bürgerethik« im Sinn allgemeiner Normen wie Ehrlichkeit trifft genau die Intentionen eines Menschheitsethos mit seinen elementaren ethischen Imperativen. Alle konstruktiven philosophischen und politischen Ideen, Gedanken und Argumente helfen bei der Verwirklichung eines Weltethos, das die *Koalition von Glaubenden und Nichtglaubenden* und in anderer Hinsicht auch die von Theologen und Philosophen voraussetzt; deshalb rede ich immer von *religiösen und ethischen Traditionen*. Nur sollte man in »nachmoderner« Zeit jene für die Moderne charakteristische Vernachlässigung der Religionen zugunsten einer realistischen Einschätzung ablegen. Eine solche wird vorausgesetzt in einem dritten internationalen Dokument, das die beiden anderen Dokumente zu unterstützen, konkretisieren und differenzieren vermag.

Humanität – Kern des globalen Ethos

Es handelt sich um den Vorschlag einer »Allgemeinen Erklärung der Menschenpflichten« des InterAction Council früherer Staats- und Regierungschefs, gegründet 1983 vom japanischen Premierminister TAKEO FUKUDA, unter dem Vorsitz des früheren deutschen Bundeskanzlers HELMUT SCHMIDT.[56] Unter dem Titel »*In Search of Global Ethical Standards*« wurde von diesem Gremium bewährter Staatsmänner im Anschluss an die Chicago-Erklärung des Parlaments der Weltreligionen »ein minimaler Grundkonsens bezüglich bindender Werte, unwiderruflicher Maßstäbe und moralischer Haltungen« gefordert, »der von allen Religionen trotz ihrer dogmatischen Differenzen bejaht und auch von Nichtgläubigen mitgetragen werden kann«.[57] Dies mündete ein in die 1997 vom InterAction Council vorgeschlagene »Allgemeine Erklärung der Menschenpflichten«.[58]

Der Kern des globalen Ethos wurde von den Staatsmännern präzis, grundlegend und konkret formuliert, indem sie ein – in der jeweiligen konkreten Situation leider alles andere als selbstverständliches – *erstes* »Fundamentales Prinzip für Humanität« aufstellten, das nicht nur die humanen Impulse der Weltreligionen auf eine Formel der Humanität bringt, sondern auch das aufnimmt, was rein philosophisch seit Kant als kategorischer Imperativ vertreten wird: dass jeder Mensch menschlich behandelt werden soll. Damit verbunden ist als *zweites* fundamentales Prinzip die sich nun allenthalben im Bewusstsein der Menschheit immer mehr durchsetzende Goldene Regel, die nicht nur in der Politik, sondern auch in der Wirtschaft gelten soll.

Diese beiden Prinzipien hat der InterAction Council der Weltethos-Erklärung des Parlaments der Weltreligionen entnommen und hat zugleich nachdrücklich auf deren vier unverrückbare Weisungen hingewiesen: die Verpflichtung auf eine Kultur der Gewaltlosigkeit, der Solidarität, der Toleranz und der Gleichberechtigung. Im Hinblick auf die *Männer und Frauen der Wirtschaft* (und natürlich nicht nur für sie!) möchte ich aus der vorgeschlagenen »Allgemeinen Erklärung der Menschenpflichten« die Artikel 8–11 über die *Verpflichtung auf Gerechtigkeit und Solidarität* hier in vollem Wortlaut zitieren.

Verpflichtung auf Gerechtigkeit und Solidarität

Artikel 8: Jede Person hat die Pflicht, sich *integer, ehrlich und fair* zu verhalten. Keine Person oder Gruppe soll irgend eine andere Person oder Gruppe ihres Besitzes berauben oder ihn willkürlich wegnehmen.

Artikel 9: Alle Menschen, denen die notwendigen Mittel gegeben sind, haben die Pflicht, ernsthafte Anstrengungen zu unternehmen, um Armut, Unterernährung, Unwissenheit und Ungleichheit zu überwinden. Sie sollen überall auf der Welt eine nachhaltige Entwicklung fördern, um für alle Menschen Würde, Freiheit, Sicherheit und Gerechtigkeit zu gewährleisten.

Artikel 10: Alle Menschen haben die Pflicht, ihre Fähigkeiten durch Fleiß und Anstrengung zu entwickeln; sie sollen gleichen Zugang zu Ausbildung und *sinnvoller* Arbeit haben.

Jeder soll den Bedürftigen, Benachteiligten, Behinderten und den Opfern von Diskriminierung Unterstützung zukommen lassen.

Artikel 11: Alles Eigentum und aller Reichtum müssen in Übereinstimmung mit der Gerechtigkeit und zum Fortschritt der Menschheit verantwortungsvoll verwendet werden. Wirtschaftliche und politische Macht darf nicht als Mittel zur Herrschaft eingesetzt werden, sondern im Dienst wirtschaftlicher Gerechtigkeit und sozialer Ordnung.

Nach all dem dürfte deutlich geworden sein, dass der Ruf nach verbindlichen ethischen Standards in der Weltwirtschaft kein idealistischer Luxus, sondern eine dringende politische Notwendigkeit ist, die heute von ungezählten Menschen weltweit gesehen wird. Wie ein solches Globales Wirtschaftsethos inhaltlich konkretisiert werden kann, möchte ich im folgenden Kapitel anhand des 2009 formulierten Manifests »Globales Wirtschaftsethos – Konsequenzen für die Weltwirtschaft« zeigen.

VIII. Warum ein Manifest für ein Globales Wirtschaftsethos?

»Weltethos – Konsequenzen für globales Wirtschaften«: Dieses Manifest ist eine Initiative der Stiftung Weltethos in Tübingen. Sie hat aber, was mich betrifft, eine zwanzigjährige Vorgeschichte:[1] Der Plan für ein solches Manifest war schon längst vor der Wirtschaftskrise gefasst, und das Manifest 2008 von einer Arbeitsgruppe aus Wirtschaftsfachleuten und Mitarbeitern der Stiftung Weltethos ausgearbeitet worden. In einem 2010 erschienenen Taschenbuch ist das Manifest auf deutsch und englisch dokumentiert und kommentiert.[2]

Besonderer Dank für das Gelingen dieses schwierigen Unternehmens gebührt Prof. KLAUS LEISINGER, dem Präsidenten der Novartis-Stiftung (Basel), der diesen Plan von Anfang an mit großer Kompetenz in jeder Hinsicht unterstützt hat, und Prof. JOSEF WIELAND (Konstanz), der als Wirtschaftsethiker die schwierige Aufgabe übernahm, die Weltethos-Erklärung des Parlaments der Weltreligionen in Chicago (1993) in die Sprache der Wirtschaft zu übersetzen. Beide standen mit der Stiftung Weltethos in ständigem Austausch und stellten zusammen mit den Stiftungsverantwortlichen schließlich das vollendete Manifest am 6. Oktober 2009 in New York und am 27. November 2009 in Basel der Öffentlichkeit vor. Aus ihren Einführungen werde ich in den

Abschnitten 2 und 3 wesentliche Gedanken zum Verständnis dieses Unternehmens wiedergeben. Für die Vorstellung des Manifests in New York am UN-Hauptquartier konnte die nachhaltige Unterstützung von Botschafter PETER MAURER, dem damaligen Schweizer UN-Missionschef, und von Dr. GEORG KELL, dem Executive Director des UN Global Compact Office, gewonnen werden. Von Seiten der Stiftung Weltethos nahmen außer mir an der Vorbereitung und Durchführung teil der Generalsekretär der Stiftung Weltethos, Dr. STEPHAN SCHLENSOG, und der Wissenschaftliche Projektkoordinator Dr. GÜNTHER GEBHARDT.

Besonders wertvoll war die Einführung von Prof. JEFFREY SACHS, Direktor des Earth Institute an der Columbia University (New York). Sein Beitrag findet sich in überarbeiteter und erweiterter Form als Vorwort in dem erwähnten Taschenbuch. Sachs ist überzeugt: »Zum chronischen Mangel an Achtung der Armen dieser Welt und zu den schäbigen Geschäftspraktiken vieler weltführender Firmen kommt als Drittes der Moralverfall unserer Zeit hinzu: das Fehlen effektiver Entscheidungen, die Erde physisch vor Schädigungen zu schützen, die vom unkontrollierten Gebrauch der natürlichen Ressourcen herrühren.« Und er fährt fort: »Diese Probleme betreffen Institutionen, Organisationen, die Technik und das öffentliche Verständnis. Aber wie Hans Küng, Klaus M. Leisinger und Josef Wieland hervorragend deutlich machen, sind dies auch Probleme einer moralischen Handlungsweise. Ethische Standards werden benötigt, um das öffentliche Verständnis und Handeln nutzbar zu machen, und diese ethischen Standards müssen von den Wirtschaftsführern angenommen werden, die innerhalb und im Auftrag privater Unternehmen handeln, von Politikern, die als gewählte Repräsentanten gemeinsamer Aktivitäten handeln, und von den Bürgern, die als Mitglieder einer nun globalen Gemeinschaft handeln und als die derzeitigen Treuhänder eines Planeten, der die Heimat unzähliger kommender Generationen sein wird.«[3]

Wenn ich alle erwähnen wollte, die außer den bereits Genannten in Tübingen, Basel, Konstanz, New York und anderswo für dieses Projekt gearbeitet haben, würde die Liste lang. Ich möchte ihnen jedenfalls hier ebenfalls meinen Dank aussprechen.

1. Was ist das Eigentümliche des Manifests für ein Globales Wirtschaftsethos?

Es war den Autoren von vornherein klar: Mit nur allgemein formalen moralischen Regeln ist der Wirtschaft und besonders der Weltwirtschaft nicht geholfen. Abstrakte Forderungen wie »mehr Verantwortung« oder »Dienst am Gemeinwohl« bleiben wirkungslos, wenn sie nicht konkretisiert werden. Die Weltwirtschaft braucht *inhaltlich bestimmte Werte* und zugleich *klare ethische Standards*.

Natürlich wissen diejenigen, die dieses Manifest erarbeitet haben, dass es weltweit schon viele Unternehmen gibt, die sich um ethisches Wirtschaften bemühen. All diese Bemühungen, all die bereits existierenden Codes of Conduct oder Codes of Ethics in der Wirtschaft möchte dieses Manifest auch nicht ersetzen, sondern sie vielmehr vom Menschheitsethos her unterstützen, ergänzen und sie an globalen ethischen Standards messen.

Die Vertreter des Manifests wissen auch, dass viele Menschen, die nichts von ethischen Werten halten, um der Außenwirkung willen solche Regeln unterschreiben und sich dann nicht daran halten. Aber ein Ethikcode ist nun einmal kein Gesetz, das sicherstellen will und kann, dass ethisches Fehlverhalten nicht vorkommt, sondern er ist ein Maßstab, an dem Firmen-Leitbilder und konkretes Handeln gemessen werden können. Das Manifest will mit seinen Werten und Prinzipien den Akteuren der Wirtschaft sozusagen den Spiegel vorhalten, ob das, was sie tun, grundlegenden ethischen Normen der Menschheit entspricht und ob ihr ethischer Code wirklich umfassend ist. So fehlt zum Beispiel bei Codes of Conduct oft die ethische Norm der Wahrhaftigkeit, wiewohl ohne sie keine Unterschrift unter einen Vertrag vertrauenswürdig ist. Im Manifest steht deshalb in Art. 10: »Wahrhaftigkeit, Ehrlichkeit und Zuverlässigkeit sind Werte, ohne die nachhaltige und Wohlfahrt fördernde Wirtschaftsbeziehungen nicht gedeihen können. Sie sind Voraussetzungen für die Bildung von Vertrauen im zwischenmenschlichen Miteinander sowie im ökonomischen Wettbewerb. Zudem gilt es, das Recht auf Privatsphäre sowie persönliche oder berufliche Vertraulichkeit zu schützen.« Ähnliches gilt auch von anderen Standards.

Insofern wird dieses Manifest in all den Unternehmen, die sich ihm anschließen, einen *Diskussions- und Reflexionsprozess* auslösen müssen, wenn es Früchte tragen soll. Und ein solcher Prozess sollte auf allen Ebenen geführt werden, nicht abstrakt und theoretisch, sondern in ganz konkreten Situationen des Unternehmensalltags, wenn man eine Unternehmenskultur glaubwürdig und nachhaltig zum Besseren verändern möchte.

Was aber zeichnet das Manifest für ein Globales Wirtschaftsethos aus? Wie kein anderes Dokument dieser Art vereint es drei Charakteristika, die für einen solchen Prozess grundlegend und hilfreich sind: historische Autorität, interkulturelle Gültigkeit, gelebte Humanität. Ich komme hier auf einige wichtige Gesichtspunkte aus vorhergehenden Kapiteln zurück.

Historische Autorität: kein Zufallsprodukt des Zeitgeistes

Wer könnte heutzutage das Rad neu erfinden, das Ethos neu begründen wollen? Die Werte und Standards dieses Manifests sind denn auch keine Erfindungen unserer Tage. Sie stammen vielmehr aus dem *ethischen Erfahrungsschatz der Menschheit*, wie er sich angesammelt hat, seit der Mensch, aus dem Tierreich emporsteigend, durch die Jahrhunderte lernen musste, sich menschlich zu verhalten. Er musste lernen, nicht andere Menschen zu töten, wie er Tiere töten darf (Tötungsverbot), musste lernen, die Fortpflanzung zu regeln (Inzestverbot), musste lernen, die Wahrheit zu sagen und Eigentum zu achten.

Die im Manifest proklamierten Werte und Maßstäbe haben somit die Autorität der oft jahrtausendealten religiösen und ethischen Traditionen der Menschheit hinter sich. In zahllosen Zeugnissen der verschiedenen Kulturen haben sie sich im Laufe der Zeit niedergeschlagen; mit entsprechenden Zitaten könnte man Bände füllen. Das Manifest aber ruft diese Werte und Maßstäbe nicht nur in Erinnerung, sondern wendet sie zugleich konkret und griffig auf die gegenwärtige Situation im Wirtschaftsleben an.

Interkulturelle Gültigkeit: keine provinzielle Initiative

In allen Kulturen waren die Menschen daran interessiert, wichtige Lebensbereiche zu schützen. In erster Linie Leib und Leben, aber auch Besitz, Vertrauen und Geschlechterbeziehungen wurden unter besonderen Schutz der Gemeinschaft gestellt. Werte und Normen wie Gewaltlosigkeit und Ehrfurcht vor dem Leben, Gerechtigkeit und Solidarität, Wahrhaftigkeit und Toleranz, gegenseitige Achtung und Partnerschaft sind also, wie schon in der »Erklärung zum Weltethos« (1993), nicht willkürlich gewählt, sondern in zentralen menschlichen Lebensbereichen strukturell begründet.

Deshalb richtet sich dieses Manifest nicht nur an Wirtschaftsführer, Unternehmer und Investoren. Es richtet sich auch an Kreditgeber, Mitarbeiter, Konsumenten und die jeweiligen Interessenvertreter, also an alle Stakeholder im Wirtschaftsleben. Doch richtet es sich nicht nur an *Personen*, sondern auch an *Institutionen*: an die politischen und staatlichen sowie internationalen Organisationen und Institute. Sie tragen allesamt eine gemeinsame Verantwortung für die Herausbildung und Umsetzung eines Globalen Wirtschaftsethos, einer neuen weltwirtschaftlichen Rahmenordnung, die gemeinsam mit der Politik geschaffen werden muss.

Gelebte Humanität: keine humanistische Theorie

Den genannten Werten und Normen – Gewaltlosigkeit, Gerechtigkeit, Wahrhaftigkeit, Partnerschaft – liegt als Grundprinzip zugrunde das Bemühen um *echte Menschlichkeit*, um Humanität: »Jeder Mensch – ob Mann oder Frau, weiß oder farbig, reich oder arm, jung oder alt – soll menschlich und nicht unmenschlich behandelt werden!« Das Humanitätsprinzip hat in der *Goldenen Regel der Gegenseitigkeit* seine entscheidende Konkretisierung erfahren. Dieses Prinzip der Reziprozität gilt nicht nur für Personen, sondern auch für Gruppen, Gemeinschaften, Ethnien, Nationen, Religionen: »Was du nicht willst, das man dir tut, das tue auch keinem anderen!«

Auf der Linie des UN Global Compact

Der UNITED NATIONS GLOBAL COMPACT ist ein Aufruf der Vereinten Nationen an alle Unternehmen der Welt, sich freiwillig nach zehn allgemein akzeptierten Kriterien in den Bereichen *Menschenrechte, Arbeit, Umwelt und Korruptionsbekämpfung* auszurichten und entsprechend zu handeln. Dadurch sollen die Unternehmen aktiv die Ziele der Vereinten Nationen, vor allem auch die Millennium Development Goals (MDGs) unterstützen. Der Global Compact wurde initiiert durch eine Rede des damaligen UN-Generalsekretärs Kofi Annan am World Economic Forum 1999 vor CEOs großer Firmen: »Ich schlage vor, dass Sie, die Wirtschaftsführer, und wir, die Vereinten Nationen, einen globalen Pakt gemeinsamer Werte und Prinzipien initiieren, um dem globalen Markt ein menschliches Gesicht zu verleihen.«[4] Der 2000 in Kraft getretene Global Compact hat in seinen ersten zehn Jahren gewaltige Fortschritte gemacht. Quantitativ: Bis 2010 haben sich rund 6000 Wirtschaftsunternehmen und 2000 Einrichtungen der Zivilgesellschaft in mehr als 135 Ländern dem Global Compact angeschlossen. Qualitativ: Es wurde ein umfassendes Konzept zur Implementierung (»Blueprint for corporate sustainability leadership«) vorgelegt.

Als Präsident der Stiftung Weltethos hatte ich Gelegenheit, bei der Jubiläumsveranstaltung »UN Global Compact Leadership Summit« im Juni 2010 in New York ein kurzes Votum für die Notwendigkeit eines Weltethos abzugeben, das im ersten Satz das Entscheidende sagte: »The global economic crisis requires a Global Ethic – Die Weltwirtschaftskrise erfordert ein Weltethos«. UN-Generalsekretär BAN KI-MOON erklärte bei dieser Gelegenheit, dass der Global Compact sowohl den Unternehmen wie den Vereinten Nationen genützt habe: »One of the primary challenges ahead is to bring responsible business to true scale – Eine der wichtigsten Herausforderungen, die vor uns liegen, ist es, verantwortlichem Wirtschaften seinen wahren Stellenwert zu verleihen«.

Der vorgelegte »Blueprint« ist höchst anspruchsvoll. Und man wird sich keine Illusionen machen dürfen, dass mit der

Unterschrift unter den Global Compact bereits die Umsetzung in die Praxis gewährleistet sei. Neben den vorhandenen Instrumenten und Ressourcen braucht es den *ethischen Willen aller Akteure*: Ohne die gleichzeitige Realisierung globaler ethischer Prinzipien werden die Kriterien des Global Compact auch keine praktische Umsetzung erfahren.

Die Forderungen des UN Global Compact erhalten so von den Standards des Weltethos her eine vertiefte Begründung und verstärkte Motivation:

– Die Forderung nach Respektierung und Unterstützung der *Menschenrechte* setzt das Prinzip Humanität voraus, das sich auf Rechte und Pflichten bezieht.

– Die Annahme von verantwortungsvollen *Arbeitsstandards* setzt eine grundlegende Einstellung zur Gerechtigkeit und Fairness sowie den ethischen Willen zu einer gerechten Wirtschaftsordnung voraus.

– Der Schutz der *Umwelt* entsprechend dem Vorsorgeprinzip setzt die Ehrfurcht vor allem Leben, auch dem der Tiere und Pflanzen, voraus.

– Der Kampf gegen *Korruption* in all ihren Formen setzt den Willen zu Wahrhaftigkeit und Gerechtigkeit voraus.

Doch man beachte: Auch das Manifest für ein Globales Wirtschaftsethos ist kein Gesetz, das mit Sanktionen durchgesetzt werden soll. Es ist ein *Appell zur Selbstverpflichtung an jede einzelne Person und Institution*, die freilich den Sanktionen des Gewissens unterliegt. Wo verinnerlichte moralische Einsichten dazu führen, dass Menschen aus Eigenmotivation ethisch reflektiert handeln, werden Normen mit Leben gefüllt und nicht nur wegen befürchteter Kontrollen und Sanktionen »Dienst nach Vorschrift« geleistet.

Bevor ich am Ende dieses Buches den Text des Manifests selbst vorstelle, sollen dessen wichtigste Mitautoren, Josef Wieland und Klaus Leisinger, mit ihren zahlreichen Argumenten für dieses Manifest zu Wort kommen.

2. Globales Wirtschaftsethos als transkulturelles Management (Josef Wieland)

Die Notwendigkeit eines solchen Manifests

Der Konstanzer Wirtschaftsethiker Josef Wieland wurde bekannt durch das von ihm entwickelte Konzept der Governanceethik.[5] Er ist überzeugt, dass die Weltwirtschaft ohne ein Minimum an global akzeptierten ethischen Normen, ohne gemeinsame Vorstellungen vom guten Wirtschaften, auf Dauer nicht zum Wohle der Menschen funktionieren kann. Bisher gab es aber nur wenige solcher global akzeptierter Standards. Deshalb kommt dem Manifest für ein Globales Wirtschaftsethos besondere Bedeutung zu, zumal es, wie kein anderes vergleichbares Dokument, an alle an der Weltwirtschaft Beteiligten gerichtet ist, nicht nur an die Unternehmer und Manager.

Wie eine Fußball-Weltmeisterschaft nicht funktionieren kann ohne globale Regeln, die für alle gelten, und ohne Personen und Institutionen, die sie durchsetzen, so ist es auch in der Welt der Wirtschaft. In dieser Situation kommt ein besonderes Gewicht der individuellen Führungskraft zu, dem persönlichen Charakter und der Tugendethik. Die Notwendigkeit der Vorbereitung auf eine moralische Führung und der Beitrag zu einer heraufzuführenden globalen Gesellschaftsordnung ergeben sich als fundamentale Konsequenzen aus diesem Manifest.

Grundprinzip: Humanität

Normativer Bezugspunkt des Manifests ist das Humanitätsprinzip: »Jeder Mensch, unabhängig von Geschlecht, Nationalität, Religion, sozialem Stand etc., soll menschlich behandelt werden.« Damit kommt für Wieland die globale

Perspektive ethischen Handelns in den Blick. Die Moralität gründet zweifellos in einem emotionalen Zugehörigkeitsgefühl zu einer Gruppe oder einer spezifischen Kultursphäre. Doch muss den Menschen bewusst gemacht werden, dass sie darüber hinaus Teil eines kulturübergreifenden Netzwerks sind, Teil einer globalen Welt. Mehr denn je müssen ethische Fragen über gesellschaftliche Grenzen hinweg diskutiert und gelöst werden. Dringender denn je brauchen wir deshalb »transkulturelle« Werte, die von je her von allen Kulturen geteilt werden und die im täglichen Leben heute unverzichtbar sind.

Dazu leistet das Manifest einen einzigartigen Beitrag. Das Humanitätsprinzip – das im Reziprozitätsprinzip (Goldene Regel), aber auch in Prinzipien wie Nachhaltigkeit oder faire Kooperation seinen Niederschlag findet – konkretisiert sich in den Grundwerten Gewaltlosigkeit, Gerechtigkeit, Wahrhaftigkeit und Partnerschaft. Diese wiederum definieren grundlegende Pflichten und Anforderungen an ökonomisches Handeln: angefangen vom Recht auf Entwicklung für alle Beteiligten über nachhaltiges Management, Korruptionsbekämpfung und das Bemühen um soziale Sicherheit bis zu Anerkennung von kultureller Vielfalt und zu vertrauensvollen Geschäftsbeziehungen.

Dies alles geht weit über die heutzutage üblichen Corporate Social Responsibility-, Nachhaltigkeits- oder Compliance-Programme hinaus: »Im Manifest geht es um ein wertegetriebenes Modell des Wirtschaftens, das gewisse Anforderungen an moralische Achtsamkeit im Führungsverhalten stellt, an die Bildung einer Unternehmenskultur und -kommunikation und den Prozess der Implementierung effektiver Regeln und Verfahren in moralisch sensiblen Geschäftsfeldern. Das Manifest verlangt nach einer Governanceethik im wahrsten Sinne des Wortes: Wie sollen wir Unternehmen führen, organisieren und kontrollieren?«[6]

Das gemeinsame Band transkultureller Werte

Für Wieland besteht die Herausforderung des Manifests in der Entwicklung eines Transkulturellen Management-systems (TMS), das an den gemeinsamen ethischen Ressourcen der Kulturen und Nationen anknüpft und nicht an den Unterschieden, ohne diese freilich zu ignorieren. Es geht um die Entwicklung und Bewusstmachung transkultureller Werte, die als gemeinsames Band die kulturellen Unterschiede durchziehen und unterschiedliche Kulturen – Nationalkulturen, Berufskulturen, Unternehmenskulturen, individuelle Kulturen – in einem »Netzwerk der Verschiedenheit« miteinander verbinden. Dies ist ein andauernder Lernprozess im täglichen Geschäftsleben, für den entsprechende Lernprogramme entwickelt werden müssen. Dafür grundlegend sind Bereitschaft und Wille, mit anderen zusammenzuarbeiten.

Die Werte sind auf transkultureller Ebene einzuüben

Erste Adressaten des Manifests sind die Akteure ökonomischen Handelns aller Bereiche, die für ihre ethische Verantwortung sensibilisiert und mit Hilfe professioneller Wertemanagementsysteme geschult werden müssen. Grundlage dafür ist ein Wertekatalog, wobei hier das Manifest, ausgehend vom Prinzip Menschlichkeit, mit seinem kulturverbindenden Ansatz die optimale Voraussetzung bietet. Denn letztlich, so Wieland, haben die dort formulierten Werte ein gemeinsames Ziel: egoistisches und opportunistisches Handeln zu überwinden und Kooperationsbereitschaft zu fördern.

Charakteristika des Manifests

Abschließend fasst Wieland *fünf Charakteristika* des Manifests wie folgt zusammen:

»*Erstens*: Das Manifest zielt auf ein Multi-Stakeholder-Netzwerk. Alle Stakeholder der Wirtschaft tragen gleichermaßen Verantwortung und teilen die moralischen Dilemmata einer globalen Wirtschaft.

Zweitens: Das Manifest zielt auf die Entwicklung eines kooperativen Netzwerks zwischen den Kulturen, das sich auf gemeinsame Prinzipien und Werte stützt, die im Geschäftsalltag geteilt werden. Dieses Netzwerk der Vielfalt akzeptiert Differenz, verbindet sie dabei aber mit einem Band geteilter ethischer Standards. Genau dies macht aus dem Manifest ein Dokument transkultureller Tugendethik.

Drittens: Das Manifest formuliert die Prinzipien und Werte einer individuellen Tugendethik, die sich in Charakter und Haltung der Führungspersönlichkeiten des Wirtschaftslebens ausdrücken muss. Da sich diese Prinzipien und Werte aber aus einer geteilten praktischen Erfahrung in Wirtschaft und Gesellschaft herleiten, müssen sie notwendigerweise auch Ausdruck in Managementsystemen finden, die Anreize und Unterstützung zur Realisierung der moralischen Ansprüche im Alltagsgeschäft bieten.

Viertens: Solche Managementsysteme sind Wertemanagement-Systeme und Transkulturelle Managementsysteme, die die Prinzipien und Basiswerte des Manifests in den Geschäftsalltag einspeisen. Sie tun dies, indem sie die Führungskultur, den individuellen Führungsstil, die Unternehmenskultur, die Art und Weise der Kommunikation und ›the tone from and at the top‹ strukturieren. Dies ist dann die Grundlage, alle wertesensiblen Bereiche eines Geschäfts mit moralisch orientierten Policies und Procedures zu organisieren.

Fünftens: Die Entwicklung von global akzeptierten und transkulturellen Normen guten geschäftlichen Verhaltens legt die Priorität auf gemeinsame Erfahrung und gemeinsames Handeln. Dies wird ein gemeinsames Verständnis schaffen, mithilfe dessen die Dilemmata universalistischer bzw. relativistischer Wertekonzeptionen überwunden werden können.«[7]

3. Unternehmerische Verantwortung im Licht der Erwartungen moderner Gesellschaften (Klaus Leisinger)

KLAUS LEISINGERs besondere Kompetenz liegt in der Verbindung von praktischen Unternehmenserfahrungen mit intensivem wissenschaftlichem Arbeiten.[8] Als ein überzeugter Vertreter der öko-sozialen Marktwirtschaft will er die Effizienz des Marktes mit den Prinzipien des sozialen Ausgleichs und der ökologischen Verträglichkeit verbinden. Nur so könne die Marktwirtschaft gesellschaftliche Akzeptanz finden, auf die sie in unserer Zeit mehr denn je angewiesen sei. Deshalb tritt er ein für die Forderungen des UN Global Compact und für eine Unternehmenskultur, in der bestimmte ethische Normen »selbstverständlich« befolgt werden aufgrund einer persönlichen Affinität zu diesen Normen. Worin aber zeigt sich die unternehmerische Verantwortung?

Keinen Schaden anrichten – das Richtige tun

Die Unternehmensverantwortung sieht Leisinger zunächst in der elementaren *Pflicht, keinen Schaden anzurichten* (keine Gesundheitsschädigung, Ausbeutung, Umweltzerstörung ...). Diesbezüglich die Gesetze beachten (Compliance) reicht natürlich nicht aus. Auch legales Handeln, das als illegitim angesehen wird, weil es bestimmten ethischen Standards zuwiderläuft, muss vermieden werden. Dazu reichen Unternehmensrichtlinien nicht aus, es sollten vielmehr auf allen Hierarchieebenen die moralische Reife und Zivilcourage des Einzelnen gefördert werden.

Insofern geht es in der Unternehmensverantwortung darum, nicht nur Schaden zu vermeiden, sondern *das Richtige zu tun*. Das Management soll nicht nur »die Dinge richtig tun«, sondern »die richtigen Dinge tun«. Ein Unternehmen kann freilich nicht alle Erwartungen erfüllen und etwa für die Lösung globaler Probleme wie Armut und Krankheiten in den Entwicklungsländern zur Verantwortung gezogen werden. Wohl aber kann und soll es sich bemühen, im Wettbewerb zu bestehen und zugleich die Integrität zu wahren: »Zum Besten von Wirtschaft und Gesellschaft muss es ein Gleichgewicht der Interessen geben, müssen rein marktwirtschaftliche Elemente mit sozialen und ökologischen ergänzt werden.«

Vertrauenskrise in die Integrität von Menschen und Institutionen

Klaus Leisinger versteht die gegenwärtige Finanz- und Wirtschaftskrise »trotz aller ökonomischen Schäden und sozialen Belastungen mehr als alles andere als eine Vertrauenskrise in die tragenden wirtschaftlichen und ordnungspolitischen Institutionen und in die Integrität ihres Führungspersonals.«[9] Von daher drängt sich die Frage auf: wie ist das »Vertrauen in die Integrität von Menschen und Institutionen wieder zu gewinnen«?

Deshalb sei eine Analyse der ethischen Ursachen-Komponenten nicht zu umgehen, wozu die Frage gehört: »Wie finden wir die vom Wertekompass her ›richtigen‹ Menschen für die Verantwortungs- und Führungsbereiche, die das ›richtige

Maß‹ zwischen den betriebswirtschaftlichen Erfordernissen und ethischen Anforderungen kennen und in der Praxis nach bestem Wissen und Gewissen anstreben?«[10]

Die Praxis der Auswahlprozesse im Unternehmen

Für das »Management-Development« empfiehlt Leisinger deshalb einige institutionelle Vorkehrungen. Zur Leistungsbeurteilung seien neben betriebswirtschaftlichen und technischen Bewertungs- und Anreizkriterien langfristig wirksame Corporate Responsibility Elemente zu berücksichtigen: moralische Integrität, soziales Bewusstsein und zwischenmenschliche Achtsamkeit: »Wenn diejenigen, die durch verantwortungslose Mittel und Wege ihren geschäftlichen Erfolg erzielen, in der Regel wegen ihrer guten kurzfristigen betriebswirtschaftlichen Performanz befördert oder finanziell belohnt werden, werden Signale in das Unternehmen gegeben, die andere Anstrengungen zur Erhöhung der moralischen Qualität unternehmerischen Handelns weitgehend nutzlos machen. Kollegen und Mitarbeiter sehen genau hin, wer befördert wird, und haben ein gutes Gefühl für das, was sich karrieremäßig zu ›lohnen‹ scheint. Alle unternehmensethischen Reflexionen und die Anmahnung daraus abgeleiteter Pflichten bewirken letztlich wenig, wenn es nicht gelingt, die Struktur der Zielsetzungsinhalte, Mitarbeiterbeurteilungskriterien und Anreizsysteme in Unternehmen derart zu ändern, dass das moralisch gebotene Handeln sich auch unter egoistischen Gesichtspunkten lohnt, weil alle nach den neuen Normen handeln – kurz, wenn es nicht gelingt, dafür zu sorgen, dass der ›Gute‹ nicht der ›Dumme‹ ist.[11]

Deshalb nehme man sich Zeit für Einstellungen und Beförderungen: »Über einen längeren Zeitraum, in unterschiedlichen Handlungssituationen und unter zeitlichem und Ressourcenstress werden sich allerdings der ›wahre‹ Charak-

ter und die ›echte‹ Persönlichkeit offenbaren – ethisch reflek-
tiertes Handeln ist ein Prozess, kein singulärer Anlass.«[12]

Ethikausbildung mit Fallstudien

Gerade international tätige Unternehmen müssen sich auf
eine identitätserhaltende, ethische Wertebasis besinnen
und diese in internen Kursen weitervermitteln. Unternehmen sollten sich durch Personal- und Beförderungspolitik
Führungspersönlichkeiten mit einer Urteilsbildung sichern,
die auf sittlich verantworteter Güterabwägung und nicht
auf blinder Unterwerfung unter bestehende Regeln beruht.
Wertvoll sind Fallstudien, die gerade auch Fehlentscheide
sowohl anderer wie auch des eigenen Unternehmens analysieren und ethisch reflektieren. So soll mit dem Glauben
aufgeräumt werden, eine bestimmte unmoralische Aktivität
helfe der Firma und diese würde deshalb stillschweigend darüber hinwegsehen.

Zur Unterscheidung von »cleverem« und unethischem Verhalten

Weil unethisch handelnde Führungskräfte glauben, die betreffende Aktivität liege gerade noch innerhalb der ethischen
und juristischen Grenzen, empfiehlt Klaus Leisinger, zur Unterscheidung zwischen »cleverem« und unethischem Handeln drei einfache Fragen zu stellen:
»– Können Sie Ihre Entscheidung ohne Mühe und kosmeti-
sche Korrekturen Ihrer Familie oder guten Freunden plausibel machen?
– Würden Sie sich wohl fühlen, wenn über Ihre Entscheidung sowie deren Hintergründe und Auswirkungen offen in
einem Nachrichtenmagazin der Presse oder des Fernsehens
berichtet würde?

– Könnten Sie die von Ihnen gefällte Entscheidung auch als gerecht und angemessen akzeptieren, wenn sie von Ihrem Vorgesetzten gefällt worden wäre und Sie selbst von deren Auswirkungen betroffen wären?«[13]

Klaus Leisinger ist überzeugt, dass gerade Mitglieder des Top-Managements den richtigen (oder falschen) »Ton« in einem Unternehmen angeben und anderen als Vorbilder für gutes persönliches und unternehmerisches Verhalten dienen. Sie können Signale innerhalb und außerhalb des Unternehmens aussenden, dass ethische Gesichtspunkte wichtig sind und sie darauf achten. Die Managerethik habe einen »immensen Einfluss auf die Schaffung einer kohärenten Moral Community«.[14]

Damit dürfte verdeutlicht worden sein, was das Manifest will. Es soll nun im Originaltext vorgestellt werden. Es findet sich jedoch auch im Internet in mehreren Sprachen unter www.globaleconomicethic.org.

4. Das Manifest »Globales Wirtschaftsethos – Konsequenzen für die Weltwirtschaft«

Präambel

Die Globalisierung des wirtschaftlichen Handelns wird nur dann zum allgemeinen und nachhaltigen Wohlstand und Vorteil aller Völker und ihrer Volkswirtschaften führen, wenn sie auf die beständige Kooperationsbereitschaft und werteorientierte Kooperationsfähigkeit aller Beteiligten und Betroffenen bauen kann. Das ist eine der grundlegenden Lehren der weltweiten Krise der Finanz- und Gütermärkte.

Die Kooperation aller Beteiligten und Betroffenen wird nur dann verlässlich gelingen, wenn das Streben aller nach

Realisierung des legitimen Eigeninteresses und nach gesellschaftlicher Wohlfahrt eingebettet ist in globale ethische Rahmenbedingungen, die allgemein als gerecht und fair akzeptiert werden. Eine solche Verständigung über global akzeptierte Normen wirtschaftlichen Handelns und Entscheidens, über ein Ethos der Wirtschaftens, existiert erst in ersten Anfängen.

Ein globales Wirtschaftsethos, also gemeinsame fundamentale Vorstellungen über Recht, Gerechtigkeit und Fairness, baut auf moralischen Prinzipien und Werten auf, die seit alters her von allen Kulturen geteilt und durch gemeinsame praktische Erfahrung getragen werden.

Wir alle in unseren Funktionen als Unternehmer, Investoren, Kreditgeber, Mitarbeiter, Konsumenten und unsere jeweiligen Interessensverbände in allen Ländern der Welt tragen gemeinsam mit politischen und staatlichen sowie internationalen Organisationen und Institutionen wesentliche Verantwortung für die Herausbildung und Umsetzung eines solchen globalen Wirtschaftsethos.

Aus diesen Gründen unterstützen die Unterzeichner diese

Erklärung zu einem Globalen Wirtschaftsethos.

In dieser Erklärung werden die grundlegenden Prinzipien und Werte einer globalen Wirtschaft deklariert, so wie sie sich aus der Erklärung des Parlaments der Weltreligionen zum Weltethos (Chicago 1993) ergeben. *Die in dieser Erklärung ausgesprochenen Prinzipien können von allen Menschen mit ethischen Überzeugungen, religiös begründet oder nicht, mitgetragen werden.* Die Unterzeichner verpflichten sich, sich von Buchstaben und Geist dieser Erklärung in ihrem alltäglichen wirtschaftlichen Entscheiden, Handeln und Verhalten leiten zu lassen und sie so mit Leben zu erfüllen. Diese Erklärung zu einem Globalen Wirtschaftsethos nimmt die

Gesetzlichkeiten von Markt und Wettbewerb ernst, will diese aber zum Wohl aller auf eine ethische Grundlage stellen. Gerade die Erfahrungen in der Krise des Wirtschaftslebens unterstreichen die Notwendigkeit international akzeptierter ethischer Prinzipien und moralischer Standards, die im Geschäftsalltag mit Leben erfüllt werden können und müssen.

I. Das Prinzip der Humanität

Ethischer Bezugsrahmen: *Unterschiede zwischen den kulturellen Traditionen dürfen kein Hindernis sein, sich gemeinsam aktiv für den Respekt, den Schutz und die Erfüllung der Menschenrechte einzusetzen. Jeder Mensch – ohne Unterschied von Alter, Geschlecht, Rasse, Hautfarbe, körperlicher oder geistiger Fähigkeit, Sprache, Religion, politischer Anschauung, nationaler oder sozialer Herkunft – besitzt eine unveräußerliche und unantastbare Würde. Alle, der Einzelne wie der Staat, sind deshalb verpflichtet, diese Würde zu achten und ihren wirksamen Schutz zu garantieren. Auch in Wirtschaft, Politik und Medien, in Forschungsinstituten und Industrieunternehmen soll der Mensch immer Rechtssubjekt und Ziel sein, nie bloßes Mittel, nie Objekt der Kommerzialisierung und der Industrialisierung.*

Das Grundprinzip eines anzustrebenden Globalen Wirtschaftsethos ist Humanität. Sie soll ethischer Maßstab des wirtschaftlichen Handelns sein und konkretisiert sich in den folgenden Leitlinien für ein Wert schaffendes und an Werten orientiertes Wirtschaften zu allgemeinem Nutzen:

Artikel 1

Ethisches Ziel und zugleich gesellschaftliche Bedingung eines nachhaltigen ökonomischen Handelns ist es, für alle Men-

schen Rahmenbedingungen zu schaffen zur dauerhaften De-
ckung ihrer Grundbedürfnisse und für ein Leben in Würde.
Daher ist bei wirtschaftlichen Entscheidungen als oberstes
Gebot der Humanität darauf zu achten, dass sie die Herausbildung und Entwicklung derjenigen individuellen Ressourcen und Kompetenzen fördern, die notwendig sind für
eine menschliche Entwicklung und ein gutes Miteinander.

Artikel 2

Humanität gedeiht nur in einer Kultur des Respekts vor dem
Individuum. Die Würde und Selbstachtung aller Menschen,
seien es nun Vorgesetzte, Mitarbeiter, Geschäftspartner, Kunden oder andere Interessensträger, sind unverletzlich. Sie dürfen weder durch individuelle Verhaltensweisen noch durch
unwürdige Geschäfts- und Arbeitsbedingungen missachtet
werden. Die Ausbeutung und Ausnutzung von Abhängig-
keiten und die willkürliche Diskriminierung von Menschen
sind unvereinbar mit dem Prinzip der Humanität.

Artikel 3

Gutes zu fördern und Böses zu meiden ist eine Menschen-
pflicht, die als moralischer Maßstab auch an wirtschaftliches
Entscheiden und Handeln angelegt werden muss. Eigeninteressen zu verfolgen ist legitim, doch das Suchen des eigenen
Vorteils durch eine gezielte Schädigung des Partners, also
mit unethischen Mitteln, ist unvereinbar mit einem nachhaltigen Wirtschaften zum wechselseitigen Vorteil.

Artikel 4

*Was du nicht willst, das man dir tut, das füg' auch keinem
anderen zu.* Diese seit Jahrtausenden in allen religiösen und

humanistischen Traditionen bekannte *Goldene Regel* der Gegenseitigkeit fordert wechselseitige Verantwortlichkeit, Solidarität, Fairness, Toleranz und Achtung von allen Akteuren ein. Solche Haltungen oder Tugenden sind Grundsäulen eines globalen Wirtschaftsethos. Fairness im Wettbewerb und Kooperation zum wechselseitigen Nutzen sind grundlegende Prinzipien einer sich nachhaltig entwickelnden Weltökonomie, die im Einklang mit der *Goldenen Regel* stehen.

II. Grundwerte für globales Wirtschaften

Die folgenden Grundwerte für globales Wirtschaften entwickeln das Grundprinzip der Humanität weiter und geben Empfehlungen für das Entscheiden, Handeln und Verhalten im praktischen Wirtschaftsleben.

Grundwerte Gewaltlosigkeit und Achtung vor dem Leben

Ethischer Bezugsrahmen: *Wahrhaft Mensch sein heißt im Geist der großen religiösen und ethischen Traditionen, rücksichtsvoll und hilfsbereit zu sein, und zwar im privaten wie im öffentlichen Leben. Jeder Mensch, jedes Volk, jede Rasse und jede Religion soll den anderen Toleranz, Respekt, gar Hochschätzung entgegenbringen. Minderheiten – sie seien rassischer, ethnischer oder religiöser Art – bedürfen des Schutzes und der Förderung durch die Mehrheit.*

Artikel 5

Alle Menschen haben die Pflicht, das Recht auf Leben und auf seine Entfaltung zu achten. Die Ehrfurcht vor dem menschlichen Leben ist ein besonders hohes Gut. Jede Form von Gewalt als Mittel zum wirtschaftlichen Zweck ist abzulehnen. Sklavenarbeit, Zwangsarbeit, Kinderarbeit, körperliche Züchtigung sowie andere Formen der Verletzung international anerkannter Normen des Arbeitsrechts müssen zurückgedrängt und abgeschafft werden. Alle Wirtschaftsakteure müssen in erster Linie den Schutz der Menschenrechte in ihren eigenen Organisationen sicherstellen. Sodann müssen sie alle Anstrengungen unternehmen, dass sie in ihrem Einflussbereich nicht zu Menschenrechtsverletzungen ihrer Geschäftspartner oder anderer Parteien beitragen oder gar von ihnen profitieren.

Die gesundheitliche Beeinträchtigung von Menschen durch defizitäre Arbeitsbedingungen ist zu vermeiden. Arbeitssicherheit nach dem Stand der Technik, Produktsicherheit und die Unschädlichkeit der Produkte für die menschliche Gesundheit sind grundlegende Anforderungen einer Kultur der Gewaltlosigkeit und Achtung vor dem Menschen.

Artikel 6

Der nachhaltige Umgang mit der natürlichen Umwelt des Menschen durch alle Teilnehmer am Wirtschaftsleben ist ein hoher Wert des wirtschaftlichen Handelns. Die Verschwendung von natürlichen Ressourcen und die Verschmutzung der Umwelt sind durch Ressourcen sparende Verfahren und umweltschonende Technologien zu minimieren. Zukunftsfähige, möglichst erneuerbare Energie, sauberes Wasser und unverschmutzte Luft sind Elementarbedingungen des Lebens überhaupt, zu denen jeder Mensch Zugang haben muss.

Grundwerte Gerechtigkeit und Solidarität

Ethischer Bezugsrahmen: *Wahrhaft menschlich sein heißt im Geist der großen religiösen und ethischen Traditionen: Wirt-*

schaftliche und politische Macht darf nicht zum rücksichtslo-
sen Kampf um Herrschaft missbraucht werden, sie ist vielmehr
für den Dienst an den Menschen zu gebrauchen. Eigeninter-
esse und Wettbewerb dienen der Entwicklung der Leistungs-
fähigkeit und der Wohlfahrt aller Beteiligten. Daher sollen der
gegenseitige Respekt, der vernünftige Interessenausgleich, der
Wille zur Vermittlung und zur Rücksichtnahme herrschen.

Artikel 7

Recht und Gerechtigkeit bilden füreinander Voraussetzungen. Verantwortung, Rechtschaffenheit, Transparenz und
Fairness sind Grundwerte eines Wirtschaftslebens, das von
Rechtstreue und Integrität gekennzeichnet ist. Die Einhaltung des je geltenden nationalen und internationalen Rechts
ist eine Pflicht für alle Wirtschaftsakteure. Wo es Defizite in
der Qualität oder der Erzwingung der Rechtsnormen eines
Landes gibt, sind diese durch Selbstverpflichtungen und
Selbstkontrolle auszugleichen; keinesfalls dürfen sie zu Ge-
winnzwecken ausgenutzt werden.

Artikel 8

Das Erzielen von Gewinn ist die Voraussetzung für die Wett-
bewerbsfähigkeit und den Bestand der Unternehmen und
damit für dessen soziales und kulturelles Engagement. Korruption aber schadet dem Gemeinwohl, der Wirtschaft und
den Menschen, weil sie systematisch zur Fehlallokation und
zur Verschwendung von Ressourcen führt.

Die Zurückdrängung und Abschaffung aller korrupten
und unlauteren Praktiken, wie etwa Bestechung und Kar-
tellabsprachen, Patentverletzung und Industriespionage,
erfordern ein präventives Engagement, das Pflicht für alle
Handelnden in der Wirtschaft ist.

Artikel 9

Die Überwindung von Hunger und Unwissenheit, Armut und Ungleichheit der Lebenschancen in allen Ländern des Globus ist ein großes Ziel einer Gesellschafts- und Wirtschaftsordnung, die auf Chancengleichheit, Verteilungsgerechtigkeit und Solidarität zielt. Selbsthilfe und Fremdhilfe, Subsidiarität und Solidarität, privates und öffentliches Handeln sind je zwei Seiten einer Medaille. Sie konkretisieren sich vor allem in privaten und öffentlichen Investitionen im Wirtschaftssektor, aber auch in privaten und öffentlichen Initiativen zur Schaffung von Institutionen, die der Bildung aller Bevölkerungsteile und dem Aufbau eines Systems sozialer Sicherheit dienen. Grundlegendes Ziel all dieser Bestrebungen ist eine menschliche Entwicklung, die auf Förderung all jener Kompetenzen und Ressourcen abzielt, mit denen Menschen befähigt werden, ein selbstbestimmtes und menschenwürdiges Leben zu führen.

Grundwerte Wahrhaftigkeit und Toleranz

Ethischer Bezugsrahmen: *Wahrhaft Mensch sein heißt im Geist der großen religiösen und ethischen Traditionen: Statt Freiheit mit Willkür und Pluralismus mit Beliebigkeit zu verwechseln, der Wahrheit Geltung zu verschaffen; statt in Unehrlichkeit, Verstellung und opportunistischer Anpassung zu leben, den Geist der Integrität und Wahrhaftigkeit auch in den alltäglichen Beziehungen zwischen Mensch und Mensch zu pflegen.*

Artikel 10

Wahrhaftigkeit, Ehrlichkeit und Zuverlässigkeit sind Werte, ohne die nachhaltige und Wohlfahrt fördernde Wirtschaftsbeziehungen nicht gedeihen können. Sie sind Voraussetzungen für die Bildung von Vertrauen im zwischenmenschlichen Miteinander sowie im ökonomischen Wettbewerb. Zudem gilt es, das Recht auf Privatsphäre sowie persönliche oder berufliche Vertraulichkeit zu schützen.

Artikel 11

Die Vielfalt der kulturellen und politischen Überzeugungen, wie auch der individuellen Begabungen und der Kompetenzen von Organisationen sind eine mögliche Quelle der globalen Wohlfahrt. Ihre Kooperation zum wechselseitigen Vorteil setzt die Akzeptanz gemeinsamer Werte und Normen, gemeinsames Lernen und Toleranz gegenüber Anderssein voraus. Die Diskriminierung von Menschen wegen ihres Geschlechts, ihrer Rasse, ihrer Nationalität oder ihres Glaubens ist unvereinbar mit den Prinzipien eines globalen Wirtschaftsethos. Menschenverachtendes und Menschenrechtsverletzendes Handeln ist nicht zu tolerieren.

Grundwerte gegenseitige Achtung und Partnerschaft

Ethischer Bezugsrahmen: *Wahrhaft Mensch sein heißt im Geiste der großen religiösen und ethischen Traditionen: statt patriarchaler Beherrschung oder Entwürdigung, die Ausdruck von Gewalt sind und oft Gegengewalt erzeugen, gegenseitige Achtung, Verständnis, Partnerschaftlichkeit. Jeder und jede Einzelne hat nicht nur eine unverletzliche Würde und unveräußerliche Rechte; alle Menschen haben auch eine unabweisbare Verantwortung für das, was sie tun und nicht tun.*

Artikel 12

Wechselseitige Achtung und Partnerschaft der Beteiligten, gerade auch von Mann und Frau, ist sowohl Voraussetzung als auch Ergebnis wirtschaftlicher Kooperation. Sie basiert auf Respekt, Fairness und Aufrichtigkeit gegenüber dem Anderen, seien es nun die Verantwortlichen der Unternehmen, die Mitarbeiter, die Kunden oder andere Interessensträger. Achtung und Partnerschaft sind die unverzichtbare Basis, auf der auch die nicht intendierten negativen Konsequenzen wirtschaftlicher Interaktionen als gemeinsames Dilemma aller Involvierten akzeptiert und im gemeinsamen Bemühen aufgelöst werden können.

Artikel 13

Partnerschaft findet ihren Ausdruck auch in der Möglichkeit zur Teilhabe am Leben, den Entscheidungen und den Erträgen der Wirtschaft. Diese variiert je nach den kulturellen Voraussetzungen und den ordnungspolitischen Rahmenbedingungen eines Wirtschaftsraumes. Das Recht sich zusammenzuschließen und kollektiv seine Interessen verantwortungsbewusst wahrzunehmen ist jedoch ein Mindeststandard, der überall anzuerkennen ist.

Schluss

Alle Akteure sollen die international akzeptierten Verhaltensnormen des Wirtschaftslebens respektieren, schützen und an deren Verwirklichung im Rahmen ihrer Einflusssphäre mitwirken. Grundlegend dafür sind die von den Vereinten Nationen (UN) im Jahre 1948 proklamierten und inzwischen global anerkannten Menschenrechte und Menschenpflichten. Andere globale Leitlinien anerkannter transnationaler Institutionen, wie etwa der »Global Compact« der Vereinten Nationen, die »Declaration on Fundamental Principles and Rights at Work« der International Labour Organization (ILO), die »Rio Declaration on Environment and Development« und die UN »Convention Against Corruption«, um nur einige zu nennen, stimmen überein mit den in dieser Erklärung festgehaltenen Erfordernissen eines globalen Wirtschaftsethos.

Tübingen, 1. April 2009

Erstunterzeichner

A.T. Ariyaratne, Gründer-Präsident, Sarvodaya Bewegung, Sri Lanka

Leonardo Boff, Theologe und Schriftsteller, Brasilien

Michel Camdessus, Gouverneur honoraire der Banque de France

Walter Fust, CEO, Global Humanitarian Forum

Prinz El Hassan bin Talal, Jordanien

Margot Kässmann, Landesbischöfin von Hannover und Vorsitzende des Rates der Evangelischen Kirche in Deutschland

Georg Kell, Executive Director, UN Global Compact Office

Samuel Kobia, Generalsekretär des Ökumenischen Rats der Kirchen

Hans Küng, Präsident der Stiftung Weltethos

Karl Lehmann, Kardinal, Bischof von Mainz

Klaus M. Leisinger, CEO, Novartis Stiftung

Peter Maurer, Botschafter und ständiger Vertreter der Schweiz bei den Vereinten Nationen

Mary Robinson, Präsidentin von Realizing Rights: The Ethical Globalization Initiative

Jeffrey Sachs, Direktor, The Earth Institute, Columbia University

Juan Somavia, Generaldirektor der Internationalen Arbeitsorganisation (ILO)

Desmond Tutu, em. Erzbischof, Friedensnobelpreisträger

Daniel Vasella, CEO, Novartis International

Tu Weiming, Professor für Philosophie, Harvard Universität und Peking Universität

Patricia Werhane, Professorin für Wirtschaftsethik, University of Virginia, Darden School of Business and DePaul University

James D. Wolfensohn, ehemaliger Präsident der Weltbank

Carolyn Woo, Dekanin, Mendoza College of Business University of Notre Dame

Die Erklärung wurde verfasst von einer Arbeitsgruppe der Stiftung Weltethos:

Prof. Dr. Heinz-Dieter Assmann (Universität Tübingen)

Dr. Wolfram Freudenberg (Freudenberg-Gruppe)

Prof. Dr. Klaus Leisinger (Novartis Stiftung)

Prof. Dr. Hermut Kormann (Voith AG)

Prof. Dr. Josef Wieland (Federführung, Hochschule Konstanz)

Prof. h.c. Karl Schlecht (Putzmeister AG)

Von der Stiftung Weltethos:

Prof. Dr. Hans Küng (Präsident)

Prof. Dr. Karl-Josef Kuschel (Vizepräsident)

Dr. Stephan Schlensog (Generalsekretär)

Dr. Günther Gebhardt (Wissenschaftlicher Koordinator)

Anmerkungen

I. Krise der Weltwirtschaft: Globalisierung im Zwielicht

1 Dies forderten bereits vor 15 Jahren: **D. de Pury – H. Hauser – B. Schmid** (Hrsg.), Mut zum Aufbruch. Eine wirtschaftspolitische Agenda für die Schweiz, Zürich 1995, S. 13.

2 Vgl. **H.-P. Martin – H. Schumann**, Die Globalisierungsfalle. Der Angriff auf Demokratie und Wohlstand, Hamburg 1996, S. 317. Wie kontrovers die Globalisierung eingeschätzt wird, zeigen zwei Bücher renommierter Autoren: **P. Krugman**, Der Mythos vom globalen Wirtschaftskrieg, Frankfurt/M. 1999; **G. Steingart**, Weltkrieg um Wohlstand: Wie Macht und Reichtum neu verteilt werden, München 2006.

3 **N. Kloten**, Vortrag am 17. Juni 1995 in Reutlingen (Manuskript).

4 **G. Soros**, »Ich bin kein Spieler«. Super-Spekulant George Soros über Milliardengier und seine Angst vor einem Crash des Weltfinanzsystems, in: Der Spiegel Nr. 24/1996. Vgl. **ders.**: The new paradigm for financial markets: the credit crisis of 2008 and what it means, New York 2008; dt.: Das Ende der Finanzmärkte – und deren Zukunft. Die heutige Finanzkrise und was sie bedeutet, München 2008.

5 Zur Klärung der vielfach verwirrenden Terminologie hat mir seinerzeit geholfen **J. Starbatty**, Soziale Marktwirtschaft als Forschungsgegenstand: Ein Literaturbericht, erschienen 1997 in der Festschrift zu Ludwig Erhards 100. Geburtstag 1997.

6 Vgl. **R. de Weck**, Nach der Krise. Gibt es einen anderen Kapitalismus?, München 2009.

7 Vgl. **H.-O. Henkel**, Die Abwracker. Wie Zocker und Politiker unsere Zukunft verspielen«, München 2009. Bemerkenswert ähnlich schon fünfzehn Jahre vor Henkel der Titel eines Buches der beiden Wirtschaftsjournalisten **F. Bräuninger – M. Hasenbeck**, Die Abzocker. Selbstbedienung in Politik und Wirtschaft,

Düsseldorf 1994. Auf S. 14: Noch nie in der deutschen Wirtschaftsgeschichte »wurden so viele Topmanager des Betruges, der Korruption, Selbstbereicherung und Großmannssucht auf Kosten ihrer Firmen und Aktionäre überführt wie in den letzten Jahren.« Nicht weniger bemerkenswert ist, dass die beiden im Gegensatz zu Henkel als »tiefere Ursachen« diagnostizieren: »Allgemeiner Werteverlust, das Fehlen moralischer Prinzipien und geeigneter Vorbilder« (S. 368).

8   So **H.-O. Henkel**, Die Ethik des Erfolgs. Spielregeln für die globalisierte Gesellschaft, München 2004, S. 209-212; der Verfasser verrät keine Kenntnis meines Buches »Weltethos für Weltpolitik und Weltwirtschaft«, welches die Grundlage bildete für jenes Baden-Badener Symposion der Stiftung Weltethos über »Globale Unternehmen und globales Ethos« 2001, von dem Henkel ein äußerst schiefes Bild zeichnet und von dem noch die Rede sein wird.

II. Marktwirtschaft pur?

1   Eine hilfreiche, historisch orientierte Einführung in die Wirtschaftswissenschaft bieten verschiedene Experten in **J. Starbatty** (Hrsg.), Klassiker des ökonomischen Denkens, Bd. I, Von Platon bis John Stuart Mill; und Bd. II, Von Karl Marx bis John Maynard Keynes, München 1989.

2   Vgl. **H. Küng**, Weltethos für Weltpolitik und Weltwirtschaft, Kap. A, II, 2-3.

3   Vgl. besonders **L. v. Mises**, Nationalökonomie. Theorie des Handelns und Wirtschaftens, Genf 1940.

4   Vgl. **F. A. v. Hayek**, The Road to Serfdom, London 1944, [3]1976; dt.: Der Weg zur Knechtschaft, Zürich 1945, München [2]1971.

5   Vgl. **J. M. Keynes**, The Economic Consequences of the Peace, London 1919, 1971; dt.: Die wirtschaftlichen Folgen des Friedensvertrages, München 1920; **ders.**, A Revision of the Treaty. Being a Sequel to the Economic Consequences of the Peace, London 1922, 1971; dt.: Revision des Friedensvertrages. Eine Fortsetzung von »Die wirtschaftlichen Folgen des Friedensver-

trages«, München 1922.

6 Vgl. **ders.**, The End of laissez-faire, Cambridge 1926; dt.: Das Ende des laissez-faire. Ideen zur Verbindung von Privat- und Gemeinwirtschaft, München 1926.

7 Vgl. **ders.**, The General Theory of Employment, Interest and Money, London 1936, 1973; dt.: Allgemeine Theorie der Beschäftigung, des Zinses und des Geldes, München 1936, Berlin [6]1983.

8 Vgl. **J. K. Galbraith**, The Affluent Society, London 1958, 2., überarb. Ausgabe Harmondsworth 1977; dt.: Gesellschaft im Überfluss, München 1959; aus einer mehr persönlichen Perspektive **ders.**, A Journey Through Economic Time. A Firsthand View, Boston 1994; dt.: Die Geschichte der Wirtschaft im 20. Jahrhundert. Ein Augenzeuge berichtet, Hamburg 1995.

9 »Womöglich – das wäre aber ein eigenes Thema – müsste für die wirtschaftswissenschaftliche Forschung in ihrer derzeit vorherrschenden formal-mathematischen Ausrichtung gelten, dass eine Umkehr auf diesem Wege ein Fortschritt wäre. Zugleich könnte sich herausstellen, dass die anthropologisch geprägten Arbeiten besonders von Röpke, Rüstow und Müller-Armack höchst modern wären« (**J. Starbatty**, Soziale Marktwirtschaft S. 7).

10 **M. Friedman**, Capitalism and Freedom, Chicago 1962; dt.: Kapitalismus und Freiheit, Stuttgart 1971, zitiert nach der Originalausgabe S. 12.

11 Vgl. **ders.**, »Das ganze Sozialsystem ist falsch«, Gespräch in: Der Spiegel Nr. 3, 1982.

12 Vgl. dazu **W. R. Copland**, Economic Justice. The Social Ethics of U. S. Economic Policy, Nashville/Tenn. 1988.

13 **M. Friedman**, Capitalism, S. 12.

14 AaO S. 2.

15 Vgl. **ders.**, The Social Responsibility of Business Is to Increase Its Profits, in: New York Times Magazine vom 13. 9. 1970, wiederabgedruckt in: **T. Donaldson – P. H. Werhane** (Hrsg.), Ethical Issues in Business. A Philosophical Approach, Englewood Cliffs [3]1988, S. 217-223.

16 Vgl. **K. Polanyi**, The Great Transformation, New York 1944; dt.: The Great Transformation. Politische und ökonomische

Ursprünge von Gesellschaften und Wirtschaftssystemen, Wien 1977.

17 Vgl. **A. Smith**, An Inquiry into the Nature and Causes of the Wealth of Nations (London 1776), Oxford 1976; dt.: Der Wohlstand der Nationen. Eine Untersuchung seiner Natur und seiner Ursachen, München ⁴1988.

18 Vgl. **ders.**, The Theory of Moral Sentiments (London 1759), Oxford 1976; dt.: Theorie der ethischen Gefühle, 2 Bde., Leipzig 1926, Hamburg 1985, 2004.

19 **Ders.**, Theorie der ethischen Gefühle, Hamburg 1985, S.1f.

20 AaO S. 203f. »When the happiness or misery of others depends in any respect upon our conduct, we dare not, as self-love might suggest to us, prefer the interest of one to that of many.«

21 **K. Polanyi**, The Great Transformation, S. 88f.

22 Vgl. **H. Küng**, Weltethos für Weltpolitik und Weltwirtschaft, Kap. B, I, 3 (S. 237-247). Dort habe ich zur Illustration der nachfolgenden Thesen das »amerikanische Modell«, wie es sich unter den Administrationen von Reagan und Bush sen. (1981-92) präsentierte, analysiert und illustriert.

23 **Z. Brzezinski**, Out of Control. Global Turmoil on the Eve of the 21st Century, New York 1993; dt.: Macht und Moral. Neue Werte für die Weltpolitik, Hamburg 1994, S. 124; folgende Zitate S. 124-129.

24 Vgl. **R. de Weck**, Nach der Krise. Gibt es einen anderen Kapitalismus?, München 2009.

25 AaO S. 112. Wie die ökosoziale Marktwirtschaft in der heutigen politischen Lage Deutschlands ganz praktisch weiterentwickelt werden kann, zeigt in eindrücklicher Weise der langjährige Ministerpräsident von Baden-Württemberg, **Erwin Teufel**, in seinem Buch »Maß und Mitte. Mut zu einfachen Wahrheiten«, Lahr/Schwarzwald 2006.

III. Marktwirtschaft sozial?

1 Vgl. **T. Eschenburg**, Aus persönlichem Erleben: Zur Kurzfassung der Denkschrift 1943/44, in: **L. Erhard**, Kriegsfinanzie-

rung und Schuldenkonsolidierung. Faksimiledruck der Denkschrift von 1943/44, Frankfurt 1977, S. XV-XXI.

2 Vgl. **K. Hildebrand**, Art. Erhard, in: Staatslexikon, Bd. II, Freiburg [7]1986, Sp. 354-357. Vgl. **N. Pieper**, Was würde Erhard heute tun, in: Die Zeit vom 24. Mai 1996.

3 Natürlich reizte besonders der 100. Geburtstag von Ludwig Erhard, ein Mythos schon zu Lebzeiten, parteiübergreifend wirksam bis heute, zu Demontage- und Selbstprofilierungsversuchen. Aber die als »Abschied vom ›Mythos Erhard‹« propagierte Biographie des Mainzer Wirtschaftshistorikers **V. Hentschel** (Ludwig Erhard. Ein Politikerleben, München 1996) wiegt wenig gegenüber der Zustimmung, ja Verehrung so vieler in der damaligen Fachwelt von Politikern, Unternehmern und Ökonomen und der Aussage des mit der Sozialen Marktwirtschaft sonst nicht sympathisierenden Neoliberalen **F. A. von Hayek**, er habe schon klügere Ökonomen getroffen als Erhard, aber nur selten einen, der mit einem solchem »Instinkt für das ökonomisch Richtige« ausgestattet gewesen sei. Zitiert in der Rezension von **N. Pieper**, in: Die Zeit vom 8. November 1996.

4 **N. Kloten**, »Was zu bedenken ist« – Bemerkungen zum Referat von Rainer Klump: Wege zur Sozialen Marktwirtschaft – Die Entwicklung ordnungsphilosophischer Konzeptionen in Deutschland vor der Währungsreform, in: **E. W. Streissler** (Hrsg.), Studien zur Entwicklung der ökonomischen Theorie XVI. Die Umsetzung wirtschaftspolitischer Grundkonzeptionen in die kontinentaleuropäische Praxis des 19. und 20. Jahrhunderts, Schriften des Vereins für Socialpolitik, Bd. 115/XVI, Berlin 1997, S. 163.

5 Vgl. **L. Erhard**, Wohlstand für alle, Düsseldorf 1957.

6 Vgl. **W. Eucken**, Grundsätze der Wirtschaftspolitik, hrsg. von E. Eucken – K. P. Hensel, Berlin 1952, Tübingen [6]1990. Wichtig damals ebenfalls **F. Böhm** mit seinem richtungsweisenden Werk »Die Ordnung der Wirtschaft als geschichtliche Aufgabe und rechtsschöpferische Leistung«, Stuttgart 1937.

7 Vgl. **A. Rüstow**, Das Versagen des Wirtschaftsliberalismus, ohne Ort 1945, [2]1950; **ders.**, Zwischen Kapitalismus und Kommunismus, Godesberg 1949.

8 Vgl. **W. Röpke**, Civitas Humana. Grundfragen der Gesellschafts- und Wirtschaftsreform, Zürich 1944; **ders.**, Jenseits von Angebot und Nachfrage, Zürich 1958. Vgl. dazu **J. Starbatty**, Röpkes Beitrag zur Sozialen Marktwirtschaft, Tübingen 2005.

9 Vgl. **J. Starbatty**, Art. Müller-Armack, in: Staatslexikon, Bd. III, Freiburg [7]1987, Sp. 1238-1240.

10 Vgl. **A. Müller-Armack**, Wirtschaftslenkung und Marktwirtschaft, Hamburg 1947; dort Teil II: Soziale Marktwirtschaft.

11 **Ders.**, Wirtschaftsordnung und Wirtschaftspolitik. Studien und Konzepte zur Sozialen Marktwirtschaft und zur Europäischen Integration, Freiburg 1966, Bern [2]1976, S. 243 (meine Hervorhebung).

12 Vgl. **R. Blum**, Art. Soziale Marktwirtschaft, in: Staatslexikon, Bd. IV, Freiburg [7]1988, Sp. 1240-1250. **N. Kloten**, Art. Marktwirtschaft, in: Staatslexikon, Bd. III, Freiburg [7]1988, Sp. 1017-1023.

13 Vgl. **A. Müller-Armack**, Wirtschaftslenkung, S. 87f (meine Hervorhebung).

14 Dem Sozialwissenschaftler **Gustav Gundlach S.J.**, meinem Lehrer in den römischen Studienjahren 1948-55, und dem von ihm moderierten »Sozialzirkel« im Collegium Germanicum, sowie dem Kenner des Sowjetmarxismus **Gustav A. Wetter S.J.**, dessen Studienzirkel ich ebenfalls ein Jahr lang leiten durfte, verdanke ich meine frühe Einführung in die Probleme von Sozialphilosophie und Sozialpolitik.

15 Vgl. **P. Carstens**, Der gescheiterte Volkskanzler. Vor dreißig Jahren stürzte Erhard, in: Frankfurter Allgemeine Zeitung vom 30. 11. 1996. War Erhard, der unpolitische Politiker, der arglos die Macht nicht zu gebrauchen, unentschlossen seiner Regierung keine klaren Ziele und seiner Partei keine Führung zu geben vermochte, selber an diesem Trauerspiel schuld? Oder aber waren es Raffinesse, Hassneid und Bosheit des greisen Adenauer, die hemmungslosen Kanzlerambitionen dreier anschließend allesamt selber scheiternder »Königsmörder«, der Streit zwischen amerikaorientierten »Atlantikern« und frankreichfreundlichen »Gaullisten«, die (wegen Präsident Johnsons verweigertem Zahlungsaufschub von ca. 2,4 Milliarden Mark)

enttäuschende Reise des Amerikafreundes Erhard in die USA, die Strukturkrise des Ruhrbergbaus und Erhards erste verlorene Wahl (in Nordrhein-Westfalen) oder schließlich das Ausscheiden der Freidemokraten aus der Regierungskoalition infolge des Streits um den zum ersten Mal völlig überforderten Bundeshaushalt? Im Jahr 1966 fehlte jedenfalls nur eine Milliarde DM im Bundeshaushalt, und die Arbeitslosenziffer betrug nicht wie 2010 fast vier Millionen, sondern nur rund eine halbe Million.

16 Dass im Wirtschaftsprozess bei Konjunkturschwankungen die sozialpsychologische Komponente (beschränkte Transparenz, Ungewissheit, Stimmung) eine große Rolle spielt, wurde vor vielen anderen herausgearbeitet von **W. A. Jöhr**, Theoretische Grundlagen der Wirtschaftspolitik, Bd. II: Die Konjunkturschwankungen, Tübingen 1952, S. 372-460. Der bedeutende Schweizer Nationalökonom widmete diesen fast 700 Seiten zählenden Band seiner Frau **Martita Jöhr**, die ihn zur Reflexion dieses sozialpsychologischen Aspekts des Wirtschaftsprozesses angeregt hatte. Martita Jöhr teilte über viele Jahre bis zu ihrem Tod 2008 die Intentionen meiner Arbeit, interessierte sich für die Idee eines Weltethos und ermöglichte deshalb 1996 durch eine großzügige Spende die Gründung der Stiftung Weltethos/ Schweiz.

17 Vgl. aus zeitgeschichtlicher Perspektive die Auseinandersetzung mit den Ideologen der 68er-Bewegung bei **W. A. Jöhr**, Der Auftrag der Nationalökonomie. Ausgewählte Schriften, Tübingen 1990, S. 416-495. Zur unterschiedlichen Bewertung dieser Protestbewegung an der Universität Tübingen bei **Joseph Ratzinger**, der sich nach drei Jahren Lehrtätigkeit 1968 von Tübingen verabschiedete, und mir vgl. **H. Küng**, Umstrittene Wahrheit – Erinnerungen, München 2007, S. 165-172.

18 **P. Carstens**, Der gescheiterte Volkskanzler.

19 Vgl. **J. Starbatty**, Strukturpolitik im Konzept der Sozialen Marktwirtschaft, Tübingen 2005 (ebenso der bereits zitierte Aufsatz zu Röpke). Als Gegenbild zum »amerikanischen Modell« hatte ich in »Weltethos für Weltpolitik und Weltwirtschaft« (1997), Kap. B I, 2 (S. 231-236), das damals gescheiterte »schwedische Modell« unter sozialdemokratischer Regierung illustriert.

IV. Wege aus der Krise?

1 **Teilnehmer**: Dr. Peter Adolff, ehem. Mitglied des Vorstandes der Allianz Versicherungs-AG; Peter Brabeck-Letmathe, Delegierter des Verwaltungsrats der Nestlé AG; Dr. Gert Dahlmanns, Vorstand des Frankfurter Instituts, Stiftung Marktwirtschaft und Politik; Dr. Reinhart Freudenberg, Vorsitzender des Gesellschafterausschusses Freudenberg & Co.; Dr. Wolfram Freudenberg, Mitglied der Vorstände der Württembergischen Versicherungsgruppe; Dr. Manfred Gentz, Mitglied des Vorstands der DaimlerChrysler AG; Karl Konrad Graf von der Groeben, Gründer der Stiftung Weltethos, Baden-Baden; Dr. Hans-Olaf Henkel, Vize-Präsident des Bundesverbandes der Deutschen Industrie; Udo Keller, Vorsitzender des Aufsichtsrates der tecis Holding AG; Prof. Dr. Norbert Kloten, Landeszentralbankpräsident i.R., Tübingen; Prof. Dr. Hans Küng, Präsident der Stiftung Weltethos, Tübingen; Dr. Hermut Kormann, Vorsitzender des Vorstandes der J.M. Voith AG; Prof. Dr. Karl-Josef Kuschel, Vizepräsident der Stiftung Weltethos, Tübingen; Prof. Dr. Berthold Leibinger, Geschäftsführender Gesellschafter der Trumpf GmbH & Co.; Prof. Dr. Klaus Leisinger, Geschäftsführer der Novartis Stiftung; Heinz Müller, Generaldirektor a.D. UBS, Vizepräsident der Stiftung Weltethos Schweiz, Zürich; Prof. Dr. Dr. Franz Josef Radermacher, Vorstandsvorsitzender FAW, Universität Ulm; Dr. Wilhelm Rall, Direktor McKinsey & Co.; Prof. Dr. Hermann Sautter, Volkswirtschaftliches Seminar, Universität Göttingen; Dr. h.c. Helmut Schmidt, Bundeskanzler a.D.; Dipl.-Ing. Hans Peter Stihl, Vorsitzender des Vorstands der Stihl-Gruppe; Dr. Jürgen Strube, Vorsitzender des Vorstands der BASF AG; Dr. Horst Teltschik, Vorsitzender des Vorstands der Herbert-Quandt-Stiftung der BMW AG; Prof. Dr. Hans Tietmeyer, Bundesbankpräsident a.D.; Tilman Todenhöfer, stv. Vorsitzender der Geschäftsführung der Robert Bosch GmbH; Prof. Dr. Norbert Walter, Chefökonom der Deutschen Bank; Prof. Dr. Ernst Ulrich von Weizsäcker, MdB, Vorsitzender Enquete-Kommission „Globalisierung der Weltwirtschaft"; Prof. Dr. Josef Wieland, Zentrum für Wirtschaftsethik, FH Konstanz;

Prof. Dr. h.c. Reinhold Würth, Vorsitzender des Beirats der Würth-Gruppe.

2 Vgl. **H. Tietmeyer**, Gestaltung von Rahmenbedingungen für globale Märkte, in: **H. Küng** (Hrsg.), Globale Unternehmen – Globales Ethos, Frankfurt 2001, S. 61–84.

3 Vgl. **J. H. Dunning**, Whither Global Capitalism?, in: Global Focus, Vol. 12, No. 1, 2000.

4 **J.-C. Trichet** in: International Herald Tribune vom 13./14. 3. 2010.

5 Vgl. **J. Fox**, The Myth of the Rational Market. A History of Risk, Reward, and Delusion on Wall Street, New York 2009.

6 Vgl. aaO, besonders die Kapitel »The Rise of the Rational Market« und »The Conquest of Wall Street«.

7 Vgl. aaO, besonders die Kapitel »The Challenge« und »The Fall«.

8 AaO S. XV: »It is far too devilish to be captured by single simple theory of behavior, and certainly not by a theory that allowed for nothing but calm rationality as far as the eye could see.«

9 Ebd: »By the end of the century they had knocked away most of its underpinnings. Yet there was no convincing replacement, so the rational market continued to inform public debate, government decision making, and private investment policy well into the first decade of the twenty-first century – right up to the market collapse of 2008.«

10 **A. Greenspan**, in: International Herald Tribune vom 23. 10. 2008.

11 **J. Starbatty**, Das Desaster der Möhrenpflanzer, Vortrag in Tübingen am 13. 10. 2008.

12 Vgl. **J. Fox**, aaO S. 287-298.

13 Vgl. aaO S. 89-107: »Tunnel vision« (S. 107).

14 Vgl. aaO S. 191-210.

15 AaO S. 197: »one of the most remarkable errors in the history of economic thought«.

16 **P. Krugman**, A myth that made and destroyed wealth, in: International Herald Tribune vom 8./9. 8. 2009.

17 Vgl. **G. Soros**, The new paradigm for financial markets: the credit crisis of 2008 and what it means, New York 2008; dt.:

Das Ende der Finanzmärkte – und deren Zukunft. Die heutige Finanzkrise und was sie bedeutet, München 2008.

18 **G. Soros**, »Das Tafelsilber ist bereits verkauft«, Interview in: Institutional Money, 2008, S. 106-114.

19 **J. Starbatty**, Das Desaster der Möhrenpflanzer.

20 In der Jahresversammlung des InterAction Council vom 25.–27. Juni 2008 in Stockholm erhielten wir Hintergrundinformationen aus erster Hand über die Entwicklung der früheren Finanzkrisen in Asien und Lateinamerika: vor allem von den früheren Präsidenten Mexikos und Brasiliens, **Ernesto Zedillo** und **José Sarney**, sowie von Altbundeskanzler **Helmut Schmidt**.

21 **K. Schwab** in: Die Zeit vom 27. 1. 2000.

22 Vgl. zur Finanzkrise auch: **H.-W. Sinn**, Kasino-Kapitalismus. Wie es zur Finanzkrise kam und was jetzt zu tun ist, Düsseldorf/Berlin 2009. Sinn zufolge haben die von den USA aus in der ganzen Welt verkauften gut bewerteten Bündel von faulen Bankkrediten rund die Hälfte der Eigenkapitalsquote der deutschen Finanzinstitute aufgezehrt. Wurden deshalb von den Banken nie exakte Zahlen publiziert? Eine freilich reichlich unkritische Insider-Perspektive bietet **H. M. Paulson Jr.**, On the Brink. Inside the Race to Stop the Collapse of the Global Financial System, New York 2010. Paulson, CEO von Goldman Sachs, wurde US-Finanzminister 13 Monate vor Ausbruch der Krise. Eine genaue und zugleich kritische Darstellung der Weltfinanzkrise bietet aufgrund persönlicher Erfahrungen in der Londoner City die Tochter Helmut Schmidts, **Susanne Schmidt**, Markt ohne Moral. Das Versagen der internationalen Finanzelite, München 2010, besonders Kapitel VI-VIII.

23 **H. Köhler** in: Stern vom 22. 5. 2008.

24 Vgl. **H. Freiberger – A. Hagelüken – M. Hesse**, Die sieben Köpfe des Finanzmonsters, in: Süddeutsche Zeitung vom 26. 1. 2010.

V. Wirtschaften aus Verantwortung

1 **M. Weber**, Politik als Beruf, in: Gesammelte politische Schriften, Tübingen 1958, S. 505-560; Zitat S. 559.

2 **H.-M. Schönherr-Mann**, Globale Normen und Individuelles Handeln. Die Idee des Weltethos aus emanzipatorischer Perspektive, Würzburg 2010, S. 83.

3 Vgl. **H. Jonas**, Das Prinzip Verantwortung. Versuch einer Ethik für die technologische Zivilisation, Frankfurt/Main 1984.

4 Zu den Implikationen des Begriffs Verantwortung vgl. **H.-M. Schönherr-Mann**, Miteinander leben lernen. Die Philosophie und der Kampf der Kulturen, München 2008, 5. Kapitel: Max Webers Tugenden der Sachlichkeit und der Verantwortung als Abkehr von der traditionellen Ethik.

5 **H.-O. Henkel**, Die Abwracker, S. 10.

6 **P. Krugman**, Berating the Raters, in: International Herald Tribune vom 25. 4. 2010.

7 Ifo-Präsident **H.-W. Sinn** sagt über Fehler der Bundesregierung, gefährliche Folgen des Euro-Rettungsschirms und eine drohende Staatskrise in Deutschland in einem Interview der Frankfurter Allgemeinen Zeitung vom 14. 5. 2010 unter dem Titel »Wir stürzen uns in ein unkalkulierbares Abenteuer«: »Die Kritik muss sich hier gegen die Politik von Altbundeskanzler Helmut Kohl richten. Er war damals allzu blauäugig. Er hat an das Gute im Menschen geglaubt, anstatt vernünftige Regeln auszuhandeln, die langfristig die deutschen Interessen wahren.« Dazu gestatte ich mir die Anmerkung: Kohl war nicht »allzu blauäugig«, sondern praktizierte immer wieder die zunächst bequeme Politik des Aussitzens, eine Politik, die in der Finanzkrise 17 Jahre später auch wieder praktiziert wurde.

8 **S. Schmidt**, Markt ohne Moral. Das Versagen der internationalen Finanzelite, München 2010, S. 41.

9 Der Spiegel, Nr. 17/2010, S. 94-99.

10 Vgl. **U. Wickert**, Der Ehrliche ist der Dumme. Über den Verlust der Werte, Hamburg 1994.

11 **J. Vinocur**: »How does Europe advance from what has been described as its culture of connivance to a community convincingly committed to ›the ruthlessness of truth‹?«

12 Wie Deutschland sich gesund sparen könnte, zeigte mit vielen Vorschlägen die Titelgeschichte des »Spiegel« Nr. 22 vom 31. 5. 2010: »Kürzen als Chance«.

13 Vgl. **P. Ulrich**, Transformation der ökonomischen Vernunft. Fortschrittsperspektiven der modernen Industriegesellschaft, 1968, 3. revidierte Auflage, Bern 1993.

14 **P. Ulrich**, Demokratie und Markt. Zur Kritik der Ökonomisierung der Politik, in: Jahrbuch für christliche Sozialwissenschaften 36 (1995), S. 74-95, Zitat S. 75f. In diesem Aufsatz eine Kritik an »Fachvertretern der philosophischen Ethik, der Sozial-, Rechts- und politischen Philosophie«, die »immer öfter in erstaunlich unkritischer Weise dem analytischen Charme des *economic approach* erliegen und heute zum Teil eher auf eine ökonomische Theorie der Demokratie (A. Downs), der Gerechtigkeit (O. Höffe), ja sogar der Moral (K. Homann – I. Pies) schlechthin setzen als auf ihre eigenen, reflexiv zu entfaltenden Kategorien praktischer Vernunft, bezüglich deren normativer Kraft manche Fachphilosophen offenbar zeitgeistgemäß desillusioniert sind«. (S. 79) – Zur neuesten Diskussion vgl. den Sammelband von **M. Breuer – P. Mastronardi – B. Waxenberger** (Hrsg.), Markt, Mensch und Freiheit. Wirtschaftsethik in der Auseinandersetzung, Bern 2010. Hier besonders aufschlussreich die Antwort von **P. Ulrich** auf die verschiedenen Artikel unter dem Titel: »Markt, Mensch und Freiheit: Eine integrative wirtschaftsethische Perspektive«, S. 215-258.

15 **C. Watrin**, Geld – Maßstab für alles?, in: **H. Hesse – O. Issing** (Hrsg.), Geld und Moral, München 1994, S. 167-178, Zitat S. 178.

16 Vgl. **S. Schneider**, Homo Oeconomicus oder doch eher Homer Simpson?, in: Deutsche Bank Research vom 30. 4. 2010, S. 7.

17 Vgl. **R. E. Lane**, The Market Experience, Cambridge 1991.

18 **P. Ulrich**, Demokratie und Markt, S. 90.

19 Vgl. **P. Ulrich**, Die gesellschaftliche Einbettung der Marktwirtschaft als Kernproblem des 21. Jahrhunderts. Eine wirtschaftsethische Fortschrittsperspektive. Berichte des Instituts für Wirtschaftsethik der Universität St. Gallen, Nr. 115 (Abschiedsvorlesung vom 5. Mai 2009).

20 So schon in: Globale Trends 1996. Fakten – Analysen – Prognosen, Frankfurt 1995 der Herausgeber **I. Hauchler**, Weltordnungspolitik – Chance oder Utopie? Thesen zur Steuerbarkeit

globaler Entwicklung, S. 20f (meine Hervorhebungen).

21 Das heute maßgebliche Grundlagenwerk für eine Vernunftethik des Wirtschaftens: **P. Ulrich**, Integrative Wirtschaftsethik. Grundlagen einer lebensdienlichen Ökonomie, Bern 1997, 4. vollständig neubearbeitete Auflage, Bern 2008.

22 Meine Trilogie über Judentum, Christentum und Islam enthält jeweils eigene Kapitel über die Wirtschaftsordnung (und über die Zinsfrage): **H. Küng**, Das Judentum. Die religiöse Situation der Zeit, München 1991; **ders.**, Das Christentum. Wesen und Geschichte, München 1994; **ders.**, Der Islam. Geschichte, Gegenwart, Zukunft, München 2004.

23 Vgl. Erklärung zum Weltethos, in: **H. Küng** (Hrsg.), Dokumentation zum Weltethos, München 2002, S. 25.

24 Vgl. aus historischer Perspektive **K. E. Born**, Die ethische Beurteilung des Geldwesens im Wandel der Geschichte, in: **H. Hesse – O. Issing** (Hrsg.), Geld und Moral, München 1994, S. 1-20.

25 Vgl. Deut 23,20f; Ex 22,24; Lev 25,36f.

26 Vgl. **H. Küng**, Die Kirche (1967!), Kap. C I, 4: »Die Kirche und die Juden«.

27 Vgl. Mt 25,27.

28 Vgl. **N. Monzel**, Die Katholische Kirche in der Sozialgeschichte. Von den Anfängen bis zur Gegenwart, München 1980, S. 102f.

29 Vgl. aaO S. 101f.

30 Sure 2,275.278.

31 Vgl. **S. Buckley**, Teachings on usury in Judaism, Christianity and Islam, Lewiston 2000.

32 Zusammengefasst in: **S. Buckley**, Islamic Banking. Does it Offer a Paradigm for the Future?, in: Faith in Business, Bd. I, Nr. 2, Juni 1997. Daraus das Zitat.

33 Vgl. Mt 6,33.

34 Vgl. Lk 8,1-3; Mk 15,40f par.

35 Vgl. **K. Homann – M. Ungethüm**, Ethik des Wettbewerbs, in: Frankfurter Allgemeine Zeitung vom 23. 6. 2007.

36 Vgl. zur Kritik **P. Ulrich**, Integrative Wirtschaftsethik, S. 111–115.

37 **M. v. Cranach** (Universität Bern) – **P. Ulrich** (Universität St. Gallen) – **P. Mastronardi** (Universität St. Gallen), Eine Wirtschaft,

die den Menschen dient, braucht eine ethische Grundlage. Ein Manifest von Kontrapunkt: www.rat-kontrapunkt.ch.

38 **T. Debiel – D. Messner – F. Nuscheler – M. Roth – C. Ulbert** (Hrsg.), Globale Trends 2010. Frieden – Entwicklung – Umwelt, Frankfurt 2010, Zit. S. 13.

39 Vgl. **E. U. von Weizsäcker**, Ökologisches Weltethos, in: **H. Küng – K.-J. Kuschel** (Hrsg.), Wissenschaft und Weltethos, München 1998, S. 337-355. (Hier auch viele wertvolle praktische Anregungen zur Realisierung).

40 AaO S. 343.

41 Vgl. **G. Gebhardt**, Von Chicago nach Kapstadt, in: **H. Küng** (Hrsg.), Dokumentation zum Weltethos, München 2002, S. 197-224. Zur weiteren Entwicklung der Earth Charter vgl. **K. Bosselmann – R. Engel** (Hrsg.), The Earth Charter: A framework for global governance, Amsterdam 2010.

42 Eine brillante Synthese seines Denkens bietet **F. J. Radermacher**, Führungsverantwortung im 21. Jahrhundert – die ökosoziale Perspektive, in: **U. Meier – B. Sill** (Hrsg.), Führung. Macht. Sinn. Ethos und Ethik für Entscheider in Wirtschaft, Gesellschaft und Kirche, Regensburg 2010. Dieses Werk von über 850 Seiten enthält für ein anständiges Wirtschaften sehr viele wichtige Beiträge kompetenter Autoren.

43 AaO S. 166.

44 Vgl. **P. L. Berger**, Demokratie und geistige Orientierung. Sinnvermittlung in der Zivilgesellschaft, in: **W. Weidenfeld** (Hrsg.), Demokratie am Wendepunkt. Die demokratische Frage als Projekt des 21. Jahrhunderts, Berlin 1996, S. 450-468.

45 Vgl. **K. Homann**, Wettbewerb und Moral, in: Jahrbuch für Christliche Sozialwissenschaften 31 (1990), S. 34-56, Zitat S. 55. Zur Kritik an der Position K. Homanns vgl. auch **P. Rottländer**, Ordnungsethik statt Handlungsethik? Bemerkungen zum wirtschaftlichen Programm der neuen Institutionenökonomik, in: Orientierung 60 (1996), S. 165-171.

46 Vgl. **G. Engel**, Wirtschaftsethik als ökonomische Theorie der Moral. Ein Überblick, in: Diskussionsbeiträge aus dem volkswirtschaftlichen Seminar der Universität Göttingen, Nr. 52, April 1991 (Manuskript), S. 43f.

47 AaO S. 44.

48 **H. Köhler**, Finanzmärkte im Dienst der Menschheit. Rede bei der Eröffnung des »European Banking Congress« (EBC), Frankfurt/M., 21. 11. 2008.

VI. Ethos für Führungskräfte

1 Dies ergibt sich klar aus einer tiefgehenden Analyse der von **Horst Köhler** selbst nicht öffentlich mitgeteilten Hintergründe für seinen überraschenden Rücktritt am 31.5.2010: **S. Braun**, Traurig, vereinsamt, enttäuscht, in: Süddeutsche Zeitung vom 26./27. 6. 2010. Für unsere Problematik ist wichtig die Beobachtung, dass Köhler, obwohl er ursprünglich solche Transferleistungen zwischen EU-Staaten ablehnte, sich schliesslich doch gezwungen sah, die Rettungspakete im Grundsätzlichen gutzuheißen. Aber er geriet durch die dramatischen Brüsseler Transferbeschlüsse in eine ausgesprochene Zwangslage und musste innerhalb von 24 Stunden die Verfassungstauglichkeit überprüfen und bestätigen. Dieses Gehetztsein habe wohl wesentlich zu Köhlers plötzlichem Rücktritt beigetragen.

Allerdings ist auch zu beachten, was **Jürg Dedial** in seinem Artikel über »Köhler und die Killer« in der Neuen Zürcher Zeitung vom 5./6.6.2010 schreibt: »Er ist auch Opfer immer gezielterer Aktionen von mehreren Seiten geworden, die aus seinen Schwächen politisches Kapital und mediale Quoten herausschinden wollten. Die kaum mehr unterdrückte Sucht nach Profil und Profit machte ihn zum Gejagten im Berliner Zoo, wo Beissreflexe und Huftritte längst Sachlichkeit und Fairness verdrängt haben.«

Erfreulicherweise hat Köhlers Nachfolger als Bundespräsident, **Christian Wulff**, anlässlich seiner eigenen Vereidigung am 2. 7. 2010 eine bewegende Laudatio auf seinen Vorgänger gehalten und sich überdies Köhlers Kritik an den Finanzmärkten zu eigen gemacht: »Jetzt müssen wir dafür sorgen, dass sich Krisen dieser Art und dieses Ausmaßes nicht wiederholen. Darum ist es wichtig, die Verursacher der Bankenkrise in Haftung zu nehmen und den Finanzmärkten endlich gute Regeln zu geben.«

2 **H. Rheinz**, Einer von uns: Übermensch, Ganef ... Madoff. Vom Auf- und Abstieg des betrügerischen Mr. Madoff, in: Semit, Nr. 1/2010.

3 **M. Beise**, in: Süddeutsche Zeitung vom 8. 2. 2010.

4 »Never again will the American tax payer be held hostage by a bank that is too big to fail.«; alle Obama-Zitate in: International Herald Tribune vom 22. 1. 2010.

5 **D. Stockman**, in: International Herald Tribune vom 21. 1. 2010.

6 **J. E. Stiglitz**, Skepticism for Obama's Fiscal Policy, in: New York Times vom 18. 1. 2010: »With the collapse of the great banks and financial houses and the ensuing economic turmoil and chaotic attempts at rescue, the period of American triumphalism is over.«

7 Vgl. **A. Zünd**, Verdienen die Manager, was sie verdienen? (Manuskript).

8 Vgl. **W. D. Cohan**, House of Cards: A Tale of Hubris and Wretched Excess on Wall Street, New York 2009.

9 **P. Krugman**, Good and boring, in: International Herald Tribune vom 2. 2. 2010. Unterdessen hat das Europäische Parlament erfreulicherweise einschneidende Beschlüsse in dieser Richtung gefasst. Am 14. 7. 2010 veröffentlichte die New York Times einen Leitartikel mit dem Titel »Europa nimmt die Banker an die Kandare: Das Europäische Parlament hat strenge Grenzen für die Boni von Bankern beschlossen. Es ist für die USA Zeit, dasselbe zu tun.«

10 Vgl. Neue Zürcher Zeitung vom 3./4. 4. 2010.

11 http://www.uids.skadialog.com/unterseiten/pdfs/wirtschaftsrat/10_managergebote.pdf

12 **R. de Weck**, Nach der Krise. Gibt es einen anderen Kapitalismus?, München 2009, S. 85.

13 Vgl. **A. Jay**, Management and Machiavelli, London 1967; dt.: Management und Machiavelli. Von der Kunst, in unserer organisierten Welt oben zu bleiben, Düsseldorf 1968.

14 AaO S. 36.

15 Vgl. **A. Riklin**, Die Führungslehre von Niccolò Machiavelli, Bern 1996, S. 10-21: Renaissance des Machiavellismus.

16 AaO S. 84.

17 **R. K. Sprenger**, Das Prinzip Selbstverantwortung. Wege zur Motivation, Frankfurt 1995.

18 AaO S. 38.

19 AaO S. 242.

20 Vgl. **J. Staute**, Der Consulting-Report. Vom Versagen der Manager zum Reibach der Berater, Frankfurt 1996.

21 AaO S. 235.

22 Vgl. **R. M. Stock-Homburg – B. Six**, Motive von Topmanagern im 21. Jahrhundert. Zur Renaissance der Vereinbarkeit von Ethik und Ökonomie im Topmanagement, in: **U. Meier – B. Sill** (Hrsg.), Führung. Macht. Sinn. Ethos und Ethik für Entscheider in Wirtschaft, Gesellschaft und Kirche, Regensburg 2010, S. 170-184.

23 AaO S. 179.

24 AaO S. 182.

25 Vgl. **A. Gierer**, Biologie, Menschenbild und die knappe Ressource Gemeinsinn, Würzburg 2005, S. 75-93.

26 Ich verweise auf die grundlegenden Veröffentlichungen von **A. Auer** und **F. Böckle**, aber auch von C. Curran, G. Gründel, G. Hunold, W. Korff, D. Mieth u. a.

27 **F. Fehrenbach**, Unternehmerische Verantwortung in Zeiten der Unsicherheit. Rede anlässlich des Neujahrsempfangs der IHK Reutlingen am 27. Januar 2010 (daraus auch die Bosch-Zitate).

28 Vgl. **M. Weber**, Politik als Beruf. Gesammelte politische Schriften, Tübingen ⁵1988, S. 545f.

29 Vgl. **C. Longley**, »›Only obeying the rules‹ has become the theme tune of our times«, in: The Tablet vom 24. 10. 2009.

30 **R. de Weck**, Nach der Krise, S. 94.

31 The financiers we need, in: The Tablet vom 27. 9. 2008.

32 **K. Schwab – H. Kroos**, Moderne Unternehmensführung im Maschinenbau, Frankfurt 1971, S. 21.

33 **U. Fichtner**, Tod in Davos. Warum die Welt keinen Wirtschaftsgipfel mehr braucht, in: Der Spiegel, Nr. 6/2009.

34 **K. Schwab**, in: Süddeutsche Zeitung vom 6. 1. 2010.

35 **K. M. Leisinger**, Unternehmensethik und Managerethik, in:

H. Küng – K. M. Leisinger – J. Wieland (Hrsg.), Manifest Globales Wirtschaftsethos. Konsequenzen und Herausforderungen für die Weltwirtschaft, München 2010, S. 48-75; Zitate S. 53ff.

36 Vgl. **L. Sharp Paine**, Value Shift: Why Companies Must Merge Social and Financial Imperatives to Achieve Superior Performance, New York 2003.

37 **J. Löhr**, Harvard schwört der Gier ab, in: Frankfurter Allgemeine Zeitung vom 8./9. 8. 2009. Das Beispiel eines CEO mit ethischem Anspruch bietet **Stephen Green**, Vorstandsvorsitzender und jetzt Aufsichtsratsvorsitzender der weltgrößten Bank HSBC und überzeugter Christ; vergleiche seine beiden Bücher: Serving God? Serving Mammon?, Grand Rapids 1996; Good Value. Reflections on money, morality and an uncertain world, London 2009, dt.: Wahre Werte: Über Moral, Geld und die Zukunft, München 2010.

38 Vgl. **H. Küng** (Hrsg.), Globale Unternehmen – globales Ethos, S. 157-160. Diese Gesichtspunkte verdanke ich Dr. **Wolfram Freudenberg**, Mitglied des Kuratoriums der Stiftung Weltethos.

39 **A. Zünd**, Wirtschaftskriminalität und Wirtschaftsethik. Revisionsethik als Herausforderung für die Wirtschaftsprüfung, in: Der Schweizer Treuhänder, Nr. 5/2001.

40 Ebd.

41 Ebd.

42 **O. Höffe**, Was ist ein ›verantwortlicher‹ Wirtschaftsführer? Wider die Verkürzung des Konzepts ›Profit‹ auf seinen pekuniären Aspekt, in: Neue Zürcher Zeitung vom 6. 4. 2010.

VII. Für die Menschheit ein Ethos der Menschlichkeit

1 Schlusserklärung auf www.weltethos.org

2 Vgl. **T. Koh**, The 10 Values That Undergird East Asian Strength and Success, in: International Herald Tribune vom 12. 12. 1993.

3 Vgl. **H. Küng – J. Ching**, Christentum und Chinesische Religion, München 1988.

4 Vgl. **L. Vandermeersch**, Le nouveau monde sinisé, Paris 1986.

5 Vgl. **Konfuzius**, Gespräche XII,7.

6 Vgl. **Han Minzhu** (Hrsg.), Cries for Democracy. Writings and Speeches from 1989 Chinese Democracy Movement, Princeton/ N.J. 1990.

7 Vgl. **X. Zhou**, China's school killings and rapidly rising social anxieties, in: International Herald Tribune vom 15./16. 5. 2010.

8 Eine ausgezeichnete Analyse des rechtlich-politischen Verhältnisses von Staat und Kirche in Frankreich und Deutschland bietet **V. Wick**, Die Trennung von Staat und Kirche in Frankreich im Vergleich zum deutschen Kooperationsmodell, Tübingen 2007.

9 **E.-W. Böckenförde**, Die Entstehung des Staates als Vorgang der Säkularisation, in: Recht, Staat, Freiheit. Studien zur Rechtsphilosophie, Staatstheorie und Verfassungsgeschichte, Frankfurt/M. 1991, S. 111ff.

10 Vgl. **E. Teufel** (Hrsg.), Was hält die moderne Gesellschaft zusammen?, Frankfurt/M. 1996.

11 **M. Gräfin Dönhoff**, Verantwortung für das Ganze, in: **E. Teufel**, aaO S. 43-44.

12 Vgl. **O. F. Bollnow**, Wesen und Wandel der Tugenden, Frankfurt 1962.

13 Vgl. **T. Hobbes**, Leviathan (1651), Frankfurt/M. 1984, Kap. 15.

14 **I. Kant**, Kritik der praktischen Vernunft, A 54 = Werke IV (hrsg. v. W. Weischedel), S. 140.

15 **H.-M. Schönherr-Mann**, Miteinander leben lernen. Die Philosophie und der Kampf der Kulturen, München 2008, S. 333f.

16 Vgl. **H.-M. Schönherr-Mann**, Globale Normen und individuelles Handeln. Die Idee des Weltethos aus emanzipatorischer Perspektive, Würzburg 2010.

17 **M. Huber**, Prolegomena und Probleme eines internationalen Ethos, in: Die Friedens-Warte, Vol. 53, 1955/56, Nr. 4, S. 312.

18 Ebd.

19 AaO S. 313.

20 AaO S. 324f.

21 Der Bremer Politikwissenschaftler **Dieter Senghaas** hat mich auf Hubers Artikel aufmerksam gemacht. Mit ihm zusammen habe ich den ebenfalls einschlägigen Band »Friedenspolitik. Ethische Grundlagen internationaler Beziehungen«, München 2003, herausgegeben, worin sich Beiträge von Senghaas

selbst, aber auch von E.-O. Czempiel, O. Höffe, H. Fahrenbach, V. Rittberger, M. Mols, N. Brieskorn, A. Riklin, A. Hasenclever, R. Tetzlaff und K. M. Leisinger finden.

22 **J. Mittelstraß**, Wirtschaft und Ethos, in: Frankfurter Allgemeine Zeitung vom 9. 10. 2009.

23 **The Commission on Global Governance**, Our Global Neighbourhood, Oxford 1995; dt.: **Kommission für Weltordnungspolitik**, Nachbarn in Einer Welt. Bericht hrsg. v. der Stiftung Entwicklung und Frieden, Bonn 1995. Diese Kommission geht zurück auf eine Initiative des ehemaligen deutschen Bundeskanzlers Willy Brandt und wurde 1992 mit Unterstützung des Generalsekretärs der Vereinten Nationen, Boutros Boutros-Ghali, gegründet. Vorsitzende: Ingvar Carlsson (Schweden), Shridath Ramphal (Guyana). Mitglieder: Ali Alatas (Indonesien), Abdlatif Al-Hamad (Kuwait), Oscar Arias (Costa Rica), Anna Balletbo i Puig (Spanien), Kurt Biedenkopf (Deutschland), Allan Boesak (Südafrika), Manuel Camacho Solis (Mexiko), Bernard Chidzero (Simbabwe), Barber Conable (Vereinigte Staaten von Amerika), Jacques Delors (Frankreich), Jiri Dienstbier (Tschechische Republik), Enrique Iglesias (Uruguay), Frank Judd (Großbritannien), Hongkoo Lee (Republik Korea), Wangari Maathai (Kenia), Sadako Ogata (Japan), Olara Otunnu (Uganda), I.G. Patel (Indien), Celina Vargas do Amaral Peixoto (Brasilien), Jan Pronk (Niederlande), Qian Jiadong (China), Marie-Angélique Savané (Senegal), Adele Simmons (Vereinigte Staaten von Amerika), Maurice Strong (Kanada), Brian Urquhart (Großbritannien), Yuli Worontsow (Russland). Generalsekretär: Hans Dahlgren.

24 AaO S. XXI (Hervorhebungen im Text meist von mir).

25 Ebd.

26 AaO S. XXII.

27 AaO S. 9.

28 Dies erfolgt in den Kapiteln III bis VI des Kommissionsberichts.

29 AaO S. 53. »Ethics« oder »Ethik« und »Ethic« oder »Ethos« wird im Bericht nicht unterschieden. Die deutsche Übersetzung benutzt zurecht meist das Wort »Ethos«.

30 AaO S. 54.

31 Ebd.

32 Ebd.

33 AaO S. 55.

34 AaO S. 56.

35 AaO S. 54f.

36 AaO S. 62.

37 AaO S. 63.

38 Ebd.

39 AaO S. 63f.

40 AaO S. 64.

41 Ebd. – Unbeachtet blieb oft insbesondere der abschließende Artikel 29 der UN-Menschenrechtserklärung, in dem die Rede ist von »Pflichten gegenüber der Gemeinschaft, in der allein die freie und volle Entfaltung seiner Persönlichkeit möglich ist« und von den »gerechten Anforderungen der Moral«.

42 AaO S. 65.

43 Vgl. im folgenden die stark systematisierte und konzentrierte Kurzfassung des Kommissionsberichts bei **D. Messner – F. Nuscheler**, Global Governance. Herausforderungen an die deutsche Politik an der Schwelle zum 21. Jahrhundert, in: Policy Paper 2, hrsg. v. der Stiftung Entwicklung und Frieden, Bonn 1996.

44 Zur Problematik von Sozialstandards, die dafür sorgen sollen, dass aus der Nicht-Respektierung sozialer Menschenrechte Wettbewerbsnachteile entstehen, vgl. **H. Sautter**, Sozialklauseln für den Welthandel – wirtschaftsethisch betrachtet, in: Hamburger Jahrbuch für Wirtschafts- und Gesellschaftspolitik 40 (1995), S. 227-245.

45 Vgl. **D. Messner – F. Nuscheler**, Global Governance, S. 5 u. 2.

46 **Report of the World Commission on Culture and Development**, Our Creative Diversity, Paris 1995. Vorsitzender: Javier Pérez de Cuéllar (Peru). Ehrenmitglieder: Kronprinz El Hassan Bin Talal (Jordanien), Aung San Suu Kyi (Birma), Claude Lévi-Strauss (Frankreich), Ilya Prigogine (Belgien), Derek Walcott (Santa Lucia), Elie Wiesel (Vereinigte Staaten von Amerika). Mitglieder: Lourdes Arizpe (Mexiko), Yoro Fall (Senegal), Kurt

Furgler (Schweiz), Celso Furtado (Brasilien), Niki Goulandris (Griechenland), Keith Griffin (Großbritannien), Mahbub ul Haq (Pakistan), Elizabeth Jelin (Argentinien), Angeline Kamba (Zimbabwe), Ole-Henrik Magga (Norwegen), Nikita Mikhalkov (Russland), Chie Nakane (Japan), Leila Takla (Ägypten). Executive Secretary: Yudhishthir Raj Isar (Indien).

47 AaO S. 34.

48 Ebd.

49 AaO S. 35.

50 Ebd.

51 Ebd.

52 AaO S. 36.

53 AaO S. 40-46.

54 Vgl. **M. A. Weingardt**, Religion Macht Frieden. Das Friedenspotential von Religionen in politischen Gewaltkonflikten, Stuttgart 2007.

55 **J. Mittelstraß**, in: Neue Zürcher Zeitung vom 6. 7. 2002.

56 **InterAction Council früherer Staats- und Regierungschefs** (Zusammensetzung 1997): Helmut Schmidt (Ehrenvorsitzender), Bundeskanzler der Bundesrepublik Deutschland a.D.; Malcolm Fraser (Vorsitzender), Premierminister von Australien a.D.; Andries A. M. van Agt, Premierminister der Niederlande a.D.; Anand Panyarachun, Premierminister von Thailand a.D.; Oscar Arias Sanchez, Präsident von Costa Rica a.D.; Lord Callaghan of Cardiff, Premierminister von Großbritannien a.D.; Jimmy Carter, Präsident der USA a.D.; Miguel de la Madrid Hurtado, Präsident von Mexiko a.D.; Kurt Furgler, Bundespräsident der Schweiz a.D.; Valéry Giscard d'Estaing, Staatspräsident von Frankreich a.D.; Felipe Gonzalez Marquez, Premierminister von Spanien a.D.; Michail Gorbatschow, Staatspräsident von Rußland a.D.; Kenneth Kaunda, Präsident von Zambia a.D.; Lee Kuan-yew, Premierminister von Singapore a.D.; Kiichi Miyazawa, Premierminister von Japan a.D.; Misael Pastrana Borrero, Präsident von Kolumbien a.D.; Shimon Peres, Premierminister von Israel a.D.; Maria de Lourdes Pintasilgo, Premierministerin von Portugal a.D.; Jose Sarney, Präsident von Brasilien a.D.; Shin Hyon-hwad, Premierminister von Korea a.D.; Kalevi Sor-

sa, Premierminister von Finnland a.D.; Pierre Elliott Trudeau, Premierminister von Kanada a.D.; Ola Ullsten, Premierminister von Schweden a.D.; George Vassiliou, Präsident von Zypern a.D.; Franz Vranitzky, Bundeskanzler von Österreich a.D.

57 **InterAction Council**, In Search of Global Ethical Standards, Vancouver/Kanada 1996, Nr. 13.

58 »A Universal Declaration of Human Responsibilities«: in etwa zwanzig Sprachen verfügbar auf www.interactioncouncil.org. Neben mir als dem »Drafter« dieses Projekts war besonders für die Schlussfassung aktiv als akademischer Berater tätig: **Thomas S. Axworthy**, CRB Foundation, Montreal. Vgl. auch das von ihm herausgegebene Buch: Bridging the Divide. Religious Dialogue and Universal Ethics, Kingston, Ontario/Kanada 2008.

VIII. Warum ein Manifest für ein Globales Wirtschaftsethos?

1   *1989*, Februar: UNESCO Paris: »Kein Weltfriede ohne Religionsfriede«

1990, Februar: World Economic Forum Davos »Warum brauchen wir globale ethische Standards, um zu überleben?«

1990, Mai: »Projekt Weltethos«

1993: Parlament der Weltreligionen, Chicago: »Erklärung zum Weltethos«

1997: »Weltethos für Weltpolitik und Weltwirtschaft«

1998: International Confederation of Stock Exchanges, Kuala Lumpur: »Ethical Standards for International Financial Transactions«

1998: InterAction Council früherer Staats- und Regierungschefs: »Allgemeine Erklärung der Menschenpflichten. Ein Vorschlag«

2001: Interdisziplinäres Symposion: Globale Unternehmen – Globales Ethos, Baden Baden: »Der globale Markt erfordert neue Standards und eine globale Rahmenordnung«

2001: UN-Vollversammlung New York: »Crossing the Divide.

Dialogue among Civilizations, Report for the United Nations«; im Internet unter: www. uno.org; *dt.:* »Brücken in die Zukunft. Bericht für die Vereinten Nationen« *2009*: New York: Manifesto »Global Economic Ethic«

2 **H. Küng – K. M. Leisinger – J. Wieland** (Hrsg.), Manifest Globales Wirtschaftsethos. Konsequenzen und Herausforderungen für die Weltwirtschaft – Manifesto Global Economic Ethic. Consequences and Challenges for Global Businesses, München 2010.

3 **J. Sachs**, Globales Wirtschaftsethos: Entscheidend für eine nachhaltige Entwicklung, in: **H. Küng – K. M. Leisinger – J. Wieland** (Hrsg.), Manifest Globales Wirtschaftsethos, S. 16f (englisch S. 148).

4 Zitiert nach: United Nations Global Compact, Annual Review, New York 2010, S. 9.

5 **Josef Wieland** lehrt seit 1995 an der Hochschule Konstanz, Fakultät Wirtschafts- und Sozialwissenschaften, das Fach Wirtschafts- und Unternehmensethik. Als Diplom-Ökonom war er mit einer Arbeit »Die Entdeckung der Ökonomie« promoviert und mit einer weiteren Arbeit über »Ökonomische Organisationen, Allokation und Status« habilitiert worden. Er schrieb eine »Unternehmensethik im Spannungsfeld der Kulturen und Religionen« (2006) und ist Gründer des »Konstanzer Insituts für WerteManagement« und Direktor des Zentrums für Wirtschaftsethik GmbH. 2001 war er Gastprofessor in Management und Ethik an der Zhejiang-Universität, China; 2006 Gastprofessor an der Royal Holloway University of London sowie Mitarbeiter am Forschungsprojekt »Stakeholder Management and CSR in Europe«. – Im Folgenden beziehe ich mich auf J. Wielands Beitrag: Globales Wirtschaftsethos als transkulturelles Management, in: **H. Küng – K. M. Leisinger – J. Wieland** (Hrsg.), Manifest Globales Wirtschaftsethos, S. 76-91 (englisch S. 208-222).

6 AaO S. 81.

7 AaO S. 90f.

8 **Klaus Leisinger** leitet als Präsident und CEO die Novartis Stiftung für Nachhaltige Entwicklung und ist Professor für Sozio-

logie an der Universität Basel. Er verbrachte mehrere Jahre als Geschäftsführer des pharmazeutischen Regionalbüros der damaligen CIBA in Ostafrika. Er beschäftigt sich mit internationaler Entwicklungspolitik und Unternehmensethik in Zeiten der Globalisierung. Er diente Kofi Annan in den Jahren 2005/2006 als »Special Advisor of the United Nations Secretary General for the UN Global Compact«. Als Gastdozent hielt er Vorlesungen an zahlreichen europäischen und amerikanischen Universitäten. Von seinen zahlreichen Veröffentlichungen sei hier besonders erwähnt das Buch »Unternehmensethik. Globale Verantwortung und Modernes Management« (1997). – Im Folgenden beziehe ich mich auf K. Leisingers Beitrag: Unternehmensethik und Managerethik, in: **H. Küng – K. M. Leisinger – J. Wieland** (Hrsg.), Manifest Globales Wirtschaftsethos, München 2010, S. 48-75 (englisch S. 176-207).

9   AaO S. 73.
10 AaO S. 74.
11 AaO S. 65.
12 AaO S. 66.
13 AaO S. 71.
14 AaO S. 57.

Dankeswort

Dieses Buch hat, wie auf seiner ersten Seite beschrieben, einen langen Entstehungsprozess hinter sich. Und immer wieder hatte ich auf diesem Weg Mitarbeitern, Kollegen, Freunden zu danken für viele Anregungen und Korrekturen. Einige von ihnen sind schon nicht mehr unter uns. Auch in dem vorliegenden Buch habe ich verschiedentlich manchen Autoren oder Gremienmitgliedern zumindest indirekt meinen Dank ausgedrückt.

Wenn ich nun auf der letzten Seite ein Dankeswort schreibe, darf ich mich auf diejenigen beschränken, die mir auf der letzten Etappe eine Stütze waren. Das sind in erster Linie Mitglieder des Teams der Stiftung Weltethos, welche kundig und engagiert die anstrengende Entstehung des definitiven Manuskripts begleitet und mir zahllose Anregungen gegeben haben: Vor allem Dr. Stephan Schlensog, Generalsekretär, der sich um Inhalt und Gesamtkonzeption viele Gedanken machte und in dessen bewährten Händen auch die satztechnische Gestaltung und Umsetzung lag; dann Dr. Günther Gebhardt, Projektkoordinator, der die Computerfassung des von mir zunächst Zeile um Zeile von Hand geschriebenen Textes und die Anmerkungen jeweils als erster überprüfte und der mir auch wichtige inhaltlich-stilistische Hinweise gab; schließlich Anette Stuber-Rousselle, M.A., Stiftungsassistentin, die zuverlässig für die Erstellung des immer wieder überarbeiteten Manuskripts verantwortlich zeichnete.

Ich danke aber auch Ute Wanner, die als Chefsekretärin der Stiftung Weltethos dem perfekt eingespielten Team viel tägliche Arbeit abnahm, und Marianne Saur, die das Manuskript mehrfach unter dem Gesichtspunkt der Verständlichkeit las. Schließlich danke ich sehr herzlich – stellvertretend für viele – den Kollegen und Freunden, Professor Dr. Josef Molsberger (Wirtschaftspolitik, Universität Tübingen), Dr. Siegfried Jaschinski (vormals Vorsitzender des Vorstands der Landesbank Baden-Württemberg), Professor Dr. André Zünd (Betriebswirtschaftslehre, Universität St. Gallen). Sie lasen das Manuskript kritisch mit den Augen des Wirtschaftsexperten und machten mich auf etwaige sachliche Fehler aufmerksam. Selbstverständlich trage ich für den definitiven Text allein die Verantwortung.

Zu guter Letzt möchte ich dem Piper Verlag für die wieder völlig reibungslose und angenehme Zusammenarbeit danken, vor allem meinem Lektor Ulrich Wank und für die Herstellung Hanns Polanetz.

Tübingen, 15. Juli 2010   *Hans Küng*

PIPER

Hans Küng

Was ich glaube

320 Seiten. Gebunden

Was glaubt Hans Küng ganz persönlich? Er gilt als universaler
Denker unserer Zeit; seine Bücher sind in hohen Auflagen,
in vielen Sprachen über die Welt verbreitet. Doch dieses Buch
ist anders, auch wenn es auf seinem gesamten Werk auf-
baut. Es ist das persönliche Glaubensbekenntnis eines Mannes, der das theologische Denken weltweit stärker verändert hat als andere. Wenn man aber die ganze gelehrte Wissenschaft, die theologische Formelsprache, die kunstvollen
Theoriegebäude – wenn man das alles hinter sich lässt, was
bleibt dann als Kern des Glaubens? Was brauche ich für
mein Leben? Was ist mir unverzichtbar? Von »Lebensver-
trauen« über »Lebensfreude«, »Lebenssinn« und »Lebens-
leid« schreibt Hans Küng und bietet so eine »summa« seines
Lebens.

01/1870/01/R

PIPER

Walter Jens, Hans Küng

Menschenwürdig sterben

Ein Plädoyer für Selbstverantwortung. Mit einem Text von
Inge Jens. 256 Seiten. Gebunden

Was ist, wenn die letzte Phase des Lebens nur mehr Leid und
Schmerz ist? Darf der Mensch dann seinem Leben ein Ende
setzen? Walter Jens und Hans Küng haben diese Frage vor
Jahren in diesem Buch mit »Ja« beantwortet. Nun ist Walter Jens, der große Rhetor, selber verstummt; er lebt demenz-
krank in seiner eigenen Welt. Über das Quälende einer solchen Situation berichtet in der Neuausgabe Inge Jens aus der
direkten Sicht der Angehörigen und ergänzt damit konkret,
was ihr Mann vor Jahren so literarisch funkelnd behandelt
hat. Noch immer ist dies ein tabuisiertes Thema – und
eines, das gerade in Deutschland nicht sachlich diskutiert
wird. Hans Küng plädiert deshalb in den Thesen zur
Sterbehilfe dafür, den leidenden Menschen und seine Würde
in den Mittelpunkt zu stellen.
Der Band wird abgerundet durch eine Diskussion, in der
der Freiburger Völkerrechtler Albin Eser und der Tübinger
Mediziner Dietrich Niethammer die juristischen und medi-
zinischen Aspekte der Sterbehilfe darlegen.

PIPER

Hans Küng
Der Anfang aller Dinge

Naturwissenschaft und Religion. 256 Seiten.
Piper Taschenbuch

Wie kein anderer großer Denker unserer Zeit steht Hans Küng
für die Versöhnung von Rationalität und christlichem
Glauben. Dies ist entscheidend auf einem Feld, wo Naturwissenschaft und Religion aufeinandertreffen, wo es um Fragen geht wie: Warum gibt es etwas und nicht nichts? Was ist
der Anfang von Welt und Mensch? Gestützt auf jahrelange
Forschungen schreibt Hans Küng über die zentralen Themen:
Gott als Anfang? Schöpfung oder Evolution? Ist alles Zufall? Ist Willensfreiheit eine Illusion?
Sein Buch zeigt die je eigenen Antworten von Naturwissenschaft, von Philosophie und Religion. Nur Naturwissenschaft
und Religion zusammen können Antwort geben auf die
Frage, »was die Welt im Innersten zusammenhält«.

01/1566/02/R